财务报表分析案例教程

王 娟 编著

西北工业大学出版社

西 安

【内容提要】 本书主要解读公司的资产负债表与利润表,兼顾现金流量表,参照公司年报披露的信息,了解一个公司资金的来龙去脉,透视公司运营的玄机。本书以真实的案例为基础,利用财务报表分析的基础知识和方法,掌握一个公司整体的财务状况。分析者所站的立场主要是从投融资的角度,分析公司经营状况和财务成果。

本书适用于有一定的财务知识基础和实践的会计、金融专业硕士研究生使用,也可供本科会计及金融专业读者参考。

图书在版编目(CIP)数据

财务报表分析案例教程/王娟编著. ——西安:西北工业大学出版社,2019.12
ISBN 978-7-5612-6382-2

Ⅰ.①财… Ⅱ.①王… Ⅲ.①会计报表-会计分析-案例-高等学校-教材 Ⅳ.①F231.5

中国版本图书馆 CIP 数据核字(2019)第 256901 号

CAIWU BAOBIAO FENXI ANLI JIAOCHENG
财 务 报 表 分 析 案 例 教 程

责任编辑:王梦妮		策划编辑:李 萌	
责任校对:雷 鹏		装帧设计:李 飞	
出版发行:	西北工业大学出版社		
通信地址:	西安市友谊西路127号	邮编:710072	
电 话:	(029)88491757,88493844		
网 址:	www.nwpup.com		
印 刷 者:	陕西向阳印务有限公司		
开 本:	787 mm×1 092 mm	1/16	
印 张:	13.625		
字 数:	358 千字		
版 次:	2019 年 12 月第 1 版	2019 年 12 月第 1 次印刷	
定 价:	45.00 元		

如有印装问题请与出版社联系调换

前　言

案例教学法当前在美国等教育发达国家非常盛行，它具有不可替代的实效价值。案例教学是一种通过模拟或者重现现实生活中的一些场景，让学生把自己纳入案例场景，通过讨论或者研讨来进行学习的一种教学方法，经过分析讨论，将书本中的理论与案例材料结合起来，并利用理论分析说明复杂的案例内容，可获得一定的教学效果。教学中既可以通过分析、比较，研究各种各样的成功的和失败的经验或教训，从中抽象出某些一般性的结论或方法，也可以让学生通过自己的思考或者他人的思考来拓宽自己的视野，从而丰富自己的知识。

财务报表分析是以公司的会计数据为基础，利用一定的分析方法，系统的分析和评价公司过去的经营成果。随着经济建设的发展，公司制度的改革深化，公司与外部交流和社会环境的适应，财务报表分析在公司的发展中起到了越来越大的作用。但是，只是单纯地从财务报表的数字和文字上很难得出实质性的结果，而要利用一定的分析方法和策略，遵循规范的分析流程，正确认识财务报表本身的局限性和非正常影响因素，对资产负债表、利润表和现金流量表进行综合分析，进而从整体上系统地对公司的过去和将来的经营状况给出明确的判断，帮助投资者及各需求方对公司的经济管理活动形成正确的认识。

通常情况下，案例教学的对象应当是有一定实践经验和理论素养的应用型专业硕士研究生，这是因为案例教学的目的不仅仅是传授知识，而是通过动员学生的参与热情，唤起潜藏在学生身上的丰富的实践经验及其能力，从而开展讨论，通过针对同一问题的不同观点的互相交锋和彼此互动，激发学生的创造性思维，提高学生的判断能力、分析能力、决策能力、协调能力、表达能力和解决问题的能力。

本案例教程是把具有较强实践能力的财务报表分析的案例带入到教学中来，通过对本案例教程的学习，可以使学生掌握理财应具备的基本理论和分析方法，培养其独立的财务报表分析能力，积累更多的实践经验。

本书具有下述特色：

(1)在结构设计上主要以案例为主，加入各方面的理论知识。

(2)在内容上，采用当前上市公司的具体数据和容易出现问题的经典事件为案例内容。

(3)在组织形式上，以案例为基本导入点，进行分析和阐述，根据全国专业学位研究生教育指导委员会要求的案例形式编写。

本书适合金融硕士研究生和会计专业硕士研究生作为教材使用，一些本科金融专业和会计专业也可以作为案例教材使用。

编写本书曾参阅了相关文献资料，在此，谨向相关作者深表谢意。

由于笔者水平有限，书中错误在所难免，望广大读者批评指正。

笔　者
2018 年 9 月

目　录

第1章　财务报表分析概述 ………………………………………………… 1
　1.1　财务报表的基本知识 …………………………………………………… 1
　1.2　财务报表的信息基础 …………………………………………………… 5

第2章　财务报表分析的方法 ……………………………………………… 16
　2.1　财务报表分析常用方法 ………………………………………………… 16
　2.2　财务报表分析方法的注意事项 ………………………………………… 20

第3章　筹资分析 …………………………………………………………… 32
　3.1　筹资概述 ………………………………………………………………… 32
　3.2　权益资金筹集与分析 …………………………………………………… 34
　3.3　负债资金筹集与分析 …………………………………………………… 37

第4章　资产投资分析 ……………………………………………………… 42
　4.1　流动资产分析 …………………………………………………………… 42
　4.2　长期资产分析 …………………………………………………………… 47

第5章　公司的筹资与投资分析 …………………………………………… 57
　5.1　资产负债表左右两边的关系分析 ……………………………………… 57
　5.2　资产负债表运营状况分析 ……………………………………………… 59
　5.3　资产负债表对称结构分析 ……………………………………………… 59

第6章　公司偿债能力分析 ………………………………………………… 65
　6.1　短期偿债能力分析 ……………………………………………………… 65
　6.2　长期偿债能力分析 ……………………………………………………… 67

第7章　公司盈利能力分析 ………………………………………………… 75
　7.1　盈利能力分析的内涵及意义 …………………………………………… 75
　7.2　盈利能力分析的指标及分析 …………………………………………… 76

— I —

第8章 营运能力分析 89

8.1 营运能力分析的内涵及意义 89
8.2 营运能力指标的计算与分析 90

第9章 增长能力分析 100

9.1 增长能力分析的内涵与意义 100
9.2 增长能力的计算与分析 101

第10章 财务报表综合分析 113

10.1 财务报表综合分析方法 113
10.2 沃尔比重评分法 115
10.3 综合评分法 117

第11章 财务分析报告 128

11.1 财务分析报告概述 128
11.2 财务分析报告的撰写 131

第12章 上市公司财务粉饰行为 136

12.1 上市公司粉饰财务报表的动机 136
12.2 会计报表粉饰手段 138
12.3 报表粉饰行为的识别 141

各章思考题参考答案 143

附录 183

案例一:B重型矿山机器 183
案例二:C电气造假事件 186
案例三:云南D公司会计造假 189
案例四:E股份有限公司造假事件 191
案例五:*ST某船舶公司财务造假 193
案例六:F股份有限公司财务造假案 195
案例七:G集团股份有限公司造假案 196
案例八:L农业股份公司财务造假案 198

案例九:SY 公司——新三板财务造假第一案 …………………………………………… 202

案例十:BD 公司农业造假案 ……………………………………………………………… 204

案例十一:ZT 公司 IPO 财务造假被顶格处罚 …………………………………………… 205

案例十二:亏损路上越走越远"明星陨落"——G 公司财务造假 ……………………… 206

参考文献 ……………………………………………………………………………………… 210

第 1 章　财务报表分析概述

我们做投资的一个原则就是要控制得当，投资的边界就是控制的边界，如果控制不当，那么再好的项目我也不会去投资。

——荣　海

1.1　财务报表的基本知识

财务报表分析是以公司基本活动为研究对象、以财务报表为主要信息和来源、以分析和综合为主要方法的系统认识公司的过程，其目的是了解过去、评价现在和预测未来，以帮助报表使用人改善决策。财务报表分析的对象是公司的各项基本活动。财务报表分析就是从报表中获取符合报表使用人分析目的的信息，从而认识公司活动的特点，评价其业绩，发现其问题。财务报表分析的起点是阅读财务报表，终点是做出某种判断，包括评价和找出问题。经过多年的发展，财务分析方法和相关理论都有了长足的发展，并随着经济建设的发展，公司制度的改革深化，公司与社会的交流和对外部环境的适应，财务报表分析在公司的发展中起到了越来越重要的作用。

一、财务报表分析的概念及意义

财务报表分析是以公司财务报告反映的财务指标为主要依据，对公司的财务状况和经营成果进行分析、评价，并为进一步分析公司的发展趋势、经营前景提供重要财务信息的一种方法。财务报表能够全面反映公司的财务状况、经营成果和现金流量情况，但是单纯从财务报表上的数据还不能直接或全面说明公司的财务状况，特别是不能说明公司经营状况的好坏和经营成果的高低，只有将公司的财务指标与有关的数据进行比较才能说明公司财务状况所处的地位，它在财务管理环节中起着承上启下的重要作用。

做好财务报表分析工作具有以下重要意义：

(1)评价公司财务状况的好坏，揭示公司财务活动中存在的矛盾，总结财务管理工作的经验教训，从而采取措施，改善经营管理现状，挖掘潜力，实现公司的理财目标。

(2)为投资者、债权人和其他有关部门和人员提供正确、完整的财务分析资料，便于他们更加深入地了解公司的财务状况、经营成果和现金流量情况，为他们做出经济决策提供依据；同时，可以检查财务法规、制度的执行情况，促进公司正确处理各方面的财务关系，维护各方面的合法权益。

(3)能够检查出公司内部各职能部门和单位对于分解落实的各项财务指标完成的情况，考核各职能部门和单位的业绩，以利于合理进行奖励，加强公司内部责任制。

二、财务分析的内容

(一)短期偿债能力分析

短期偿债能力是指公司偿还流动负债的能力。短期偿债能力的强弱取决于流动资产的流动性,即资产转换成现金的速度,公司流动资产的流动性强,相应的短期偿债能力也强。因此,通常使用营运资本、流动比率、速动比率和现金比率衡量短期偿债能力。短期偿债能力受多种因素的影响,包括行业特点、经营环境、生产周期、资产结构和流动资产运用效率等。仅凭某一期的单项指标,很难对公司短期偿债能力作出客观评价。因此,在分析短期偿债能力时,一方面应结合指标的变动趋势,动态地加以评价;另一方面,要结合同行业平均水平,进行横向比较分析。同时,还应进行预算比较分析,以便找出实际与预算目标的差距,探求原因,解决问题。

一些在财务报表中没有反映出来的因素,也会影响公司的短期偿债能力,甚至影响力相当大。增加偿债能力的因素有可动用的银行贷款指标、准备很快变现的长期资产和偿债能力声誉。减少偿债能力的因素有未作记录的或有负债,担保责任引起的或有负债等,财务报表的使用者多了解一些这方面的情况,有利于作出正确的判断。

(二)长期偿债能力分析

长期偿债能力是指公司对债务的承担能力和对偿还债务的保障能力。长期偿债能力的强弱是反映公司财务安全和稳定程度的重要标志,通常使用资产负债率、产权比率、权益乘数和利息保障倍数等来衡量长期偿债能力。长期偿债能力分析是公司债权人、投资者、经营者和与公司有关联的各方等都十分关注的重要问题。角度不同,分析的目的也有区别。

从公司投资者的角度看,投资者通过长期偿债能力分析,可以判断其投资的安全性及盈利性,因为投资的安全性与公司的偿债能力密切相关;从公司债权人的角度看,债权人更会从他们的切身利益出发来研究公司的偿债能力,只有公司有较强的偿债能力,才能使其债权及时收回,并能按期取得利息,公司偿债能力越强,债权人的安全程度也就越高;从公司经营者的角度看,他们进行财务分析的目的是综合的、全面的,他们既关心公司的盈利,也关心公司的风险,与其他主体最为不同的是,他们特别需要关心盈利及风险产生的原因和过程。因为只有通过原因和过程的分析,才能及时发现融资活动中存在的问题和不足,并采取有效措施解决这些问题;从政府及相关管理部门来说,通过长期偿债能力分析,可以了解公司经营的安全性,从而制定相应的财政金融政策;对于业务关联公司来说,通过长期偿债能力分析,可以了解公司是否具有长期的支付能力,借以判断公司信用状况和未来业务能力,并作出是否建立长期稳定的业务合作关系的决定。

影响长期偿债能力的制约因素主要有以下三方面。

(1)以所有者资本为基础,要求公司必须保持合理的资本结构。

(2)以总资产为物质保证。长期债务的偿还,取决于所有资产的变现收入。

(3)与公司获利能力密切相关。在长期盈利时,净现金流量不断增加,而足够的现金流入量是长期债务本息得以偿还的基础。

另外,长期资产、长期负债、长期租赁、或有事项和承诺等因素都影响着公司的长期偿债能力,在进行分析时应该加以关注。

(三)营运能力分析

营运能力是指资产利用的有效性和充分性。有效性是指使用的后果,是一种产出的概念;

充分性是指使用的进行,是一种投入概念。评价资产营运能力的财务比率是资产周转率,资产周转率可以分为总资产周转率、流动资产周转率、固定资产周转率、应收账款周转率和存货周转率。

不同报表使用人衡量与分析资产运用效率的目的各不相同:股东通过营运能力分析,有助于判断公司财务安全性及资产的收益能力,以进行相应的投资决策;债权人通过营运能力分析,有助于判明其债权的物质保障程度或其安全性,从而进行相应的信用决策;管理者通过营运能力分析,可以发现闲置资产和利用不充分的资产,从而处理闲置资产以节约资金,或提高资产利用效率以改善经营业绩。

一般而言,影响资产周转率的因素包括公司所处行业及其经营背景、公司经营周期的长短、公司的资产构成及其质量、资产的管理力度及公司所采用的财务政策等。

(四) 盈利能力分析

盈利能力是指公司获取利润的能力。利润是公司内外有关各方都关心的中心问题,是投资者取得投资收益、债权人收取本息的资金来源,是经营者经营业绩和管理效能的集中表现,也是职工集体福利设施不断完善的重要保障。因此,公司盈利能力分析十分重要,是公司财务分析的重点。对公司盈利能力的分析主要指对利润率的分析。因为尽管利润额的分析可以说明公司财务成果的增减变动状况及其原因,为改善公司经营管理指明了方向,但是,由于利润额受公司规模或投入总量的影响较大,仅进行利润额分析一般不能满足各方面对财务信息的要求,还必须对利润率进行分析。主要用总资产报酬率、权益净利润率、销售利润率和成本费用利润率去评价和分析利润率。

对上市公司盈利能力分析还可采用每股收益、每股股利和市盈率等指标。

(五) 现金流量分析

现金流量是指公司一定时期的现金和现金等价物的流入和流出的数量。现金流量表是反映公司在一定会计期内有关现金和现金等价物的流入和流出信息的报表。在现金流量表中,将现金流量分为3大类:经营活动现金流量、投资活动现金流量和筹资活动现金流量。现金流量表的内容概括起来即回答3个问题:本期现金从何而来,用向何方,现金余额发生了什么变化。

通过现金流量分析,对公司获取现金的能力、偿债能力、收益的质量、投资活动和筹资活动作出评价。主要指标包括现金流量与当期债务比、每股经营现金流量等。

(六) 发展能力分析

发展能力是公司在生存的基础上,扩大规模、壮大实力的潜在能力。分析发展能力主要考察以下几项指标:营业收入增长率、资本保值增值率、资本积累率、营业利润增长率、技术投入比率、营业收入3年平均增长率和资本平均增长率。上述6个方面是相互联系的。若一个公司偿债能力很差,收益能力也不会好;收益能力很差,偿债能力也不会好。提高资产运营效率有利于改善偿债能力和收益能力,偿债能力和收益能力下降,必然表现为现金流动状况恶化。

三、财务报表分析的原则

财务报表分析的原则是指各类报表使用人在进行财务分析时应遵循的一般规范。这些原则不需要财务知识也能理解,它们看起来很简单,却关系到财务报表分析的全局。财务报表分析的原则可以概括为目的明确原则、实事求是原则、全面分析原则、系统分析原则、动态分析原则、定量分析与定性分析结合原则和成本效益原则等7项原则。

1. 目的明确原则

目的明确原则是指报表使用人在分析和计算之前,必须清楚地理解和分析目的,即要解决的问题。否则,即使由于计算机和数据库技术的发展而使分析的工作量大为减少,也会使整个分析过程变成毫无用处的数字游戏。

财务报表分析的过程,可以说是"为有意义的问题寻找有意义的答案"的过程。要解决的"问题"必须是有意义的,并且是明确的。如果给你一个公司的财务报表,请你分析下,而不说出于什么目的,你就会无从开始。分析目的决定了它所需要的资料、分析的步骤、程序和技术方法,以及需要的结果。分析的深度和质量在很大程度上依赖对所需解决问题的认识、问题的相对重要性、所掌握的与特定问题有关的信息类别及其可靠性。

2. 实事求是原则

实事求是原则是指在分析时应从实际出发,坚持实事求是,反对主观臆断和"结论先行",不搞数字游戏。报表分析人,尤其是专业分析人员,不能为达到既定目的而利用数据拼凑理由。一切结论应产生于分析之后,而不是在此之前。为了粉饰业绩或操纵股价而利用财务数据,有违财务道德。

3. 全面分析原则

全面分析原则是指分析人要全面的看问题,坚持一分为二,反对片面的看问题。报表分析人要同时注意财务问题与非财务问题、有利因素与不利因素、主观因素与客观因素、经济问题与技术问题、外部问题与内部问题。

4. 系统分析原则

系统分析原则是指分析人应注重事物的联系,坚持相互联系的看问题,反对孤立的看问题。分析人要注意局部与全局的关系、报酬与风险的关系等,从总体上把握公司的状况分析时要有层次的展开,逐步深入,不能仅仅根据一个指标高低就作出结论。

5. 动态分析原则

动态分析原则是指应当发展的看问题,反对静止的看问题。两个公司的收益率一致,并不表明它们的收益能力一样,这就如同两个人在解剖学上可能看不出太大区别,但他们运动起来可能差别很大。动态分析原则要求对事物进行"活着的观察",在运动中看局部和全局的关系,寻找过去和未来的联系。分析人要注意过去、现在和将来的关系。财务报表本身是"过去"经济业务的综合反映,而人们的决策是关于未来的。未来不会是历史的简单重复,而是历史的延续,过去可以告诉未来许多有用的东西。

6. 定量分析与定性分析相结合原则

定量分析与定性分析相结合原则是指定性的判断和定量的计算同样重要,都需要给予充分注意。分析人应认识到,定性分析是基础和前提,没有定性分析就弄不清本质、趋势和与其他事物的联系。定量是工具和手段,没有定量分析就弄不清数量界限、阶段性和特殊性。财务分析要透过数字看本质,无法定性的数字必然得不出结论。许多报表分析人,尤其是新手,往往过分热衷于定量分析的技术方面,忽视定性分析。

7. 成本效益原则

成本效益原则是指将最大的精力应用于能取得最大收益的地方。分析人应注意所要分析解决的问题是否足够重要,值得花费的成本是多少;相对于问题的重要性,其分析结果需要的精确程度如何,是否值得下功夫使其更精确;不确定性分析是否必要,需要多少成本等。

四、财务报表分析的弊端

财务报表分析的主要依据之一是公司的财务报告,因此由财务报告本身缺陷所造成的财务报表分析的局限性也就在所难免,这种局限性一般反映在以下几方面。

(1) 公司财务报告是对公司以往发生的经济业务事项的信息反映,是以历史成本为主要计价基础的(仅在个别项目上允许采用公允价值计量),这就使得它所提供的信息缺乏一定的时效性,从而影响到财务报表分析对未来经济事项的预测结果。

(2) 财务报告是基于公司具体的会计政策与会计估计而编制的,不同会计政策与会计估计的运用在一定程度上会影响到公司财务信息的可比性,进而影响到财务报表分析结果的合理性与可用性。

(3) 财务报告所反映的信息没有涵盖公司所有可资利用的经济资源。一方面,会计报表中反映的是符合货币计量前提要求的可计价的经济资源;另一方面,现行会计报表附注与财务情况说明书,主要侧重的是对公司会计政策与会计估计的选择与确定及其变更、或有事项、表外事项、关联方关系及关联方交易、重要的资产转让和出资、公司合并和分立等事项的说明,以及对盈亏、投资、融资等重大事项的解释说明等。但有关人力资源、产品质量与市场占有率及其他一些内容并未得以全面披露,而这些内容对财务报表分析以及相关的经营与投资决策等也具有重大的影响。因此,以财务报告为主要信息依据的财务分析结果,难免会存在反映内容方面的局限性。

(4) 财务报告在编制过程中存在一定的主观性并会受到其他人为因素的影响,使得它所反映的有关信息有可能被人为操纵或粉饰,在此基础上所进行的财务报表分析便不可避免地留有人为修饰过的痕迹,存在不够客观的局限性。

(5) 财务报表分析中,使用较为频繁的当属各类比率分析。然而,在比率计算中,一些数据的确定、时间上的对应与否等问题,也会影响比率所反映内容的可比性及准确度。例如,计算各类周转率时,周转额的确定以及相关资产平均占用资金的计算需要使用一定程度的估计,也就难免与公司的实际情况发生一定程度的脱节。

1.2 财务报表的信息基础

财务报表分析的信息基础是指财务报表分析所使用的各种资料,也就是"依据什么"分析。财务报表分析使用的主要资料是对外发布的财务报表,但财务报表不是财务分析唯一的信息来源,公司还以各种形式发布补充信息,分析时需要经常查阅这些补充信息。

财务报表是指对公司财务状况、经营成果和现金流量的结构性表述。为了达到财务报表有关决策有用和评价公司管理层受托责任的目标,一套完整的财务报表至少应当包括"四表一注",即资产负债表、利润表、现金流量表、所有者权益(或股东权益,下同)变动表及附注。

一、资产负债表

资产负债表是指反映公司在某一特定日期财务状况的报表。它反映公司在某一特定日期所拥有或控制的经济资源、所承担的现有义务和所有者对净资产的要求权。资产负债表主要提供有关公司财务状况方面的信息,即某一特定日期关于公司资产负债、所有者权益及其相互关系。资产负债表可以提供某一日期资产的总额及其结构,表明公司拥有或控制的资源及其分布情况,使用者可以一目了然地从资产负债表中了解公司在某一特定日期所拥有的资产总量及其结构;可以提供某一日期的负债总额及其结构,表明公司未来需要用多少资产或劳务清偿债务及清偿时间;可以反映所有者拥有的权益,据以判断资本保值、增值的情况以及对负债的保障程度。

根据财务报表列报准则的规定,资产负债表采用账户式的格式,即左侧列示资产,一般按资产的流动性大小排列;右侧列报负债方和所有者权益方,一般按要求清偿时间的先后顺序排列。账户式资产负债表中的资产各项目的合计等于负债和所有者权益各项目的合计,资产负债表左方和右方平衡。因此,通过账户式资产负债表,可以反映资产、负债和所有者权益之间的内在关系,即"资产=负债+所有者权益",并且对三者做了进一步的分类、项目排列和对照关系,从而形成了便于阅读财务报表的结构。资产负债表的各项目再分"年初余额"和"期末余额"两栏,分别填列。

AA机床资产负债表如表1-1所示。

表1-1　AA机床资产负债表

2016年12月31日　　　　　　　　　　　　　　　　　　　　　　　　　　单位:万元

项目	年初余额	期末余额	项目	年初余额	期末余额
货币资金	12 118.87	34 367.80	短期借款	40 060.00	56 067.27
交易性金融资产	—	—	交易性金融负债	—	—
衍生金融资产	—	—	应付票据	12 326.58	1 527.35
应收票据	15 724.00	4 007.31	应付账款	43 281.21	37 110.24
应收账款	22 893.73	26 555.45	预收款项	40 361.79	27 493.40
预付款项	2 493.15	3 114.52	应付手续费及佣金	—	—
应收利息	—	—	应付职工薪酬	3 432.78	4 178.63
应收股利	—	—	应交税费	294.84	753.31
其他应收款	1 852.63	1 946.45	应付利息	—	—
买入返售金融资产	—	—	应付股利	13.59	13.59
存货	108 095.48	82 493.63	其他应付款	16 798.39	25 662.65
划分为持有待售的资产	—	—	预提费用	—	—
一年内到期的非流动资产	—	—	一年内的递延收益	—	—
待摊费用	—	—	应付短期债券	—	—
待处理流动资产损益	—	—	一年内到期的非流动负债	21 055.84	8 500.00
其他流动资产	1 570.45	4 922.92	其他流动负债	—	—
流动资产合计	175 385.57	157 408.08	流动负债合计	155 703.54	161 306.43
可供出售金融资产	114.50	114.50	长期借款	12 900.56	4 666.53

续表

项　　目	年初余额	期末余额	项　　目	年初余额	期末余额
持有至到期投资	—	—	应付债券	—	—
长期应收款	—	—	长期应付款	106.60	—
长期股权投资	1 377.15	1 314.62	长期应付职工薪酬	2 589.31	4 891.79
投资性房地产	1 560.90	1 526.53	专项应付款	2 094.75	2 094.75
固定资产净额	49 884.53	48 624.97	预计非流动负债	731.29	994.63
在建工程	28 867.78	5 574.67	递延所得税负债	—	—
工程物资	—	—	长期递延收益	12 626.36	14 110.25
固定资产清理	—	—	其他非流动负债	—	—
生产性生物资产	—	—	非流动负债合计	28 954.93	26 757.95
公益性生物资产	—	—	负债合计	184 658.47	188 064.38
油气资产	—	—	实收资本(或股本)	53 108.11	53 108.11
无形资产	13 701.35	17 601.22	资本公积	1 976.50	1 976.50
开发支出	—	—	盈余公积	11 707.70	11 707.70
商誉	729.63	—	一般风险准备	—	—
长期待摊费用	80.82	—	未分配利润	22 124.92	−24 977.30
递延所得税资产	3 454.03	243.51	归属于母公司股东权益合计	88 917.24	41 815.01
其他非流动资产	10 050.49	411.61	少数股东权益	6 038.70	2 940.31
非流动资产合计	104 228.84	75 411.63	所有者权益合计	94 955.94	44 755.33
资产总计	279 614.41	232 819.70	负债和所有者权益总计	279 614.41	232 819.70

数据来源：上海证券交易所 http://www.sse.com.cn/

二、利润表

利润表是指反映公司在一定会计期间经营成果的报表。利润表的列报必须充分反映公司经营业绩的主要来源和构成，有助于使用者判断净利润的质量及其风险，有助于使用者预测净利润的持续性，从而作出正确的决策。通过利润表，可以反映公司一定会计期间收入的实现情况；可以反映公司一定会计期间的费用耗费情况；可以反映公司生产经营活动的成果，即净利润的实现情况，据以判断资本保值和增值等情况。

财务报表列报准则规定，公司应当采用多步式利润表，将不同性质的收入和费用类别进行对比，从而可以得出一些中间性的利润数据，便于使用者理解公司经营成果的不同来源。公司需要提供比较利润表，以便使用者通过比较不同时期利润的实现情况，判断公司经营成果的未来发展趋势。所以，利润表的各项目再分为"本期金额"和"上期金额"两栏，分别填列。

AA机床利润表如表1-2所示。

表 1-2 AA 机床利润表

2016 年 12 月 31 日   单位:万元

项　目	上期金额	本期金额
一、营业总收入	77 659.48	61 775.22
营业收入	77 659.48	61 775.22
二、营业总成本	102 263.25	106 328.72
营业成本	65 988.15	59 542.05
营业税金及附加	474.61	1 191.24
销售费用	9 721.52	7 276.98
管理费用	17 331.35	20 013.79
财务费用	3 509.73	5 508.89
资产减值损失	4 375.13	12 795.77
公允价值变动收益	—	—
投资收益	−61.30	−62.53
其中:对联营公司和合营公司的投资收益	−61.30	−62.53
汇兑收益	—	—
三、营业利润	−24 665.08	−44 616.03
加:营业外收入	3 248.73	24 584.17
减:营业外支出	520.69	743.23
其中:非流动资产处置损失	63.12	105.00
四、利润总额	−21 937.03	−20 775.09
减:所得税费用	28.29	3 252.86
五、净利润	−21 965.32	−24 027.94
归属于母公司所有者的净利润	−32 829.99	−20 929.56
少数股东损益	−2 326.80	−3 098.39
六、每股收益	—	—
基本每股收益(元/股)	−0.620 0	−0.390 0
稀释每股收益(元/股)	−0.620 0	−0.390 0
七、其他综合收益	—	—
八、综合收益总额	−21 965.32	−24 027.94
归属于母公司所有者的综合收益总额	−19 638.52	−20 929.56
归属于少数股东的综合收益总额	−2 326.80	−3 098.39

数据来源:上海证券交易所 http://www.sse.com.cn/

三、现金流量表

现金流量表是指反映公司在一定会计期间现金和现金等价物流入和流出的报表。编制现金流量表的主要目的,是为财务报表使用者提供公司一个会计期间内现金和现金等价物流入和流出的主要信息,以便于报表使用者了解和评价公司获取现金和现金等价物的能力。它从现金和现金等价物角度出发,更客观地反映了公司的财务状况,有助于进一步揭示公司生成现金的能力、偿债和支付能力,评价损益的质量,以及对未来的现金流量作出预测。现金流量表以现金等价物为基础编制,划分为经营活动、投资活动和筹资活动,按照收付实现制原则编制,将权责发生制下的盈利信息调整为收付实现制下的现金流量信息。通常情况下,现金流量应当分别按照现金流入和现金流出总额列报,从而全面提示公司现金流量的方向、规模和结构。

AA 机床现金流量表如表 1-3 所示。

表 1-3　AA 机床现金流量表

2016 年 12 月 31 日　　　　　　　　　　　　　　　　　　　　　　　单位:万元

项　目	2015 年	2016 年
一、经营活动产生的现金流量:	—	—
销售商品、提供劳务收到的现金	56 813.48	30 813.92
收到的税费返还	—	—
收到的其他与经营活动有关的现金	6 465.35	20 691.21
经营活动现金流入小计	63 278.83	51 505.12
购买商品、接受劳务支付的现金	40 306.82	28 364.63
支付给职工以及为职工支付的现金	25 002.10	21 953.41
支付的各项税费	7 967.24	3 007.48
支付的其他与经营活动有关的现金	6 359.57	5 646.86
经营活动现金流出小计	79 635.73	58 972.39
经营活动产生的现金流量净额	−16 356.90	−7 467.26
二、投资活动产生的现金流量:	—	—
收回投资所收到的现金	19 100.00	15 600.00
取得投资收益所收到的现金	42.19	35.75
处置固定资产、无形资产和其他长期资产所收回的现金净额	192.60	42 454.31
处置子公司及其他营业单位收到的现金净额	—	—
收到的其他与投资活动有关的现金	8 866.14	8 019.66
投资活动现金流入小计	28 200.93	66 109.71
购建固定资产、无形资产和其他长期资产所支付的现金	6 399.62	2 713.62
投资所支付的现金	19 100.00	15 600.00
取得子公司及其他营业单位支付的现金净额	—	—

续表

项　目	2015 年	2016 年
投资活动产生的现金流量净额	−7 273.11	42 700.98
三、筹资活动产生的现金流量：	—	—
支付的其他与投资活动有关的现金	9 974.42	5 095.11
投资活动现金流出小计	35 474.03	23 408.73
吸收投资收到的现金		
其中:子公司吸收少数股东投资收到的现金		
取得借款收到的现金	61 810.56	59 465.97
发行债券收到的现金		
收到其他与筹资活动有关的现金	—	41 201.00
筹资活动现金流入小计	61 810.56	100 666.97
偿还债务支付的现金	39 269.67	65 708.99
分配股利、利润或偿付利息所支付的现金	4 152.14	4 002.94
其中:子公司支付给少数股东的股利、利润	158.49	—
支付其他与筹资活动有关的现金	—	41 201.00
筹资活动现金流出小计	43 421.81	110 912.93
筹资活动产生的现金流量净额	18 388.75	−10 245.96
四、汇率变动对现金及现金等价物的影响	−50.95	−14.28
五、现金及现金等价物净增加额	−5 292.20	24 973.47
加:期初现金及现金等价物余额	12 421.00	7 128.80
六、期末现金及现金等价物余额	7 128.80	32 102.27

数据来源:上海证券交易所 http://www.sse.com.cn/

四、所有者权益变动表

所有者权益变动表是指反映构成所有者权益的各组成部分当期的增减变动情况。所有者权益变动表应当全面反映一定时期所有者权益变动的情况,不仅包括所有者权益总量的增减变动,还包括所有者权益增减变动的重要结构性信息,特别是要反映直接计入所有者权益的利得和损失,让报表使用者准确理解所有者权益增减变动的原因。

在所有者权益变动表中,当期损益直接计入所有者权益的利得和损失,以及与所有者(或股东,下同)的资本交易导致的所有者权益的变动,应当分别列示,体现公司综合收益的构成。根据规定,公司需要所有者权益变动表,因此,所有者权益变动表的各项目再分"本年金额"和"上年金额"两栏,分别填列。

五、财务报表附注

附注是指对资产负债表、利润表、现金流量表和所有者权益变动表等报表中列示项目的文字描述或明细资料,以及对未能在这些报表中列示项目的说明等。报表中的数字是经过分类汇总后的结果,是公司发生的经济业务的高度简化和浓缩,如果没有形成这些数字所使用的会计政策以及理解这些数字所必需的披露,财务报表就不可能充分发挥作用,附注与资产负债表、利润表、现金流量表等报表具有同等的重要性,是财务报表的重要组成部分,报表使用者要了解公司的财务状况、经营成果和现金流量,就应当全面阅读附注。

附注应当披露财务报表的编制基础,相关信息应当与资产负债表、利润表、现金流量表和所有者权益变动表等报表中列示的项目相互参照。附注一般应当按照下列顺序进行披露。

(1)财务报表的编制基础。

(2)遵循公司会计准则的声明。

(3)重要会计政策的说明,包括财务报表项目的计量基础和会计政策的确定依据等。

(4)重要会计估计的说明,包括下一会计期间内很可能导致资产、负债账面价值重大调整的会计估计的确定依据等。

(5)会计政策和会计估计变更以及差错更正的说明。

(6)对已在资产负债表、利润表、现金流量表和所有者权益变动表中列示的重要项目的进一步说明,包括终止经营税后利润的金额及其构成情况等。

(7)或有和承诺事项、资产负债表日后非调整事项、关联方关系及其交易等需要说明的事项。

(8)公司的基本情况,包括公司注册地、组织形式和总部地址;公司的业务性质和主要经营活动;母公司以及集团最终母公司的名称。

六、审计报告

审计报告与财务报表的可信性有密切关系,财务分析人员必须注意注册会计师出具的审计报告。财务报表的编制者往往与报表使用者存在利益冲突,并由此产生粉饰业绩、歪曲报表数据的倾向,因此需要一个与任何一方均无利害关系的第三者对财务报表进行审计。按照我国现行规定,上市公司、国有公司、国有控股或占主导地位的公司年度财务报表要经过注册会计师审计,对财务报表的合法性、公允性和一贯性发表意见。进行任何目的的财务报表分析,都应事先查阅审计报告,了解注册会计师对公司财务报表的审计意见,报表使用者无法自己证实公司财务报告的可靠性的,必须依赖审计人员的意见。

七、其他报告

其他报告是指除了财务报表之外的公司报告。其他报告是一个比财务报表更广泛的概念,它不仅包括财务报表,还包括其他传输信息的手段。其他报告的内容直接或间接地与公司提供的信息有关,如与公司的资产、收益和债务有关的信息等。其他报告主要是指公司的年度报告、招股说明书、呈送证监会的年报、新闻发布稿、管理当局的预测或计划等,其他报告也是财务报表分析所需要信息的一部分,分析人员应当给予足够重视。

技能点

(1)通过本章学习,要求学生具有利用理论分析实际财务状况的能力。

(2)在学习本章时,要求学生具有良好的信息收集和整理能力。

教学目标

(1) 通过案例研讨,使学生基本上了解财务报表的重要性,了解什么是财务报表,如何对财务报表进行分析。

(2) 通过案例研讨,使学生掌握财务报表分析的基本内容及分析目的,以及不同人对于报表的了解及需求。

(3) 通过案例研讨,使学生深入了解财务报表的重要性,并且能够获取相关的分析资料。

1.2.1 AA机床重大财务报表案

财务报表信息占整个公司信息的80%左右,要想了解公司情况,通过财务报表是最快和最直接的方法。但是财务报表里面的数字单独看并没有任何意义,只有通过一定的方法才能获取有价值的信息,才能发现其中的问题。本案例是典型的上市公司财务造假。

本案例通过实际发生问题的上市公司,阐述财务报表分析所要分析的目的、内容,让学生了解财务报表分析的功能,以及涉及的财务报表相关内容。

据报道,证监会正式公布了对AA公司重大财务造假的处罚决定和市场禁入决定,对时任AA公司高层领导的23名责任人员给予处罚,合计罚款250万元,其中对原董事长王某采取终身证券市场禁入措施,对时任总经理常某、时任财务总监金某采取5年证券市场禁入措施。

处罚书显示,AA机床2013年至2015年通过跨期确认收入、虚计收入和虚增合同价格三种方式虚增收入483 080 163.99元,少计管理费用29 608 616.03元,少计存货505 985 325.86元,多计成本235 272 252.56元,虚增利润228 101 078.73元。

具体来看,AA机床2013年至2015年通过虚构合同、虚构发货单、虚构运输协议、设置账外产成品库房、提前确认销售收入等,以跨期确认收入和虚计收入的方式虚增收入483 080 163.99元,涉及客户123户,交易417笔,其中跨期确认收入222笔,虚计收入195笔。AA机床虚增2013年度、2014年度、2015年度营业收入金额分别占公开披露的当期营业收入的19.44%、13.98%、20.82%。

同时,AA机床通过设置账外产成品库房、虚构生产业务、虚假降低实际产品制造成本等方式,多计各期营业成本,少计各年度期末存货。三年间累计多计成本235 272 252.56元。

AA机床于2014年3月、2015年3月、2016年3月分别披露了2013年年度报告、2014年年度报告、2015年年度报告,存在虚假记载,构成信息披露违法。

王某时任该公司董事长,负责规划公司战略、公司重大经营决策及协调股东等工作,是涉案财务造假行为的主要策划者、组织实施者。常某时任该公司总经理,主要负责该公司的日常经营,参与决策并负责财务造假工作的执行事宜。金某于2014年2月至2015年3月任AA公司副总经理,2015年3月至调查时任AA公司财务总监,负责公司财务工作,金某了解并参与财务造假过程,是提前确认收入、虚假发货、调减费用等财务造假行为的执行者。王某、常某、金某均在昆明机床2013年、2014年、2015年年度报告上签字,是信息披露违法行为直接负责的主管人员。

证监会认为,AA机床的上述行为违反了《证券法》第六十三条、第六十八条的规定,构成了《证券法》第一百九十三条第一款所述违法行为。AA机床信息披露违法行为持续时间长,采取隐瞒、编造重要事实等手段,致使上市公司披露的2013年、2014年、2015年年度报告存在虚假记载,手段特别恶劣,涉案数额特别巨大。王某作为 AA 机床董事长,主要策划、组织实施上述违法行为,违法情节特别严重;常某、金某作为 AA 机床高管直接参与涉案违法事实,违法情节严重。

依据《证券法》第二百三十三条、《证券市场禁入规定》(证监会令第 115 号)第三条第(一)项及第五条的规定,证监会决定对王某采取终身证券市场禁入措施,对常某、金某采取 5 年证券市场禁入措施。

同时被罚的还包括时任该公司财务部部长李某,以及张某等 18 人时任的董事、监事或高级管理人员等。

资料来源:http://finance.eastmoney.com/news/

思考题:

(1)什么是财务报表分析,在整个公司管理中,为什么财务报表分析起到如此重要作用?财务报表分析的重要性有哪些?

(2)在进行具体财务报表分析时,会重点关注哪些方面?

(3)公司是由不同的利益相关者构成,都有哪些人会重视财务报表,主要会关注哪些方面?

(4)财务报表分析很重要,对于要了解财务报表的相关者,如何保证分析地全面且具体?

(5)分析者在分析财务报表时,要注意哪些问题?

1.2.2 YBT 公司业绩造假

近期,证监会查处了一起上市公司跨境财务造假案,这家公司不仅将建材自买自卖,假冒跨国生意,而且想乘着"一带一路"的东风,把假生意做到巴基斯坦,但经过监管机构跨境调查,参与巴基斯坦的项目完全子虚乌有,公司在年报中撒下弥天大谎。

YBT 公司 2015 年 8 月成功"借壳上市",当年年报显示,YBT 公司在与巴基斯坦木尔坦市开展的城市快速公交专线项目实现收入超过 2 亿元,占年度销售总额 21.8%。这么大单的跨国生意,让 YBT 公司的年报"闪闪发亮"。不过,调查人员却发现,这笔收入有问题。

证监会调查人员:"从资金链来讲,经过我们的调查,YBT 公司的回款主要来源于 YBT 公司本身控制的公司,还有其他的一些中国境内的公司,根本就不是那个巴基斯坦方面转钱的。"

据了解,巴基斯坦木尔坦项目业主方为木尔坦发展署,建设城市快速公交线,总投资超过 3.5 亿美元。不过,木尔坦发展署根本没有和 YBT 公司合作,年报所说的收入完全是子虚乌有。

证监会调查人员:"调查发现 YBT 公司根本就没有参与这个项目的建设,它是找了海外的一个公司伪造了一个虚假的工程建设合同,但是这个合同根本就没有履行。"

为了圆谎,YBT 公司还自导自演了一场将建材出口到巴基斯坦的"好戏"。

证监会调查人员:"YBT 公司在建造这个工程的过程中,向海外出口了一批建筑材料,他们公司声称这批建筑材料就是用于这个巴基斯坦木尔坦公交车站的建设。但是经过我们调查发现,这些建筑材料实际上没有运送到巴基斯坦,又通过第三方的公司把这些材料进口回来,以这种方式达到了一种虚构海外工程在施工的假象。"

证监会曾经要求公司及相关中介机构前往木尔坦核实该项目,但 YBT 公司相关人员根本没去过巴基斯坦木尔坦市,施工现场的照片都是假的。

1. 左右倒手，YBT 公司 73% 利润造假

年报中最大的一笔收益竟然造假，YBT 公司胆子的确不小。不过，调查人员发现，除了假冒这笔跨国大单，YBT 公司还有更加离奇的谎言。

2015 年，YBT 公司以虚假采购的方式将资金转入其控制的上海 A 公司、上海 B 公司等关联公司，再通过上海 A′ 公司、上海 A″ 公司等将资金以销售款名义转回，构建资金循环，伪造"真实"的资金流。

同年，YBT 公司与境外公司伪造虚假的建筑材料出口合同，将报关出口至安哥拉的货物运送至香港，然后由其控制的关联公司将货物进口回中国。

证监会调查人员："它把钱从境内的公司以国际贸易的形式转到海关，又以进口的方式把那个钱从海关转回中国，以这种方式来伪造一个真实的资金链。"

经确认，YBT 公司于 2015 至 2016 年 9 月通过虚构海外工程项目、虚构国际贸易和国内贸易等手段，累计虚增营业收入约 5.8 亿元，虚增利润近 2.6 亿元，其中 2015 年虚增利润占当期利润总额约 73%。

2. 独家曝光，10 亿元假账出自 20 平方米店铺

2015 年，YBT 公司 73% 的盈利都是假的，YBT 公司千辛万苦伪造业绩，究竟是为什么呢？

据了解，YBT 公司肆意造假和业绩对赌有关。

证监会调查人员："首先是为了完成业绩承诺，虚增收入。因为它对 2015 年、2016 年、2017 年的业绩做了承诺，必须要达到一定的标准，否则它要用股份进行赔偿。"

调查人员发现，YBT 公司造假成本极低，动辄数亿元的走账，竟然都是在上海一间 20 平方米的小屋内完成。稽查人员调查时候看到，这间店铺里只有一位会计和一位不懂会计的助理，却操办着 YBT 公司 6 家主要供应商和 4 家走账公司的资金流转。

证监会调查人员："这 6 大供应商和 4 家走账公司的财务人员只有一个财务经理何某，然后他还有一个助手，助手也不是财务人员，不太懂会计，但是 2015 年的资金流量已经达到了近 10 个亿。"

YBT 公司为了造假，动用了 7 个国家和地区的 50 多个公司走账，超过了 100 多个银行账户进行资金划转，而且经常通过银行票据和第三方支付划转，渠道复杂。稽查人员为了核实这些账户信息，几乎走遍了上海各大银行。

3. 抗拒调查，嫌疑人"狂飙"演技

随着案件一步步明晰，调查人员开始对 YBT 公司相关人员进行询问，却遇到了意想不到的事情。

证监会调查人员："当时我们在调查 YBT 公司的时候，发现了很多它的走账公司和供应商都是空壳公司，所以我们要求 YBT 公司向证监会提供供应商的联系方式，YBT 公司一直在推托。在我们的多次催促下，他们就给了我们一家叫作 A‴ 新能源公司实际控制者韩某的联系方式。"

调查人员随即向韩某了解 A‴ 公司的业务开展情况。接触发现，韩某实际是 YBT 公司为"忽悠"调查人员、拖延时间而安放的一颗"烟雾弹"。

证监会调查人员："在我们一步步逼问的情况下，他就是没法把这个谎圆过去，后面就跟我们拍桌子，说那个 A‴ 新能源公司的业务是他的隐私，中国证监会没权调查他。"

穿过烟雾弹,调查人员终于发现了案件的核心人员。

证监会调查人员:"我们的人员正在调查取证的时候,突然来了一个皮肤黝黑的男子,他看到我们在电脑中调取那个文件,立马把那个店铺的电闸给关了。他跟我们说,这是他们的隐私,我们证监会无权调取。后面我们经过询问才发现,他是那个参与造假的李某。"

李某是一个关键角色。李某在YBT公司内部通讯录上为YBT公司副总裁、大客户事业部总裁,对外以YBT公司员工身份开展业务,但实际上与YBT公司不具有正式劳动合同关系。同时,他还是上海B公司等7家YBT公司供应商的控制人。透过李某对YBT公司上下游公司的操控,调查人员发现YBT公司和这些公司虚构的各种贸易层层嵌套、极为复杂。

4. 境外协查,开创监管新效率

YBT公司为规避调查,造假业绩多选在国外,本以为肆意撒谎,证监会的手伸不到那么远,但他们没想到,证监会运用了跨境协查这个大招儿。

因为YBT公司造假涉及的是跨境贸易,涉及巴基斯坦、新加坡、美国等多地,接到中国证监会的请求,当地证监会给予有力协助,一个月内就掌握了核心证据,使得案件进程效率大增,效果显著。

证监会调查人员:"项目的施工地点和履约的地点都在境外,YBT公司可能考虑到中国证监会没有这个调查的力度前往巴基斯坦去调查。但是,因为我们中国证监会近年和全球60多个主要国家和地区的证券监管机构都签有备忘录,我们可以通过国际协查寻求这些监管机构的帮助。"

5. 多管齐下证监会打假进行中

据了解,YBT公司造假案是证监会2017年专项执法行动的第一批案件,剑指市场深恶痛绝的上市公司财务造假。这类案件呈现出造假规模大、造假手法隐蔽、系统性造假、跨境趋势明显、反调查手段多等特点,对市场危害极大。

YBT公司财务造假案是继首例沪港通跨境操纵案件——唐某操纵市场案后,证监会查处的又一例跨境违法案件。去年年底,依托沪港通证券执法合作机制,成功查破唐某案,保障两地资本市场互联互通平稳顺利推进。

证监会表示,将进一步加强与公安司法机关的刑事执法协作;继续强化交易所一线监管职能,持续严厉查处上市公司财务造假行为,一经查实,一律彻查严处。

资料来源:中国证券网

思考题:

(1)YBT公司造假的手段有哪些?运用什么方法才能快速发现问题?

(2)财务报表分析很重要,只有真实反映财务信息,才能让投资者选择好的公司,通过YBT公司案例,探讨财务分析的重要性。

(3)上市公司造假大多数是什么原因?

第 2 章 财务报表分析的方法

在自然科学中,创立方法,研究某种重要的实验条件,往往要比发现个别事实更有价值。

——巴甫洛夫

财务报表分析的方法是实现财务报表分析的手段。由于分析目标不同,在实际分析时必然要适应不同目标的要求,采用多种多样的分析方法,包括评价标准、评价方法和预测方法。

2.1 财务报表分析常用方法

财务报表分析不仅是一门科学,还是一门艺术。我们用会计报表中的任意两个数字相除,就可以算出一个比率。然而,关键是我们选择哪两个数字,去哪里找这两个数字,以及如何评价结果。

进行公司间比较所使用的数字必须具有可比性。如在计算收益时,拿一家公司的税前收益和另一家公司的税后收益进行比较则是毫无意义的。一家将利息资本化的公司其经营业绩可能看上去要比另一家没有资本化的公司好,但是,如果两家公司都用当年总利息支出,而不是利润表列示的利息数字进行对比,那么也许这两家公司的盈利能力就没有差别。计算比率所用数字必须保持一致性,公司可能会改变披露财务数据的方式以及修改财务报表中个别项目的定义,但是按规定,公司的财务报表附注中会提供这些变化的详细信息,分析人员必须学会在分析之前认真阅读有关附注及情况说明书。

分析公司的不同方面可以有各种不同的方法,每种方法都要遵守以下三项重要原则:

(1)永远不要只凭一年的数据来评价一家公司。通常要看三年以上的数据,最好是五年的数据。一家公司使用创造性的会计方法制造一次有较高获利能力的假象并不需要花费很大工夫,真正的难点在于保持这种业绩。一旦伪造报表,该公司就如同走在绷紧的钢丝绳上一样,每年都会产生更大的摇摆,可以肯定在不久的将来的某个时刻,公司就要大喊救命或从绳子上掉下来。尤其是对上市公司进行的外部财务分析,学会跟踪分析,全面考查至关重要,沿着其发展路径分析其发展状况是去其伪装、探其真实面目的最佳方法。

(2)不要孤立地评价一家公司:通常要用公司的业绩与同规模或同行业或同国家的其他公司的业绩进行比较,有比较才可能为该公司做出更加准确的定位,评价的结果才能客观、科学,没有参照的评价是无价值的评价。

(3)进行公司比较时要尽可能地确保是在比较相似的或同类型的公司之间进行,换句话说,用来分析的数据的基础应该是一致的,这样才具有可比性,比较的结果也才有意义。

一、比较分析法

比较分析法是通过对同一经济指标数值的比较,来揭示经济指标的数量关系和数量差异的一种方法。比较分析法的主要作用在于揭示财务活动中的数量关系和其存在的差异,从中发现问题,为进一步分析原因、挖掘潜力指明方向。比较分析法是最基本的分析方法,其他分析方法是建立在比较分析法的基础上的。

根据分析的目的和要求的不同,比较分析法有以下三种形式:

(1)实际指标同计划(定额)指标对比。通过这种对比,可以揭示实际与计划之间的差异,了解该项指标的计划或定额的完成情况。

(2)本期指标同上期指标或历史最好水平比较。通过这种比较,可以确定前后不同时期有关指标的变动情况,了解公司生产经营活动的发展趋势和管理工作的改进情况。

(3)单位指标同国内外先进单位指标比较。通过这种比较,可以找出与先进单位之间的差距,推动本单位改善经营管理,赶超先进水平。

运用比较分析法对同一经济指标进行数值比较时,要注意所用指标在内容、时间、计算方法、计价标准上口径一致。即被比较的经济指标必须是性质上同类、范围上一致、时间上相同,必要时,对所用指标应按同一口径进行调整或换算。

二、比率分析法

比率分析法是指通过计算经济指标的比率来确定和分析经济活动变动程度的一种分析方法。

比率指标可以有不同的类型,主要有以下三类:

(1)构成比率,构成比率又称结构比率,用于计算部分占总体的比例,反映的是部分与总体的关系,如固定资产占总资产的比例、负债占总权益的比例等。其计算公式为

$$构成比率 = 某个组成部分数额 \div 总体数额 \times 100\%$$

利用构成比率指标,可以考察总体中某个部分的形成和安排是否合理,从而协调各项财务活动。

(2)效率比率,用以计算某项经济活动中所费与所得的比例,反映的是投入与产出的关系,如营业利润率、成本费用利润率、总资产利润率等。利用效率比率指标,可以进行得失比较,从而考察经营成果,评价经济效益的水平。

(3)相关比率,用以计算在部分与总体关系、投入与产出关系之外具有相关关系的指标的比率,反映的是有关经济活动之间的联系,如流动比率、负债比率、产权比率等。利用相关比率指标,可以考察有联系的相关业务安排的合理性,以保障生产经营活动能够顺畅运行。

采用比率分析法,应注意分子、分母上的指标之间要有相关性,计算口径要一致,采用的比率指标要有对比的标准。

三、趋势分析法

趋势分析法是将两期或连续数期财务报告中的相关指标或比率进行对比,求出它们增减变动的方向、数额和幅度的一种方法。采用这种方法,可以揭示公司财务状况和生产经营情况的变化,分析引起变化的主要原因、变动的性质,并预测公司未来的发展前景。

运用趋势分析法主要进行以下三类比较:

(1)重要财务指标的比较。对不同时期财务指标的比较,可以计算动态比率指标,如利润增长的百分比等。由于采用的基期数不同,所计算的动态比率指标可有两种——定基动态比

率和环比动态比率。其计算公式为

$$定基动态比率＝分析期数额÷固定基期数额\times100\%$$

$$环比动态比率＝分析期数额÷前期数额\times100\%$$

(2)会计报表金额的比较。这是通过将连续数期的会计报表的金额数字并列起来,比较其相同指标的增减变动金额和增减变动幅度,来说明公司财务状况和经营成果变化的一种方法。

会计报表的比较,可以有资产负债表比较、利润表比较、现金流量表比较等。比较时,既要计算出表中有关项目增减变动的绝对额,又要计算出其增减变动的百分比。

(3)会计报表构成的比较。它是以会计报表中的某个总体指标作为100％,再计算出其各组成指标占该总体指标的百分比,从而比较各个项目百分比的增减变动,以此来判断有关财务活动的变化趋势。这种方法能消除不同时期、不同公司之间业务规模差异的影响,有利于分析公司的耗费水平和盈利水平。

采用趋势分析法时要注意,用以进行对比的各个时期的指标在计算口径上必须一致;由于天灾、人祸等偶然因素而对财务活动产生的特殊影响,在分析时应加以消除,必要时对价格变动因素也要加以调整;分析中如发现某项指标在一定时期内有显著的变动,则应将其作为分析的重点,研究其产生的原因,以便采取有效措施。

四、因素分析法

因素分析法是通过分析影响财务指标的各项因素,并计算其对指标的影响程度,用以说明本期实际与计划或基期相比,财务指标发生变动或差异的主要原因的一种分析方法。因素分析法适用于多种因素构成的综合性指标的分析,如成本、利润和资产周转率等方面的指标。

公司的财务活动是十分复杂的,比如公司利润的多少受到商品销售额、费用、税金等因素的影响和制约。也就是说,任何一项综合性财务指标,都是由许多因素组合而成的,各因素之间的组合和排列又有多种形式,这些因素的不同变动方向、不同变动程度对综合指标的变动产生重要的影响。因此,要想在错综复杂、交互作用的诸多因素中,分别测算出各个因素对综合性财务指标变动的影响程度,就必须运用抽象法,即在假定其他因素不变,而只有某一因素变动的情况下,来测定这一因素的影响程度。

进行因素分析最常用的方法有两种,即连环替代法和差额计算法。下面具体介绍连环替代法。

连环替代法是把经济指标分解为各个可以计量的因素,根据因素之间的相互依存关系,依次测定这些因素对财务指标的影响方向和影响程度的方法。

连环替代法的一般计算程序如下:

第一步:确定分析指标与其影响因素之间的关系。根据综合财务指标形成的过程,找出该项财务指标受哪些因素变动的影响,以及财务指标与各影响因素的内在关系,建立分析计算公式,如:

$$Y=a\times b\times c$$

式中,Y 表示综合财务指标;a,b,c 表示构成综合财务指标 Y 的各项具体因素。

第二步:分别列出分析对象的算式。按构成综合财务指标的因素之间的关系,列出基准值的算式和比较值的算式:

基准值 $\quad\quad\quad\quad Y_0=a_0\times b_0\times c_0 \quad\quad\quad\quad$ ①

比较值 $\quad\quad\quad\quad Y_1=a_1\times b_1\times C_1 \quad\quad\quad\quad$ ②

差异值 $\Delta Y = Y_1 - Y_0$ （ΔY 为分析对象）

第三步：连环顺序替代，计算替代结果。按构成综合财务指标的各因素的排列顺序，逐一用构成比较值的各因素代替基准值的各因素，并计算出每次替代的结果。

替换排列在第一位置的 a，用 a_1 替换 a_0：
$$Y_2 = a_1 \times b_0 \times c_0 \qquad ③$$

替换排列在第二位置的 b，用 b_1 替换 b_0：
$$Y_3 = a_1 \times b_1 \times c_0 \qquad ④$$

替换排列在第三位置的 c，用 c_1 替换 c_0，即 Y_1 值：
$$Y_1 = a_1 \times b_1 \times c_1$$

以上各式中，Y_2, Y_3, Y_1 分别表示 a, b, c 三个因素变动影响形成的结果值。

第四步：比较各因素的替代结果，确定各因素对分析指标的影响程度。比较替代结果是连环进行的，即将每次替代所计算的结果与这一因素被替代前的结果进行对比，计算出各因素变动对综合财务指标的影响程度。

③ - ① $\qquad Y_2 - Y_0 = \Delta a$

④ - ③ $\qquad Y_3 - Y_2 = \Delta b$

② - ④ $\qquad Y_1 - Y_3 = \Delta c$

$\Delta a, \Delta b, \Delta c$ 分别反映 a, b, c 三个因素变动对综合财务指标 Y 的影响程度。

第五步：检验分析结果。将各因素变动影响程度之和相加，检验是否等于总差异。各个因素的影响数额的代数和应等于财务指标的实际数与基数（计划数）之间的总差异值，即

$$\Delta a + \Delta b + \Delta c = \Delta Y$$

根据上面的步骤，可以看出连环替代法有以下特点。

1. 计算条件的假定性

应用连环替代法测定某一因素变化的影响程度时，是以假定其他因素不变为条件的。因此，计算结果只能说明是在某种假定条件下的结果。这一特点是由分析本身的性质所决定的。分析的任务在于确定事物内部各种因素的影响程度，以便更深刻地认识事物运动的过程及其规律性。为了研究某一因素的影响，必须排除其他因素的变动影响，这种科学的抽象分析方法在研究复杂的经济活动时是必不可少的。

2. 因素替换的顺序性

应用连环替代法时，要正确规定各个因素的替换顺序，以保证分析计算结果的可比性。如果改变替换顺序，在计算每一个因素的影响程度时，所依据的其他因素的条件不同，计算结果也会发生变化，分析的结论也会有所不同。

确定因素的替换顺序必须根据分析的目的，使分析结果有助于加强管理，正确区分经济责任，并根据各因素的依据关系和重要程度确定替换的先后顺序，根据因素之间的相互依存关系，一般的替换顺序是：基本因素在前，从属因素在后；数量因素在前，质量因素在后；实物量指标在前，价值量指标在后。也就是在分析的因素中，如果既有基本因素又有从属因素，一般先替换基本因素，然后替换从属因素；如果既有数量指标又有质量指标，一般先替换数量指标，再替换质量指标；如果影响因素中既有实物量指标又有价值量指标，一般先替换实物量指标，再替换价值量指标。可以看出，连环替代法实际上是比较法的发展和补充，是以指标的对比分析为基础的。

3. 计算程序的连环性

应用连环替代法计算各因素变动影响程度时,是按规定的因素替换顺序,逐次以一个因素的实际数替换基数,而且每次替换都是在前一次因素替换的基础上进行的。这样每次比较的基础是不固定的,这就形成了计算程序的连环性。

正是由于这些特点,使连环替代法既有优点,也有问题。优点是:通过这方法计算所得的各因素变动影响程度的合计数与财务指标变动的总差异一致。这样,用这些数据来论证分析的结论较有说服力。问题是,若改变因素的排列和替换顺序将会得出不同的计算结果,只要改变各因素的排列顺序和替换顺序,虽然求出的各因素影响程度的合计数仍与财务指标变动的总差异相一致,但各个因素的影响可能完全不同。在有的情况下,甚至会发生影响方向上的改变(影响变为"一"号影响),从而影响分析结论的正确性。

2.2 财务报表分析方法的注意事项

一、财务分析方法的局限性

1. 财务报表本身的局限性

财务报表是会计的产物,会计有特定的假设前提,并要执行统一的规范。我们只能在规定意义上使用报表数据,不能认为报表揭示了公司的全部实际情况。

财务报表的局限性表现在以下几方面。

(1)会计假设和会计原则的限制。会计假设和会计原则虽然可以为会计工作提供规范和基础,但它们同样限制了会计报表的功能和表达。例如,以历史成本报告资产,不代表其现行成本变现价值;假设币值不变,不按通货膨胀或物价水平调整;稳健原则要求预计损失而不预计收益,有可能夸大费用,少计收益和资产;按年度分期报告,只报告了短期信息,不能提供反映长期潜力的信息。

(2)会计政策与会计处理方法的多种选择,使不同公司同类的报表数据缺乏可比性。对同一会计事项的账务处理,会计准则允许使用几种不同的规则和程序,公司可以自行选择。例如,存货发出计价方法、固定资产折旧方法、坏账的计提方法等。即使两家公司实际经营情况完全相同,不同的会计处理方法会使得到的财务报表的有关数据不同,使得两家公司的财务分析发生歪曲。

(3)会计估计的存在对财务报表的影响也较大。财务报表中的某些数据并不是十分准确的,有些项目数据是会计人员根据经验和实际情况加以估计计量的,如固定资产折旧年限、无形资产摊销年限、坏账准备计提比例等。因此,财务报表所提供的数据的质量必然受到这些人为估计准确程度的影响。

2. 报表的真实性问题

公司管理当局有时为了自身的利益,往往采用粉饰技术蒙骗财务报表使用者。只有根据真实的财务报表才有可能得出正确的分析结论,财务报表的真实性使得财务分析受到了限制。

3. 财务分析方法的局限性

财务分析较常用到比较分析法,在比较分析时,必须要选择比较的基础,作为评价本公司当前实际数据的参照标准,包括本公司历史数据、同业数据和计划预算数据。例如,以本公司历史数据作为比较基础,并不代表合理性,历史数据代表过去,由于经营环境的变化,今年比去年利润提高了,不一定说明公司经营管理水平提高了。同理,以同业数据和计划预算数据作为比较基础,也不一定合理。

二、财务报表分析的多元结构

研究社会经济现象,既要研究其量的变化,又要研究其质的变化,而对于公司财务活动的分析则更是如此。我们一方面要克服偏重定性分析而忽视定量分析的倾向,另一方面也不要把定量分析搞成公式罗列、繁琐计算。应从实际需要出发,灵活地运用各种方法。根据以上认识,财务分析方法体系的组成特征应在时间上体现继承性、连续性,在空间上体现全面性、层次性,在整体上体现系统性、实用性。因此,我们在设计和运用财务分析方法体系时,应注意传统分析方法与现代分析方法相结合,因素分析方法与综合分析方法相结合,事后分析方法与事前、事中分析方法相结合,全面分析方法与重点分析方法相结合,定量分析方法与定性分析方法相结合,等等。可见,财务分析方法体系结构是多元化的。

1. 传统分析与现代分析相结合

传统分析方法即以因素分析法为代表的某些分析方法,它们在反映和监督计划完成情况方面起到过很好的作用。在打破了计划经济体制一统天下的今天,我们仍应认真继承、总结和改进传统的分析方法,使之成为现代分析方法的组成部分。

现代分析方法包括我国广大财务工作者在实践中创造的新分析方法和从国外引进推广应用的分析方法两大部分。现代分析方法的明显特征是反映数学方法在经济管理中的应用推广,出现了一系列数学学科(概率论和数理统计学、随机控制过程、数学逻辑学和函数分析等)相互结合的新趋势。

从运用个别的经济数学模型转到用分析和综合财务活动过程的新方法丰富数学方法,从利用数学程序设计语言对财务活动过程进行典型模拟,改而采用具有随机性参数变量的动态等级组织的复杂模型。大量地运用数学模型,有利于推广运用电子计算机处理经济信息,从而进一步改善财务分析方法。

但是,经济数学方法用于财务分析并不意味着传统分析方法已经完全过时,我们应在进行财务分析的过程中将二者合理、有机地结合起来运用。将经济现象过分地数字形式化,反而不利于问题的解决。苏联科学院院士 J.B.康托洛维奇曾经指出:经济问题的复杂性不允许采用形式主义的态度去求解,需要利用各种各样的方法论手段。数学模型不是"万能钥匙,不能随便套用"。指望某一数学模型,就能彻底解决有关管理复杂的经济系统中的一切问题的想法是十分幼稚的。单纯依靠数学分析方法,只能是故弄玄虚,赶时髦而已。应使它们与传统分析方法相结合,构成完整的现代分析方法体系,以便具体地解决分析问题。

如上所述,因素分析法作为一种传统分析方法曾经在财务分析的形成与发展过程中起过极为重要的作用,今后,仍将继续保留它的位置。因素分析法、比较分析法、比率分析法等共同构成财务分析的基本方法,它们既是单独的方法,具有可操作性,又是某类具体分析方法的综合名称。诸如连环替代法、差额计算法、平衡分析法、投资报酬分析法、投资回收期分析法等属于具体分析法。基本分析法指导和规范具体分析方法的操作实务,具体分析方法充实发展基本分析方法的理论研究,二者互为条件,相辅相成。

2. 因素分析与综合分析相结合

因素分析方法是研究诸因素变动对总体指标变动影响程度的分析方法,由于财务指标大多有综合性,只有把它们分解为原始因素,才能明确指标完成好坏的原因和责任。因此,因素分析法在财务分析中占有特殊重要的地位。

财务分析如同化学分析一样,需要对分析对象的构成要素进行分解。这种分解的过程是由此及彼、由表及里的不断深化的过程。

人们在用肉眼观察某物体时,顶多只能了解其外部形状;若用放大镜作进一步观察,则能对其细部作认真的研究;若再用显微镜观察,则能了解其分子结构等,从而对该物体进行本质的表述。财务分析也要运用类似肉眼、放大镜、显微镜等手段对分析对象进行分解和研究,使分析工作不断深化,直至该因素分析能为改善财务状况指明方向和制定措施为止。分析影响因素一般分为主观因素(如经营管理方面的因素等)和客观因素(如外部条件方面的因素等)。分解因素后,即根据分析对象的性质及其指标与因素相互之间的联系,采用一定的分析方法,查明各因素变动对分析对象的影响程度。影响程度一般表现为影响数值,计算结果中数值的正负说明该因素影响是否有利,而绝对数值的大小则说明因素影响是否重要。由此可见,财务分析方法的一个重要特征是研究指标变动与影响因素之间的因果关系,即通过计算诸因素的影响程度,区别有利因素与不利因素、主要因素与次要因素、主观因素与客观因素。在此基础上确定进一步分析的重点。

用相互联系的观点对指标进行总体评价是财务分析方法的又一特征,上述对影响因素的研究,决不可孤立地进行,因为经济现象都要受因果依存关系的制约,财务分析方法要能揭示因素之间的横向联系与纵向联系及其变化规律,从而对指标总体作出本质的描述。

在财务分析的过程中,作为研究客体的财务指标,称为成果指标,而作为评价成果指标特性的指标,称为因素指标。可见,财务分析就是运用一系列专门的方法从成果指标体系过渡到因素指标体系,并揭示因素指标变动对成果指标性状的规定性。研究和认识财务活动的过程,既要求利用分析方法也要求利用综合方法,因素分析与综合分析在财务分析过程中联成统一体。因此,从一定意义上说,财务分析方法是用于研究财务活动及其结果的辩证法。

如上所述,一方面财务分析通过因素分析方法剖析财务能力指标体系,研究这些指标发生变化的原因并查明诸因素变动对指标变动的影响程度。另一方面,财务分析还必须通过综合分析方法用相互联系的观点对财务能力指标和公司财务状况进行总体性研究和评价。这种由合到分,又由分到合的过程体现了经济过程所固有的规律性特征——由量变到质变、否定之否定等。它说明财务分析方法的使用过程即是唯物辩证法的运用过程。

财务分析的主要任务在于分析诸因素变动对财务活动的影响,进而为公司经营管理提供决策资料。分析因素与综合因素在完成上述财务分析任务的过程中是两个同等重要的手段。这无疑规定了因素分析法与综合分析法是财务分析的主要定量分析方法。

所谓综合分析法,就是将财务活动中的各项指标与其分解的诸因素相互联系地进行总体性研究的一种分析方法。通过因素分析法可以确定各因素变动对综合指标变动的影响程度,同时也说明各项财务指标的变动情况是由多种因素按其固有的联系综合作用的结果。只有综合地而不是孤立地进行观察、比较与分析,才能从整体上对财务能力指标变动乃至财务活动全过程有一个全面的认识与了解,便于我们正确地预测、有效地控制和科学地总结。

3. 事前、事中与事后分析相结合

在预测分析时,综合分析法的顺序正好与因素分析法相反。它可以根据计划期内各项技术经济措施影响下的诸因素变动程度来综合地预测财务指标可以达到的水平,也可以按照计划期内财务指标应达到的水平,确立诸因素需要变动的程度,然后根据各项因素的现状来制订相应的技术经济措施,再综合地预测财务指标变动可能达到的预期效果。

在控制分析时,应把公司的财务活动看作是一个有机的整体,各项财务指标是相互联系、相互影响的。如我们在分析公司资金状况时,必须逐项地对各类资金进行研究。这并非意味着某类资金可以孤立地对公司财务活动发生影响,它们互为条件,相互结合,共同对财务状况发生影响。换言之,我们在单独分析某类资金变动对财务活动发生过程的影响时,实际上是以其他类资金的变动相适应为条件的。因此,我们要根据公司生产经营活动的规模及其变动情况,适时地调整资金结构,加强薄弱环节的资金管理,控制单项资金盲目增长,尽可能使各项资金协调配套、按比例地变动。在总结分析时,要善于利用因素分析法的分析结果,综合地进行比较,既看到有利因素又看到不利因素,既看到主观因素又看到客观因素,才能全面正确地评价财务活动的好坏。在一般情况下,可以按因素分析的计算结果,将影响数值大的因素当作主要因素,即起主导作用的因素,它往往可以决定问题的性质和求得解决问题的方法与结论。在进行总结评价时,有两点是值得注意的:其一,当主要因素是有利因素时,绝不可对不利因素(特别是当它新出现时)等闲视之,而应采取相应措施,使之不再发展。其二,当主要因素是客观因素时,要具体问题具体分析。若客观因素不利,则说明主观能动性发挥不够,应努力从内部管理上找原因、订措施;若客观因素有利,则应努力使主观因素适应客观条件,力争成为主要因素。这样,才能化被动为主动,有利于充分地挖掘公司的内部潜力。

总之,财务分析注重事前、事中与事后分析相结合,这对整个财务分析方法体系都是适用的。

财务分析应为公司经营决策提供依据,决策方案的选择要建立在对目标预测的基础上。公司财务分析的任务之一是对公司未来财务能力进行预测,并根据预测结果选择最优或较优方案供决策参考,以便以此编制财务计划,达到公司外部环境、内部条件、经营目标三方面的动态平衡。

在财务计划执行过程中,公司的外部环境和内部条件随时都可能发生变化。因此,有必要进行事中控制分析,即根据变化了的或者可能发生变化的外部环境和内部条件重新进行预测,为决策提供新的情况和建议,使公司适应新的情况,提高应变能力,并及时调整各种比例关系,使公司财务能力得到充分的发挥。

除此以外,我们认为,对公司财务计划执行结果进行事后分析评价,则是财务分析最主要的任务。通过总结经验,提出改进措施,不断改善公司财务能力指标。从一定的意义来说,事后分析是下一个财务活动循环的事前分析。因此,前、中、后分析并非有严格的界限,它们可以相互依存、相互转换。有人认为,公司财务分析应将完整的预测分析、决策分析、计划目标分析、控制分析和计划完成情况分析贯穿于各项财务指标的分析之中。我们觉得,这种"大而全"的分析势必混淆财务管理与财务分析的区别。公司财务管理的主要任务是计划与控制,如果抽掉预测、决策分析,预测、决策本身就难以成立;如果抽掉目标、计划的分析,目标、计划的制订将不复存在;如果抽掉控制过程的分析,日常管理也就形同虚设。

可见,财务分析既注重全过程分析,又应以事后分析为主要内容。此外,在安排前、中、后的分析顺序时,没有固定的模式,可以顺分析,也可以逆分析。前者有水到渠成之势,后者如顺藤摸瓜之态,均能做到用原因说明结果,上下衔接、条理分明。

4. 全面分析与重点分析相结合

以上所提到的因素分析方法、比较分析方法、比率分析方法和现金流量分析方法等以及这些基本分析方法所包括的具体分析方法都是对财务能力指标进行分析经常使用的分析方法。它们对财务分析的比较完整、系统,往往带有全局性分析的特征。除此以外,还可以根据分析任务的具体要求采用一些其他分析方法,以解决某些特定的分析课题。这些方法虽然在整个财务分析过程中采用,但是不经常、不系统,往往只用于局部性分析或专题性研究,但它们在具体运用中,能使整个财务活动分析更为深入细致,做到全面分析与重点分析相结合,有利于分析结论的形成。

这些重点分析方法是对上述全面分析方法的必要补充。例如,指数法常用来观察分析某些财务能力指标的发展动态和增长速度。分组法是按照一定标准把同类指标进行归类,以分析总体中各组成指标之间的相互联系和在总体内部的变动规律。图表法可以将分析数据画成图表,使数学资料更加醒目、分析指标之间的对应关系更加清楚。线性规划法能够找出在一定限制因素条件下,某项目标函数的最大值或最小值,以便从多数选择性方案中选出最优方案,取得最大的经济效果。相关分析法则通过从数字上掌握有关指标之间的联系来确定函数关系,用某一指标或几个指标来推断另一相关指标。

5. 定量分析与定性分析相结合

研究社会经济现象,既要研究其质的变化,又要研究其量的变化,而对于公司财务活动的分析则更是如此。我们一方面应克服以前某段时间侧重定性分析、忽视定量分析的不足,另一方面也不要把定量分析搞成公式罗列、繁琐计算,应从实际需要出发,灵活地运用这些方法,将定量分析与定性分析相结合。

值得提出的是,逻辑分析法虽然不是一种专门的财务分析方法,但是它是各个学科领域都普遍适用的科学分析方法,在财务分析中同样具有重要意义。逻辑分析方法应紧密结合上述定量分析方法,对错综复杂的经济现象进行逻辑推理和科学判断,以正确地认识财务活动的本质。

在财务分析中具体运用逻辑分析,主要包括两类方法:

(1)求同法与求异法。它们是对多种场合下出现多个因素的情况下,通过分析影响因素的异同来判断主要因素的逻辑推理方法。求同法即对被分析的指标在不同情况下的分析结果异中求同,将多次出现的共同影响因素确定为主要因素。如公司分析各月影响资金占用额上升的诸多原因中,将每月都出现的应收款上升确定为主要因素,决定采取及时结算、催收债权的措施。求异法则是对被分析的指标在不同情况下的分析结果同中求异,将产生某种现象的异常因素确定为主要因素。如甲、乙两同类公司拥有相同的设备、厂房和职工人数,甲厂经济效益却明显优于乙厂,经对比分析,乙厂工人技术水平较甲厂低,造成质量等级偏低,销售价格下降,这是影响销售盈利的主要因素,应采取岗位培训、技术练兵的措施。

(2)演绎法与归纳法。它们是逻辑学运用的由一般性前提推出一般性结论的分析法。演绎法是由一般性较大前提推出一般性较小结论的推理分析方法。它是按照一般经济规律、理论原理或历史经验来分析财务指标的变动原因,观察、预测财务活动的发展变化趋势。如某厂根据市场调查,改进了产品设计,从而推理出产品更新,扩大销售,可以减少成品资金,加速资金周转的结论。归纳法是由一般性较小前提推出一般性较大结论的推理分析方法。它通常以部分分析对象的研究结论为依据,来概括财务指标乃至财务活动总体的状况、特点及其发展趋势。如通过诸多有利或不利因素的预测,可以归纳出经济效益升或降的未来前景等。

定性分析方法除逻辑分析法外,还可采用调查分析、会议分析、心理分析等方法,它们均是财务分析方法体系的一个必要构成部分。

三、财务报表分析方法的理论基础

唯物辩证法是马克思主义的认识论和方法论,也是财务分析方法的理论基础。按照这一哲学指导思想,我们运用各种具体的分析方法进行财务分析时,应遵循三个基本观点:其一,相互联系的观点。即在进行财务分析时,应注意财务报表之间及其项目之间的相互依存关系和相互勾稽关系,注意财务报表等会计核算资料与其他资料的联系,注意财务指标之间的联系以及财务指标内部各构成要素之间的联系,防止孤立地看问题。其二,一分为二的观点。无论是对公司财务状况进行全面分析,还是对某一专题进行局部分析,都应该既肯定成绩,又指出问题。在肯定成绩时,要注意发现其中的消极因素,在指出问题时,应注意发现其中的积极因素,防止肯定一切和否定一切。其三,发展变化的观点。任何事物都是在发展中存在的,不是一成不变的。在财务分析中,应用发展的眼光,而不是用静止的观点看问题。这就要求我们把静态分析方法与动态分析方法结合起来,从而使公司眼前利益分析与长远利益分析相统一,以防止公司管理者不必要的短期行为发生。

技能点

(1)通过本章学习,能够掌握方法,并且利用方法进行分析。
(2)能够恰当选择相关数据进行分析。

教学目标

(1)通过案例研讨,使学生了解财务报表分析的各种方法,能够灵活运用财务分析的各种方法。
(2)通过案例研讨,使学生能够了解财务分析方法的局限性和改进办法。
(3)通过案例研讨,使学生关注财务分析方法的理论基础。

2.2.1　B公司——一家上市公司的分析

独立来看一组报表数据,很难发现数据的问题和存在的意义,只有通过一定的方法进行分析,才能得到有价值的信息。财务报表分析的方法就是进行分析的手段。本章主要通过案例形式来介绍财务报表分析的各种方法,并且针对方法进行实际分析,同时也给出了财务报表分析方法所存在的弊端及克服的办法。

B公司成立于1993年,总部设在江苏某市,经过20多年的发展,形成了以"装饰产业为主体、电子商务与金融为两翼"的现代化公司集团,集团拥有海内外控股子公司100余家,公司员工17 000多人,是绿色、环保、健康的公共与家庭装饰产业的集团。集团旗下的B装饰公司是中国装饰行业的上市公司,已连续14年成为中国装饰百强第一名,B集团已获得鲁班奖95项(股份公司91项),全国装饰奖320项,是中国民营公司500强、中国服务业公司500强公司、

ENR中国承包商80强、中国工程设计公司60强,被评选为中国受尊敬上市公司10强和中国公司公民商德奖,连续三年被美国福布斯杂志授予亚太地区上市公司50强,连续多年被评为中小板上市公司50强管理团队。

　　B公司深耕于装饰产业,业务已遍及全国及部分海外市场,具备室内装饰、幕墙、景观、家具、软装等全产业链设计施工服务能力,为业主提供"一次性委托、全方位服务"的一站式服务。集团公司拥有6 000多人的设计师团队(其中1 500多名外籍设计师),下属子公司B'公司是一家专注酒店室内设计的公司,总部设在美国。公司相继打造如北京奥运会主会场(鸟巢)、北京人民大会堂、国家大剧院、国家博物馆、北京APEC峰会官邸别墅、杭州G20峰会主会场、上海中心、南京青奥中心、南京牛首山佛顶宫、无锡灵山梵宫等工程,并成为四季、希尔顿、喜达屋、洲际、万豪、香格里拉、凯宾斯基、雅高等一系列国际酒店管理集团的设计施工服务商。

　　B公司重点培育科技文化板块。旗下的公司是一家集行业解决方案、自主软硬件研发、系统集成与服务于一体的高新技术公司,业务覆盖楼宇智能、智慧城市、智慧交通、智慧建筑、智慧医疗等多个领域。B文化公司是集团旗下文化产业的策划设计施工一体化专业公司,以文旅景区、主题公园、历史文化街区的策划设计与施工、展览馆策划设计与施工为核心竞争力,打造文化全产业链的商业模式。

　　近几年来,B公司围绕主业,在转型升级和多元业务中扎实推进。2015年,B家装电子商务有限公司成立,以"B公司·家""品宅""精装科技"三个品牌,在智能家装、互联网家装、住宅装饰及定制精装等领域取得突破。同年,B公司金融板块正式形成,重点为上下游公司提供金融服务,有效整合产业链上下游的各类资源,助力集团公司持续健康发展。

　　表2-1和表2-2为B公司近两年的两大主要报表。

表2-1 2015—2016年B公司资产负债表

单位:万元

资产	期初余额 20151231	期末余额 20161231	负债及所有者权益	期初余额 20151231	期末余额 20161231
流动资产:			流动负债:		
货币资金	122 284.62	187 309.44	短期借款	107 749.43	116 009.4
应收票据	119 018.41	99 837.23	应付票据	73 906.57	63 014.65
应收账款	1 664 210.09	1 784 914.13	应付账款	1 113 358.51	1 169 806.81
预付账款	9 523.36	17 532.87	预收账款	23 065.28	38 940.25
应收股利	—	—	应付职工薪酬	98 291.44	95 149.67
应收利息	1 514.16	1 064.54	应交税费	64 634.68	20 339.91
其他应收款	29 728.44	30 685.34	应付利息	739 322	712.13
存货	15 486.92	19 476.65	应付股利	4 653.62	—
其他流动资产	111 589.52	66 127.08	其他应付款	5 903.93	8 182.34
影响流动资产其他科目	—	—	一年内到期的非流动负债	—	53 468.20

第2章 财务报表分析的方法

续表

资　产	期初余额 20151231	期末余额 20161231	负债及所有者权益	期初余额 20151231	期末余额 20161231
			影响流动负债其他科目	57 705	—
			流动负债合计	1 551 208.05	1 666 642.86
非流动资产：			非流动负债：		
可供出售金融资产			长期借款	4 220.84	1 040.55
投资性房地产	211 862.20	270 662.20	应付债券	49 999.70	—
长期股权投资	216	192.17	递延所得税负债	379.03	347.8
固定资产	—	72.09	非流动负债合计	54 647.57	1 424.35
在建工程	110 796.43	100 417	负债合计	1 605 855.63	1 668 067.21
无形资产	1 320.06	1 447.07	所有者权益：		
商誉	8 978.01	9 101.86	实收资本(或股本)	176 220.58	264 330.87
长期待摊费用	38 169.81	40 776.14	资本公积金	15 882.98	15 882.98
递延所得税资产	3 323.80	12 699.21	盈余公积金	68 128.10	82 816.19
其他非流动资产	29 521.80	36 916.06	未分配利润	601 791.88	632 531.47
非流动资产合计	2 944.96	3 020.48	归属于母公司股东权益合计	861 697.60	996 883.96
	407 133.06	475 304.27	所有者权益合计	874 632.96	1 014 184.33
资产总计	2 480 488.58	2 682 251.54	负债及所有者权益总计	2 480 488.58	2 682 251.54

数据来源：深圳证券交易所 http://www.szse.cn/

表 2-2　2015—2016 年 B 公司利润表

单位：万元

项　目	2015 年	2016 年
一、营业总收入	1 865 409.26	1 960 065.54
营业收入	1 865 409.26	1 960 065.54
二、营业总成本	1 691 325.74	1 781 271.41
营业成本	1 533 226.56	1 635 770.47
营业税金及附加	48 676.65	21 605.95
销售费用	25 837.48	31 031.69

续表

项 目	2015 年	2016 年
管理费用	44 690.26	47 548.07
财务费用	3 334.08	6 494.65
资产减值损失	35 560.71	38 820.57
三、其他经营收益	1 112.84	793.91
公允价值变动净收益	—	—
投资净收益	14 590.24	18 675.60
四、营业利润	188 673.76	197 469.73
营业外收入	978.67	2 431.83
营业外支出	101.66	171.99
非流动资产处置净损失	72.49	126.1
五、利润总额	189 550.77	199 729.57
所得税	28 982.54	30 170.47
六、净利润	160 568.23	169 559.10
少数股东损益	334.46	1 220.16
归属于母公司股东的净利润	160 233.78	168 338.94
七、每股收益		
基本每股收益	0.91	0.64
稀释每股收益	0.91	0.64

数据来源:深圳证券交易所 http://www.szse.cn/

思考题:

(1)单独观察财务报表,并不能看出一个公司的经营状况和财务成果优劣,只有通过一定的方法才能进行分析,利用财务报表分析的方法,简单判断一下 B 公司的经营情况和财务成果,并判断一下 B 公司未来的发展趋势。

(2)任何一种理论和方法都不是万能的,如何在财务报表分析时,克服财务分析中分析方法带来的弊端?

2.2.2 C 公司的财务状况分析

C 公司在上市公司中与 B 公司属于一个行业,只是财务业绩有所不同,本案例要求学生根据前面的分析来探讨一下 C 公司的财务状况,通过对比找到两个案例中的财务指标的差异,提出建设意见。

C 股份有限公司系由原 C′发展有限公司依法变更而于 1993 年 5 月 6 日注册成立的股份有限公司。1999 年 3 月 25 日,该公司公开发行的境内上市内资股(A 股)股票在上海证券交易所挂牌交易。1999年7月19日,经海南省工商行政管理局批准,该公司更名为"海南C股份有限公司";2000年5月8日,经海南省工商行政管理局批准,该公司又更名为"C股份有限公司"。所属行业为建筑业-建筑装饰和其他建筑业,主要经营范围包括:宾馆酒店投资,酒店管理与咨询;公司管理与咨询;装饰工程设计、咨询及施工;电子产品,生产销售网卡、调制解调器、铜轴调制解调器、数字用户环路设备、以太网交换机、路由器、交换路由器、基站、基站控制器、移动通讯终端、接入网及相关设备(一般经营项目自主经营,许可经营项目凭相关许可证或者批准文件经营,依法须经批准的项目,经相关部门批准后方可开展经营活动)。

由于公司装饰工程业务受市场竞争激烈等因素影响,以及公司下属酒店设施老化,竞争力下降,受市场因素影响,建筑装饰行业持续低迷,在大的行业环境下,对于财务状况的了解就显得十分必要。表2-3为C股份有限公司的财务报表。

表 2-3　2016年C公司资产负债表

2016年12月31日　　　　　　　　　　　　　　　　　　　　　　　　　　　　　单位:万元

资　产	期初余额	期末余额	负债及所有者权益	期初余额	期末余额
流动资产:			流动负债:		
货币资金	6 129.33	5 625.96	短期借款	—	—
应收票据	—	—	应付票据		
应收账款	5 421.15	7 256.59	应付账款	8 158.61	9 384.02
预付账款	126.23	334.34	预收账款	2 400.64	2 700.83
应收股利	—	—	应付职工薪酬	120.88	174.78
应收利息			应交税费	3 636.03	2 460.10
其他应收款	2 959.84	1 320.73	应付利息	—	—
存货	10 565.30	7 828.57	应付股利	968 247.79	463 926.85
其他流动资产	2 984.32	3 272.23	其他应付款	1 361.64	1 878.55
影响流动资产其他科目	—	—	一年内到期的非流动负债		
流动资产合计	28 969.65	25 638.42	其他流动负债		
			影响流动负债其他科目		
			流动负债合计	15 774.63	16 644.69
非流动资产:			非流动负债:		
可供出售金融资产	1 362.32	1 362.32	长期借款	—	—
投资性房地产	1 952.63		应付债券		
长期股权投资	22 059.41	23 057.91	递延所得税负债	520.2	
固定资产	19 940.71	17 686.68	非流动负债合计	520.2	
在建工程	—	—	负债合计	16 294.83	16 644.69

续表

资产	期初余额	期末余额	负债及所有者权益	期初余额	期末余额
无形资产	1 117.32	1 094.64	所有者权益:		
商誉	—	—	实收资本(或股本)	43 901.12	43 901.12
长期待摊费用	104.83	27.04	资本公积金	11 838.66	11 838.66
递延所得税资产	—	—	盈余公积金	3 267.84	3 267.84
其他非流动资产	22 071.61	22 071.61	未分配利润	12 076.56	7 406.93
非流动资产合计	68 608.84	65 300.19	归属于母公司股东权益合计	72 144.89	66 414.54
			所有者权益合计	81 283.65	74 293.93
资产总计	97 578.49	90 938.62	负债及所有者权益总计	97 578.49	90 938.62

数据来源:上海证券交易所 http://www.sse.com.cn/

表2-4 2016年C公司利润表

2016年12月31日　　　　　　　　　　　　　　　　　　　　　单位:万元

项　目	2015年	2016年
一、营业总收入	10 976	15 335.49
营业收入	10 976	15 335.49
二、营业总成本	14 387.40	21 187.90
营业成本	9 028.15	12 955.64
营业税金及附加	466.42	304.19
销售费用	—	—
管理费用	4 452.98	5 420.19
财务费用	−31.26	−23.6
资产减值损失	471.12	2 531.47
三、其他经营收益		−1 178.57
公允价值变动净收益	21.91	−382.04
投资净收益	143.33	−490.61
四、营业利润	−3 246.15	−6 725.07
营业外收入	2 941.78	626.36
营业外支出	8.15	11.62
非流动资产处置净损失	3.02	11.37
五、利润总额	−312.52	−6 110.33
所得税	280.85	−374.69
六、净利润	−593.37	−5 735.64

续 表

项 目	2015 年	2016 年
少数股东损益	−845.02	−1 141.52
归属于母公司股东的净利润	251.65	−4 594.12
七、每股收益		
基本每股收益	0.01	−0.1
稀释每股收益	0.01	−0.1

数据来源：上海证券交易所 http://www.sse.com.cn/

思考题：

(1)根据上面报表，对比前面 B 公司，分析阐述 C 股份有限公司的财务状况？
(2)利用所学的方法，分析 C 股份有限公司 2016 年经营成果，并且简单介绍其发展趋势。
(3)对于该公司现状，提出个人建设性意见。

第3章 筹资分析

  股东投资求回报,银行注入图利息,员工参与为收入,合作伙伴需赚钱,父老乡亲盼税收。只有消费者、股东、银行、员工、社会、合作伙伴六者的"均衡收益",才是真正意义的"可持续收益";只有与最大多数人民大众命运关联的事业,才是真正"可持续的事业"。

——牛根生

3.1 筹资概述

  筹资等同于资金筹集,是指公司通过各种方式和法定程序,从不同的资金渠道,筹措所需资金的全过程。无论其筹资的来源和方式如何,其获取途径不外乎两种:一种是接受投资者投入的资金,即公司的资本金;另一种是向债权人借入的资金,即公司的负债。

一、公司筹资分类

  公司筹集的资金可按多种标准进行不同分类,现介绍两种最主要的分类方式。

(一)按资金使用期限的长短分类

  按照资金使用期限的长短,可把公司筹措的资金分为短期资金与长期资金两种。

  短期资金是指使用期限在一年以内或超过一年的一个营业周期以内的资金。短期资金主要投资于货币资产、应收账款、存货等,一般在短期内可收回。短期资金常采用商业信用、银行流动资金借款、短期融资券、应收账款转让等方式来筹措。

  长期资金是指使用期限在一年以上或超过一年的一个营业周期以上的资金。长期资金主要投资于新产品的开发和推广、生产规模的扩大、厂房和设备的更新,一般需几年甚至十几年才能收回。长期资金通常采用吸收投资、发行股票、发行债券、长期借款、融资租赁、留存收益等方式来筹措。

(二)按资金的来源渠道分类

  按照资金的来源渠道不同,可将公司资金分为所有者权益和负债两大类。

  所有者权益是指投资人对公司净资产的所有权,包括投资者投入公司的资本及持续经营中形成的经营积累,如资本公积金、盈余公积金和未分配利润等。资本是公司在工商行政管理部门登记的注册资金,是各种投资者以实现盈利和社会效益为目的,用以进行生产经营、承担民事责任而投入的资金。

  公司通过发行股票、吸收直接投资、内部积累等方式筹措的资金都属于公司的所有者权益。所有者权益一般不用还本,因而被称为公司的自有资金或主权资金。

  负债是指公司所承担的能以货币计量、需以资产或劳务偿付的债务。如通过发行债券、银行借款、融资租赁等方式筹措的资金。公司的负债,到期要归还本金和利息,因而被称为公司的借入资金或负债资金。

二、筹资的意义

任何一个公司,为了保证生产经营的正常进行,必须持有一定数量的资金。由于季节性和临时性等原因,或由于扩大生产经营规模的需要,更需要筹措资金。因此,资金筹措既是公司生产经营活动的前提,又是公司再生产顺利进行的保证。同时筹资也为投资提供了基础和前提,没有资金的筹措,就无法进行资金的投放。从一定意义上来讲,筹资的数量与结构直接影响公司效益的好坏,进而影响公司收益分配。因此,筹资在财务管理中处于极其重要的地位。

公司资金可以从多种渠道用多种方式来筹措。不同来源的资金,其使用时间的长短、附加条款的限制、财务风险的大小、资金成本的高低都不一样。公司在筹措资金时,要充分考虑各种筹资方式给公司带来的资本成本的高低和财务风险的大小,以便选择最佳筹资方式,实现公司效益目标。

三、公司筹资的要求

公司对于资金的需求,要达到合理、合法、有效,才能更好地为公司服务。公司筹集来的资金在资产负债表中表现为负债和所有者权益部分,优质的筹资应尽量满足以下几方面要求。

(一)合理确定资金需要量

公司无论通过什么渠道、采用什么方式筹措资金,都应预先确定资金的需要量。筹措资金固然要广开财路,但必须有一个合理的界限,使资金的筹措量与需要量达到平衡,防止筹资不足而影响生产经营或筹资过剩而降低筹资效益。

(二)考虑资金运用

投资是决定是否要筹资、筹资多少的重要因素之一。投资收益与资本成本相权衡,决定着是否筹资,而投资数量则决定着筹资的数量。因此,必须确定有利的资金投向,才能决定是否筹资和筹资多少,要避免不顾投资效果的盲目筹资。

(三)尽量降低资本成本

公司筹措资金可以采用的渠道和方式多种多样,不同筹资渠道和方式的资本成本和财务风险各不一样。因此,要综合考察各种筹资渠道和筹资方式,研究各种资金来源的构成,求得最优的筹资组合,以便降低综合的资本成本。

(四)适时取得资金

筹措资金要按照资金的投放使用时间来合理安排,使筹资与用资在时间上衔接,避免取得资金过早而造成投放前的闲置或取得资金滞后而延误投放的有利时机。

(五)资本结构合理

公司的资本结构一般是由自有资本和借入资本构成的。负债的多少要与自有资本和偿债能力的要求相适应,既要防止负债过多,导致财务风险过大,偿债能力过低,又要有效地利用负债经营,提高自有资本的收益水平。

(六)遵守国家有关法规

公司的筹资活动,影响着社会资金的流向和流量,涉及有关方面的经济权益,为此,必须接受国家宏观指导与调控,遵守国家有关法律法规,实行公开、公平、公正的原则,履行约定的责任,维护有关各方的合法权益。

四、资金筹集渠道与方式

(一)公司筹资渠道

筹资渠道是指筹措资金来源的方向与通道,体现着资金的源泉和流量。认识筹资渠道的种类及每种渠道的特点,有利于公司充分开拓和正确利用筹资渠道。

总体而言,公司筹措资金的渠道主要有以下几种:

(1)国家财政资金。国家对公司的投资,主要是对国有公司,现有国有公司的资金来源大部分是过去由国家以拨款方式投资形成的。国家财政资金具有广阔的源泉和稳固的基础,今后仍然是国有公司筹措资金的重要渠道。

(2)银行信贷资金。银行对公司的各种贷款,是各类公司重要的资金来源。银行一般分为商业性银行和政策性银行。前者为各类公司提供商业性贷款,后者主要为特定公司提高政策性贷款。银行信贷资金有居民储蓄、单位存款等经常性的资金源泉,贷款方式多种多样,可以适应各类公司的多种资金需要。

(3)非银行金融机构资金。非银行金融机构主要有信托投资公司、租赁公司、保险公司、证券公司、公司集团的财务公司等。它们有的承销证券,有的融资融物,有的为了一定目的而集聚资金,可以为一些公司直接提供部分资金或为公司筹资提供服务。这种筹资渠道的财力比银行要小,但具有广阔的发展前景。

(4)其他公司资金。公司在生产经营过程中,往往形成部分暂时闲置的资金,同时为了一定的目的也需要相互投资。这都为筹资公司提供了资金来源。

(5)民间资金。公司职工和城乡居民的节余货币,可以对公司进行投资,形成民间资金渠道,为公司所利用。

(6)公司自留资金。公司内部形成的资金,主要是计提折旧、提取公积金和未分配利润而形成的资金。这是公司的"自动化"筹资渠道。

(7)外商资金。外商资金是外国投资者以及我国香港、澳门和台湾地区投资者投入的资金,是外商投资公司的重要资金来源。

(二)公司筹资方式

筹资方式是指公司筹措资金所采取的具体形式,体现着资金的属性。认识筹资方式的种类及每种筹资方式的属性,有利于公司选择适宜的筹资方式和进行筹资组合。

公司筹措资金的方式一般有下列几种:①吸收直接投资;②发行股票;③银行借款;④商业信用;⑤发行债券;⑥发行融资券;⑦租赁筹资。

3.2 权益资金筹集与分析

所有者权益指公司投资人对公司净资产的所有权。公司净资产等于公司全部资产减去全部负债后的余额,其中包括投资者对公司的最初投入,以及资本公积金、盈余公积金和未分配利润,对股份制公司即为股东权益。

一、权益资金的内容

(1)投入资本。投入资本是指所有者在公司注册资本的范围内实际投入的所有者权益资本。所谓注册资本,是指公司在设立时向工商行政管理部门登记的资本总额,也就是全部出资者设定的出资额之和。公司对资本的筹集,应该按照法律、法规、合同和章程的规定及时进行。如果是一次筹集的,投入资本应等于注册资本;如果是分期筹集的,在所有者最后一次缴入资本以后,投入资本应等于注册资本。注册资本是公司的法定资本,是公司承担民事责任的财力保证。在不同类型的公司中,投入资本的表现形式有所不同。在股份有限公司,投入资本表现为实际发行股票的面值,也称为股本;在其他公司,投入资本表现为所有者在注册资本范围内的实际出资额,也称为实收资本。

投入资本是投资者实际投入公司经济活动的各种财产物资,包括国家投资、法人投资、个人投资和外商投资。国家投资是有权代表国家投资的部门或者机构以国有资产投入公司的资本;法人投资是公司法人或其他法人单位以其依法可以支配的资产投入公司的资本;个人投资是社会个人或者本公司内部职工以其合法的财产投入公司所形成的资本;外商投资是国外投资者投入的资本。

(2)资本公积。资本公积是通过公司非营业利润所增加的净资产,包括接受捐赠、法定财产重估增值、资本汇率折算差额和资本溢价所得的各种财产物资。接受捐赠是指公司因接受其他部门或个人的现金或实物等捐赠而增加的资本公积;法定财产重估增值是指公司因分立、合并、变更和投资时资产评估或者合同、协议约定的资产价值与原账面净值的差额;资本汇率折算差额是指公司收到外币投资时由于汇率变动而发生的汇兑差额;资本溢价是指投资人缴付的出资额超出其认缴资本金的差额,包括股份有限公司发行股票的溢价净收入及可转换债券转换为股本的溢价净收入等。

(3)盈余公积。盈余公积是指公司从税后净利润中提取形成的、存留于公司内部、具有特定用途的收益积累。盈余公积按规定可用于弥补公司亏损,也可按法定程序转增资本金。公司制公司按照税后利润的5%至10%的比例提取法定公益金。2006年新《公司法》规定公司按照税后利润的10%提取法定公积金。取消了所有关于"法定公益金"的规定。公司制公司的法定盈余公积按照规定比例10%从净利润(减弥补以前年度亏损)按照《公司所得税》规定,以前一年度亏损(5年内)可用税前利润弥补,从第六年起只能用第六年税后利润弥补。

(4)未分配利润。未分配利润是本年度所实现的净利润经过利润分配后所剩余的利润,等待以后分配。如果未分配利润出现负数时,即表示年末的未弥补的亏损,应由以后年度的利润或盈余公积来弥补。

二、权益资金的分析

进行权益资金分析,除了要了解权益资本的基本性质,一般要掌握以下几个分析公式。

1. 权益资本构成比率

$$权益资本构成比率 = \frac{权益资本}{总资本} \times 100\%$$

$$权益资本负债比率 = \frac{权益资本}{负债资本} \times 100\%$$

一般来说,公司比较理想的状况是,权益资本构成比率为50%以上,权益资本负债比率为100%以上。但是,根据具体情况,低于上述比率,公司也未必有危险,这里涉及如何正确进行负债经营的问题。

2.资本金安全率

资本金是承担公司风险、分担公司损益的母体资本。其安全率可用以下比率判定

$$资本金构成比率 = \frac{实收资本(股本)}{总资本} \times 100\%$$

$$附加资本对资本金比率 = \frac{附加资本}{资本金} \times 100\%$$

一般来说,在公司总资本中,资本金所占比例越大,说明公司的财务状况越好,这对公司是有益的,但也不是绝对的。

附加资本对资本金比率的经济含义需从附加资本的分析入手进行理解。附加资本是扣除资本金(实收资本)外的权益资本,主要是靠公司利润留存等活动而增加的资本部分。附加资本不像资本金那样需分得利润,而且筹措附加资本既不花费费用,又不花费时间,在分配使用上又具有相当的自由度。因此,在总资本中,附加资本越多越好。由于附加资本可按一定程序转增资本金,因此对资本金具有强化作用。这样,无论对于投资者或债权人,附加资本多,就意味着资本金担保牢靠,债权比较安全。从公司的立场来看,附加资本多,就表示公司自身的效益好,利润率高,对付危机的能力大。如果附加资本很充足,即使公司发生了亏损,也可以用附加资本来弥补亏损,这样,资本金就不至于损失。附加资本对资本金的比率反映了资本金的安全性。为此,这个比率也称为资本金安全率、实收资本安全率。从这个意义上理解,该比率当然高些好。

技能点

(1)掌握筹资的各种途径,掌握筹资的各种方法。
(2)掌握权益资本分析的计算公式,并且能够进行分析。
(3)增强学生计算分析能力。

教学目标

(1)通过案例学习,掌握筹资的概念和筹资的基本原则。
(2)通过案例学习,掌握权益资金构成,对于公司权益资金有初步认识。
(3)通过案例学习,能够熟练利用财务报表分析的方法进行权益资金分析。

D 股份有限公司权益资金的分析

对于资金来源的分析,是基于权益资金与负债资金的对比,在最佳状态下资金的比例来分析其合理性。在众多房地产上市公司中,D 公司一直是行业的龙头,对于 D 公司权益资金的分析,可以把其作为恰当参考,为其他公司提供有价值的信息。

D 股份有限公司,简称"D 公司"或"D 集团",D 股份有限公司成立于 1984 年,1988 年进入房地产行业,经过 30 余年的发展,已成为国内领先的城市配套服务商,公司业务聚焦全国经济最具活力的三大经济圈及中西部重点城市。2016 年该公司首次跻身《财富》"世界 500 强",位列榜单第 356 位;2017 年再度上榜,位列榜单第 307 位。D 公司是中国最大的专业住宅开发公司,中国大陆首批公开上市的公司之一。在多年的经营中,该公司坚持"不囤地,不捂盘,不拿地王"的经营原则;实行快速周转、快速开发,依靠专业能力获取公平回报的经营策略,产品

始终定位于城市主流住宅市场,主要为城市普通家庭供应住房。公司坚持快速销售、合理定价,要求各地下属公司楼盘推出后当月销售率达到60%以上。同时,公司坚持规范经营,不追求高利润率。公司致力于通过规范、透明的公司文化和稳健、专注的发展模式,成为最受客户、最受投资者、最受员工、最受合作伙伴欢迎,最受社会尊重的公司。凭借公司治理和道德准则上的表现,D公司连续八次获得"中国最受尊敬公司"称号(见表3-1)。

表3-1 D公司资产负债表简表

编制日期:2016年12月31日　　　　　　　　　　　　　　　　　　　　单位:万元

项　目	年初数	年末数
负债:		
流动负债	42 006 182.69	57 999 848.55
非流动负债	5 492 412.35	8 899 915.72
负债合计	47 498 595.04	66 899 764.26
所有者权益:		
实收资本(或股本)	1 105 161.23	1 103 915.20
资本公积金	817 481.26	826 826.78
盈余公积金	2 806 876.67	3 254 076.78
未分配利润	5 259 785.41	6 120 026.98
所有者权益合计	9 989 304.57	11 304 845.74

数据来源:深圳证券交易所 http://www.szse.cn/

思考题:

(1)根据D股份有限公司的资料,阐述该公司权益资本构成是否合理。
(2)通过案例分析作为所有者投资资本的安全状况。
(3)整体上分析D股份有限公司权益资金的状况。

3.3　负债资金筹集与分析

负债,是指公司过去的交易或者事项形成的、预期会导致经济利益流出公司的现时义务。负债实质上是公司在一定时期之后必须偿还的经济债务,其偿还期或具体金额在它们发生或成立之时就已由合同、法规所规定与制约,是公司必须履行的一种义务。公司营运中有资金需求时,除了可由股东提供外,也可向银行或其他机构借贷资金有一定的利息支付与本金偿还期限,为纪录这些交易产生的资金变化,使用的会计科目则归类于"负债"(Liabilities),表达于资产负债表的右上角。

一、负债资金的构成

负债按流动性分类,可分为流动负债和非流动负债。

（一）流动负债

流动负债是指将在一年或者长于一年的一个营业周期内偿付的债务，包括短期借款、应付票据、应付账款、预收货款、应付职工薪酬、应交税金、应付利润、其他应付款和预提费用等。

(1) 短期借款：是指公司借入的还款期限在一年或不超过一年的一个营业周期内的各种借款。例如，工业生产周转借款、临时借款等。

(2) 应付票据：是指公司在生产经营过程中对外发生债务时所承兑的汇票，包括银行承兑汇票和商业承兑汇票。

(3) 应付账款：是指公司生产经营过程中因购买材料、商品和接受劳务供应等发生的一项流动负债。

预收货款是指公司按照合同规定向购货单位预收的购货款和定金。

(4) 应付职工薪酬：是指公司应付职工的工资总额以及包括在工资总额内的各种工资性奖金和津贴等。

(5) 应交税金：是指公司应交纳的各种税金，包括增值税、营业税、消费税和所得税等。

(6) 应付利润：是指公司应付给投资者的利润，包括应付给国家、其他单位以及个人的投资利润。

(7) 其他应付款：是指除应交税金、利润以外的其他一切应交款项，包括应交教育费附加、车辆购置附加费等。

（二）非流动负债

非流动负债，又叫长期负债，是指偿还期在一年或者超过一年的一个营业周期以上的各种债务，包括长期借款、应付债券、长期应付款等。长期负债是公司向债权人筹集的可供长期使用的一种资本来源。同流动负债相比，长期负债的特点是数额较大，偿还期限较长。

(1) 长期借款：是指公司向银行等金融机构或其他单位借入的，归还期限在一年以上的各种借款。长期借款一般用于固定资产购建、固定资产改扩建工程及固定资产大修理工程以及流动资产的正常需要等方面。

(2) 应付债券：是指公司为筹集长期使用的资金对外发行的一种还款期在一年以上的书面凭证。

(3) 长期应付款：是指公司除长期借款、应付债券以外的其他一切长期负债。如用补偿贸易引进的国外设备，应付的引进设备款和融资租入固定资产的应付租赁款等。

二、负债资金分析

进行负责资金分析，一般要掌握以下几个分析公式。

1. 负债资本的构成分析

$$负债资本构成比率 = \frac{负债资本}{总资本} \times 100\%$$

$$负债资本比率 = \frac{负债资本}{权益资本} \times 100\%$$

一般认为，在公司的全部资本中，负债资本越少，公司状况越好。但是，根据其构成内容，负债资本也未必就一定有危险。这主要取决于公司如何操作和市场的变化情况。

2. 负债资本安全率分析

$$负债资本安全率 = \frac{实收资本}{负责资本} \times 100\%$$

负债资本安全率,表明资本金相对于负债资本的比例。由于资本金对于负债资本来说是最确实的保证,所以,这个比率表示负债资本的安全率。

3. 长期负债的分析

长期负债主要对固定资产等经营设备进行投资,回收期较长。通常,只有那些风险性小的公司或收益情况大致稳定的公司,才能利用巨额的长期负债。长期负债的过多与不足,可根据以下的比率来判断:

$$长期负债构成比率 = \frac{长期负债}{总资本} \times 100\%$$

$$长期负债对流动负债比率 = \frac{长期负债}{流动负债} \times 100\%$$

上述比率主要侧重于长期负债的构成情况,比率值相对高一些认为是有利的。

$$长期负债对负债资本比率 = \frac{长期负债}{负债资本} \times 100\%$$

该比率反映负债资本中长期负债所占的比例。如果流动负债少而长期负债多,便可以说公司的健全性好,因此,一般认为这个比率高为好。

$$固定资产对长期负债比率 = \frac{固定资产}{长期负债} \times 100\%$$

该比率反映相对于长期负债固定资产的多少。因为固定资产担保着长期负债,所以,这个比率表示长期负债的安全率。

4. 流动负债的分析

流动负债通常是一年以内的短期负债,多数不必支付利息。当经营活动活跃时,流动负债相应就多,在这种情况下,销售额和流动资产也增多,因此,偿还流动负债不存在什么问题。流动负债的过多或不足,可根据以下的比率判断:

$$流动负债构成比率 = \frac{流动负债}{总资本} \times 100\%$$

$$流动负债对长期负债比率 = \frac{流动负债}{长期负债} \times 100\%$$

以上比率反映的是流动负债构成情况。与长期负债相反,比率值相对低一些认为是有利的。

$$流动负债对负债资本比率 = \frac{流动负债}{负债资本} \times 100\%$$

从公司健全性的观点来看,该比率反映负债资本中流动负债所占的比例,低一点为好。

技能点

(1)能够识别资产负债表中的负债,把握流动负债和长期负债的关系。
(2)能够对于负债资金进行计算和分析。
(3)能够判断负债结构是否合理。

教学目标

(1) 通过案例学习,掌握负债资金的基本情况,对于公司负债资金有初步认识。
(2) 通过案例学习,能够熟练利用财务报表分析的方法进行负债资金分析。
(3) 通过案例学习,掌握负债资金的内部关系。

3.3.1 负债资金的分析

负债资金是公司资金的另一种来源,也是公司资本的范畴,为了更好地分析公司的负债资金,我们依然以D公司为例,方便进行对比分析(见表3-2)。

表3-2　D公司资产负债表简表

编制日期:2016年12月31日　　　　　　　　　　　　　　　　　　　　单位:万元

项　目	年初数	年末数
固定资产	491 747.92	681 079.31
负债:		
流动负债	42 006 182.69	57 999 848.55
非流动负债	5 492 412.35	8 899 915.72
负债合计	47 498 595.04	66 899 764.26
所有者权益:		
实收资本(或股本)	1 105 161.23	1 103 915.20
资本公积金	817 481.26	826 826.78
盈余公积金	2 806 876.67	3 254 076.78
未分配利润	5 259 785.41	6 120 026.98
所有者权益合计	9 989 304.57	11 304 845.74

思考题:

(1) 根据D公司的资料,阐述公司负债资本构成是否合理。
(2) 通过案例分析负债资本的安全状况。
(3) 分析D公司长期负债的状况。
(4) 分析D公司流动负债状况。
(5) 整体上评价D公司负债筹资的合理性。

3.3.2　E公司的筹资状况分析

资金在资产负债表上表现为右方资金来源,也就是公司资本,是公司生存的基础,准确把握资金来源结构,判断其合理性,对于一个公司十分重要。根据前面所学的知识,本案例是房地产公司中业绩较差的一家公司,根据对该公司的资本分析,找出公司资金来源的问题所在。

E新业地产股份有限公司1997年实现借壳上市,2006年与新加坡政府产业投资公司

(GICRE)旗下C公司签订战略投资协议,成为国内第一家引进国际战略投资的A股上市地产公司。E新业专注商业地产领域,业务覆盖购物中心、城市综合体、高端综合项目等。为建立商业地产核心竞争优势,公司着力整合各类商业资源,构建起成熟的全价值链业务模式,致力于为投资人实现最大的价值回报,为合作商家带来最丰厚的经营收益,让消费者感到最大的满足。凭借十余年的专业地产开发运营经验,公司已建立起以京津沪区域为重点,同时在全国范围发展和布局的业务规模。截至2015年中,公司已在全国持有、管理的商业地产项目共计29个,总建筑面超过130万米^2。

房地产开发经营(取得资质证书后方可在其资质等级许可的范围内从事房地产开发经营活动);装修装饰工程(取得资质证书、安全生产许可证后方可在其资质等级许可的范围内从事工程活动);自有商品房的租赁;房地产开发的法律、法规和政策的咨询服务;商业管理服务。

为了了解该公司的资金来源是否合理,表3-3为E股份公司的资产负债表简表。

表3-3 E股份公司资产负债表简表

编制日期:2016年12月31日 单位:万元

项 目	年初数	年末数
固定资产	3 028.50	2 692.30
负债:		
流动负债	241 605.50	139 105.20
非流动负债	370 529.40	471 767.80
负债合计	612 134.90	610 873
所有者权益:		
实收资本(或股本)	74 991.30	74 991.30
资本公积金	51 115.20	51 115.20
盈余公积金	9 894.10	10 307.10
未分配利润	176 917.90	129 681.10
所有者权益合计	312 918.5	266 094.7

数据来源:深圳证券交易所 http://www.szse.cn/

思考题:

(1)根据E新业地产股份有限公司的资料,阐述公司权益资金是否合理。
(2)通过案例分析负债资本的状况。
(3)整体上分析E新业地产股份有限公司资金来源的状况。

第 4 章　资产投资分析

　　投资规模不一定要按自己拥有的实际现金去决定,而要在认定安全稳健的前提下,需要投资多少钱就想办法去借多少钱。

　　资产是指公司过去的交易或者事项形成的由公司拥有或控制的、预期会给公司带来经济利益的资源。公司的资产构成,根据公司的种类、规模、经营情况的不同,具有很大差别。研究公司的资产构成,可以了解公司的特点及经营状态。通过资产负债表可以分析公司的资产构成。

　　资产负债表的借方(左侧),叫作资产部分。一般认为,它表示公司的财产内容但不能将其理解成公司财产的全部。因资产负债表是根据公司的正规会计记录,为了测定公司的经营成果而编制的。它并没有把公司的全部财产表示出来。具体来说,资产负债表的资产部分反映了公司资金的运用状态。就是说,对资金投入后的使用形态所下的定义就是资产。

　　按照不同的标准分类,资产可以分为不同的类别。按耗用期限的长短,可分为流动资产和长期资产。根据具体形态,长期资产还可以作进一步的分类,按是否有实体形态,可分为有形资产和无形资产,本章我们分别加以介绍。

4.1　流动资产分析

　　流动资产(Current Assets)是指公司可以在一年或者超过一年的一个营业周期内变现或者运用的资产,是公司资产中必不可少的组成部分。流动资产在周转过程中,从货币形态开始,依次改变其形态,最后又回到货币形态(货币资金→储备资金、固定资金→生产资金→成品资金→货币资金),各种形态的资金与生产流通紧密相结合,周转速度快,变现能力强。加强对流动资产业务的审计,有利于确定流动资产业务的合法性、合规性,有利于检查流动资产业务账务处理的正确性,揭露其存在的弊端,提高流动资产的使用效益。

一、流动资产分类

　　对流动资产状况进行分析主要是指对货币资金、交易性金融资产、应收票据、应收账款、其他应收款和存货等重要项目作深入分析。

(一)货币资金

　　货币资金是公司可以立即投入流动的资金。在公司的资产中,货币资金的流动性是最活跃的,变现速度是最快的。公司持有货币资金一般是为了满足结算需要、预防性需要和投机需要。货币资金具有偿债能力最强和盈利能力最弱的双重特点。如果货币资金占总资产的比例较大,通常表明公司流动资金比较充裕,偿债能力较强,但同时也可能意味着公司的资金闲置,盈利能力较弱。为此,应结合公司的生产经营特点、经营周期和资金周转速度,在资产的流动性和盈利性之间作出正确的选择,合理地确定公司货币资金的持有量,使其保持一个合适的比例。

在对货币资金进行分析时,应结合下列因素判断公司货币资金持有量是否合理。

(1)资产规模和业务量。一般说来,公司资产规模越大,相应的货币资金的规模也就越大;业务量越大,处于货币资金形态的资产也就越多。

(2)筹资能力。如果公司有良好的信誉,筹资渠道通畅,就没有必要持有大量的货币资金,影响公司盈利。

(3)运用货币能力。如果公司经营者运用货币资金的能力较强,则可将必要的货币资金维持在较低水平,将其余的货币资金从事其他经营活动。

(4)行业特点。处于不同行业的公司,货币资金的合理规模存在差异,有的甚至很大。在相同的总资产规模下,金融业、工业公司和商业公司的货币资金不可能相同。

(二)交易性金融资产

交易性金融资产是公司购入的随时能够变现并且持有时间不准备超过一年的投资,一般包括各种股票、债券和基金等。该资产的变现能力非常强,流动性仅次于现金。

交易性金融资产是现金的后备资源,因此该资产越多,公司的支付能力和财务适应能力就越强。但它与货币资金又有不同,主要是该资产的风险要大于货币资金,尤其是在证券市场尚不完善时期。

因此,分析交易性金融资产的质量状况时,应注意交易性金融资产的构成,及时发现风险,予以防范,同时还要结合投资效益进行分析。

(三)应收账款

应收账款是公司因销售商品和提供劳务等活动而形成的债权,不包括应收职工欠款、应收债务人利息和其他应收款。

应收账款的管理是公司管理的重点和难点,和其他多数资产一样,它对公司财务状况的影响有好的方面,也有坏的方面。

好的方面是应收账款代表了一项对客户现金的要求权,应收账款的增长会带来公司收入的增加。

但一方面应收账款的增加会使公司产生收账费用和坏账损失的风险增大,从这个角度讲,应收账款越少越好;另一方面,应收账款反映本公司的资金被信用单位无偿占用,体现的是一种资金沉淀。在公司资金总量一定时,应收账款占有越多,资金的使用效率越差,并且现金也越短缺,从这一点来说,应收账款也是越少越好。如果一个公司应收账款管理控制不当,一定会影响公司利润和现金流。

应收账款管理一要分析应收账款的账龄结构,关注形成坏账的可能性;二要分别对应收账款前五位债务人的债务比例进行分析,关注集中程度。对于应收账款过于集中的公司,不但要考虑其债权的回收能力,而且要关注其过分依赖单一客户的经营风险。

(四)其他应收款

其他应收款是指公司发生非购销活动而产生的应收债权,包括公司应收的各种赔偿款、保证金、备用金以及应向职工收取的各种垫付款项等,有人称之为资产负债表中的"垃圾桶"。

其他应收款仅仅是暂付款,一般数额较小,期限也短,正常情况下一个公司生产经营活动产生的其他应收款的数额不应过大,若它的数额过大,则属于不正常现象。对于公司其他应收款项目,要仔细分析其内容、账龄,特别是其中金额较大、账龄较长的款项,判断其转售收入偷漏税的可能性和发生的合理性,是否存在关联方、占用资金不合理等现象。

(五)存货

存货包括的内容多、占用的资金大,是公司流动资金管理的重点和难点。

(1)报表分析者应注意了解公司经营者是否从生产经营的需要出发,采用科学的方法,确定合理的存货经济批量,并以此作为公司存货控制的标准。如果公司实际存货金额大于这一标准,则应分析原因,采取必要的措施,降低存货的库存。

(2)存货数量结构是否合理。存货有些是为生产准备的,理应确定其结构,保证公司再生产过程的顺利进行。

(3)存货的追加成本。资产负债表中,该项目的数字只是存货本身占用的资金,存货在储存过程中,还有许多追加支出,影响公司的盈利水平。

二、流动资产分析

流动资产是公司持续性经营活动的必要的运转资产。流动资产多数为现金或能变成现金的资产。所以,流动资产多,公司的健全性就好。流动资产分析通常包括以下几方面。

(一)流动资产的构成分析

流动资产构成比率计算方法为

$$流动资产构成比率 = \frac{流动资产}{总资产} \times 100\%$$

这一比率主要是判断流动资产的金额是否适当,从公司健全性角度看,该比率应该高一些,有

$$流动资产对固定资产比率 = \frac{流动资产}{固定资产} \times 100\%$$

流动资产对固定资产比率是流动资产现值与固定资产现值的比例。在流动资产内部,如果商品、产品等存货及应收账款等所占比重过多,将是危险的。为了判断有没有这种危险,或者这种危险程度如何,就要研究该比率。从这个意义上说,比率高是有利的,但也不是越高越好,有

$$存货资产构成比率 = \frac{存货资产}{总资产} \times 100\%$$

存货资产是提高公司收益的直接手段,其数额过大或不足都会给公司造成影响。作为存货资产,如果过多积压,就要耗用过多的成本资金和费用;如果过少,又会带来生产经营上的困难。一般来说,通过该比率,特别将前后时期相对比,可以了解公司持有存货的适合程度。在存货分析过程中,也可以利用存货模型进行细致分析,有

$$应收账款对存货资产的比率 = \frac{应收账款}{存货资产} \times 100\%$$

该比率可以判断存货资产与应收账款的比例是否合适。由于应收账款与存货资产是成比例变动的,因此,如果这个比率低,表示公司销售不好,存货资产过大;相反,如果这个比率高,则说明公司销售兴旺,存货资产低。但这时一定要与应收账款的回收情况结合起来考虑。

进一步分析,也可以分析应收账款作为独立项目的质量分析、信用分析和合理占用分析,有

$$速动资产构成比率=\frac{速动资产}{总资产}\times100\%$$

使用该比率的目的主要是判断公司速动资产的多余或不足。如果公司有充足的速动资产,就会得到公司职工或交易对方的信任,生产经营活动就可顺利进行。同时,金融机构也会在贷款上予以支持。但是,速动资产如果超过一定限度,也会造成公司生产经营上的松散,以至出现浪费等现象,甚至产生对资金的不法行为,有时也可能掩盖着有问题的贷款。

总之,流动资产构成的分析,实质就是研究流动资产数额的大小。从公司健全性观点来看,希望流动资产,特别是速动资产多。但从收益性观点来看,并不希望流动资产过多。公司为了扩大收益,一定要使流动资产迅速周转,并尽量压缩其规模。如果流动资产的金额减少,就可以减少存货等的保管费和利息,收益也就增大了。除了公司流动资产构成分析,还要对流动资产运用状况进行分析,看流动资产内部结构变化是否合理,与销售收入的增减变化是否正常,运用效果是否良好。

(二)流动资产结构变动的分析

流动资产结构变动的分析是对公司各项流动资产的比重所进行的分析,也就是将流动资产分类,然后运用结构分析法,分析研究各项流动资产比重大小及其变化情况,从而评价流动资产结构变化是否合理,促使公司优化资产结构,保证生产经营任务的顺利完成。在分析流动资产结构时,一般重点分析速动资产中的货币资产和应收账款,原则上两者不能太多。在全部流动资产中,存货应占有较大的比重,而各项应收账款的比重应相对小些,这样的结构,可以认为是比较合理的,当然,还要具体分析存货和应收账款的周转情况。考虑公司本年度存货较上年增长了还是下降了。

(三)流动资产增减速度的分析

流动资产增减速度的分析,是用期末全部和各项流动资产增减速度指标同销售收入增减变动指标进行对比。一般来说,只要全部流动资产增长速度低于销售收入的增长速度,存货的增长速度也低于销售收入的增长速度,应收账款的增长速度低于存货的增长速度,则说明公司以较少的流动资产完成了较多的生产经营任务,这是合理使用资金加速资金且周转的良好标志。

在整个流动资产分析过程中,如果遇到个别项目变化特殊,还可以针对具体项目进行进一步分析,抓住变化的重点所在。

技能点

(1)能够准确地掌握流动资产的内容,并且能够掌握流动资产的作用。
(2)能够对于流动资产分析指标进行计算,并且能够进行分析。

教学目标

(1)通过案例研讨,使学生对流动资产有个初步的了解。
(2)通过案例研讨,使学生掌握财务报表流动资产分析中的几个方面,并且熟练掌握分析方法。
(3)通过案例研讨,使学生能够独立进行分析,提高学生利用理论分析实际情况的能力。

A公司的流动资产分析

流动资产分析有利于确定流动资产业务的合法性、合规性,有利于检查流动资产业务账务处理的正确性,揭露其存在的弊端,提高流动资产的使用效益。本案例通过A股份有限公司流动资产的分析,来了解作为有色金属冶炼及压延加工业68家上市公司中,排名在前的公司之一,其流动资产会如何。

A股份有限公司是在上海证券交易所上市的集团型股份公司。该公司前身××氧化铝厂始建于1958年,1982年开始转产钨制品,1984年更名为××钨品厂。1997年12月,××钨品厂以发起设立方式整体改制为A股份有限公司。2002年11月,公司股票在上海证券交易所上市。目前,A公司拥有20家控股子公司,1家分公司,一个国家钨材料工程技术研究中心,一个稀土及能源新材料研究中心,设有两个博士后工作站。公司是国家级重点高新技术公司、国家火炬计划钨材料产业基地、国家首批发展循环经济示范公司,是国家六大稀土集团之一。

A公司涉及钨、钼、稀土、能源新材料和房地产等产业。钨产业经过30年的发展已形成从钨矿山、冶炼、深加工到钨二次资源回收的完整钨产业链,其中灯用钨丝占世界市场的50%以上份额,钨冶炼和粉末产品、超细晶硬质合金处于国内领先水平,在国际上也有一定的影响力。稀土产业形成了从稀土矿山开发、冶炼分离、稀土功能材料(稀土永磁材料、储能材料、发光材料等)和科研应用等较为完整的产业体系。能源新材料领域建设了锂电正极材料和镍氢电池负极材料(贮氢合金)两大产品线,其中锂电正极材料包括了钴酸锂、三元材料、锰酸锂和磷酸铁锂等产品。

未来5年,A公司确定了以钨和稀土为主业,以能源新材料和钼系列产品为两翼,以房地产为利润补充的战略定位。A公司将继续秉承"让员工实现自我价值、使用户得到满意服务、为股东取得丰厚回报、与社会共谋和谐发展"的公司宗旨和"稳中求进,做大市场,获长远利"的公司方针,以"技术创新、管理创新"为动力,通过硬质合金和钨钼制品的快速发展把A公司做强,通过能源新材料和稀土产业链的形成和产销量的增长把A公司做大,通过技术创新提高新产品销售收入和利润贡献比例把A公司做优,通过制度建设和公司文化建设把A公司做稳。通过体制、机制创新,把A公司建设成为"技术创新的平台、人才集聚的平台、产业发展的平台",实现A公司第三次创业的目标。

表4-1是A公司股份有限公司2016年年报资产情况简表。

表4-1　A股份有限公司资产负债表简表

编制时间:2016年12月31日　　　　　　　　　　　　　　　　金额单位:万元

项　目	期初余额	期末余额
流动资产:		
货币资金	430 668 848.8	1 040 961 492
应收票据	405 950 097.7	468 604 055.9
应收账款	1 043 807 867	1 163 837 010
预付款项	147 495 531.7	207 376 522.7

续 表

项　目	期初余额	期末余额
其他应收款	440 693 819.1	228 935 641.1
存货	3 955 810 285	3 569 096 534
划分为持有待售的资产	30 130 818.74	0
其他流动资产	1 193 213 179	623 233 184.9
流动资产合计	7 647 770 447	7 302 044 441
非流动资产：		
可供出售金融资产	19 282 548.1	19 282 548.1
长期应收款	58 960 433.72	59 703 834.9
长期股权投资	644 410 340	610 332 804.2
投资性房地产	206 589 051.3	347 557 643.1
固定资产净额	5 389 237 825	5 490 869 491
在建工程	466 627 664.8	255 753 461.9
工程物资	16 978 913.91	9 127 694.07
无形资产	767 002 574.3	726 052 768.1
商誉	47 506 671.35	47 506 671.35
长期待摊费用	133 801 458.7	116 502 009.3
递延所得税资产	417 576 195.2	461 804 217.9
其他非流动资产	171 397 846.8	53 006 637.45
非流动资产合计	8 339 371 523	8 197 499 781
资产总计	15 987 141 970	15 499 544 222

据来源：上海证券交易所 http://www.sse.com.cn/

思考题：

(1) 通过 A 股份有限公司流动资产分析，判断该公司的流动资产构成情况是否合理。
(2) 通过对比分析，判断 A 股份有限公司流动资产运用状况，初步判断趋势。
(3) 在 A 股份公司分析过程中是否出现特殊项目，对公司有哪些影响。
(4) 总体来说，A 股份有限公司流动资产的情况如何？

4.2　长期资产分析

长期资产是公司拥有的变现周期在一年以上或者一个营业周期以上的资产。对长期资产状况进行分析主要是对长期股权投资、投资性房地产、固定资产和无形资产等重要项目作深入分析。

一、长期资产分类

(一)长期股权投资

由于长期股权投资期限长,金额通常很大,涉及公司的经营发展战略,因而对公司的状况影响较大。另外,由于长期股权投资时期长,期间难以预料的因素很多,因而风险也会很大,因此在进行报表分析时,应对长期股权投资给予足够的重视。

长期股权投资构成分析主要从投资对象、投资规模和持股比例等方面进行分析。通过对构成的分析,可以了解公司投资对象的经营状况及投资对象的收益等方面的情况,判断公司长期股权投资的质量;另外还要做投资收益分析和长期股权投资减值准备的分析。

(二)投资性房地产

投资性房地产是指为了赚取租金或使资本升值,或两者兼而有之而持有的房地产。它主要分为3类:出租的土地使用权、长期持有并准备增值后转让的土地使用权和公司拥有并已出租的建筑物。

投资性房地产属于公司实物投资。该投资金额大,受国家宏观政策、经济发展规划及地方发展水平等多种因素的影响,资金回笼较慢,投资风险大。

(三)固定资产

固定资产占用资金数额大,资金周转的时间长,是资产管理的重点,分析该项目时应注意以下几方面:

(1)固定资产的构成。一般固定资产分为生产经营用固定资产、非生产经营用固定资产和闲置固定资产。这几类中只有生产经营用固定资产能为公司带来盈利,在分析该项目时,应结合固定资产明细表,了解固定资产的构成是否合理。

(2)固定资产占总资产的比例。固定资产的规模和结构,与公司所处的行业性质直接相关。一般来说,制造公司的固定资产比重较大。传统的资金管理理论认为,公司固定资产所占的比例越大,公司的营运能力越强。由于固定资产在使用中逐渐被消耗,周期较长,因此公司拥有的固定资产越多,在总资产中所占的比重越大,资产的流动性和变现能力就越差,但经营者在分析这个问题时,应注意在"船大压风浪,船小好调头"之间作出合理选择。

(3)在分析时,还应关注不同类别的固定资产折旧方法、折旧年限对当期利润和固定资产净值的影响。

(四)在建工程和工程物资

资产负债表的在建工程项目反映了公司期末各项未完工工程的全部支出,工程物资项目则反映了公司各项工程尚未使用的工程物资的实际成本。在建工程占据的金额是十分巨大的,是公司主要的投资行为之一,合理的工程建设将是公司新的利润增长点。因此,可结合工程项目的用途、资金来源、工程的进度以及转入固定资产的情况进行分析,这样有助于了解公司的发展动态,预计公司未来的盈利能力。

(五)无形资产

无形资产风险比较大,而且它为公司带来"未来经济利益"具有很大的不确定性,因此分析无形资产时应该注意以下几方面。

(1)公司是否正确反映无形资产的价值,是否有虚增资产的情况出现。

(2)公司是否严格遵守国家关于无形资产入账比例的有关规定,其规模是否合理。

(六)长期待摊费用

长期待摊费用本质上是一种费用,没有"变现性",其数额越大,说明公司的资产质量越低。因此对公司而言,这类资产数额应当越少越好,占资产总额的比例应当越低越好。在分析长期待摊费用时,应注意公司是否存在根据自身需要将长期待摊费用当作利润的调节器,例如,在不能完成利润目标或在相差很远的情况下,公司将一些影响利润的且不属于长期待摊费用核算范围的费用转入,以达到提高利润的目的。

二、固定资产的分析

(一)固定资产构成分析

根据下面的比率可以判断固定资产的构成是否适当,即

$$固定资产构成比率 = \frac{固定资产}{总资产} \times 100\%$$

$$固定资产对流动资产比率 = \frac{固定资产}{流动资产} \times 100\%$$

上述比率多少为合适,一定要加以具体的分析。一般来说,商业公司的固定资产比例较小,工业公司的固定资产比例较大。但是,在工业公司内部也有差异,如化学工业或钢铁工业等公司中,固定资产数额就非常大。而那些加工度高的行业,固定资产就相对要少。从总体上看,随着竞争的加剧,技术革新的飞速发展,设备的更新成为当务之急,设备投资的活跃,使固定资产比率趋于增大,这几乎成为所有公司不可避免的倾向。可见,根据行业和设备投资程度的不同,固定资产比率的大小也不同。

(二)投资规模分析

为了说明公司的资产构成和资本构成的关系,需要进行投资规模的分析,主要应用固定比率和固定资产长期资本比率两种,有

$$固定比率 = \frac{固定资产}{所有者权益} \times 100\%$$

所谓固定比率,就是固定资产和权益资本的比例,它表明资本的固化程度。由于投入到固定资产的资本长期被固化,所以,要求投入到固定资产的资本和权益资本一样,原则上没有还债期限,能安心地用到固定资产中。如果将像流动负债一样还债期限短的资本投入到固定资产,那是危险的。研究固定比率,就是为了判断这种危险的程度。固定比率对多数公司来说,以低于100%为佳,有

$$固定资产长期资本比率 = \frac{固定资产}{长期资本} \times 100\%$$

长期资本是权益资本加上长期负债。在某些行业中,由于自身的特点,需要巨额的固定资产,很难用权益资本来筹措全部的固定资产,这时就有必要借助长期负债。在这种行业中,固定比率就超过100%,但是只要长期负债的偿还期限足够长,就不一定有危险。为此,我们就可以使用上述比率。上述比率中的长期资本是权益资本与长期资本之和,是可以安心地投入到固定资产的资本。这个比率也称为长期固定适合率,原则上以低于100%为佳。

(三)固定资产运用状况的分析

固定资产是公司从事生产经营的物质技术基础,在公司中起着十分重要的作用。固定资产运用状况的分析,主要包括以下几方面。

1. 固定资产增减变动情况的分析

固定资产增减变动不外乎两方面的原因：一是固定资产原值的增加或减少，二是固定资产折旧额的变动。从趋势上看，固定资产的增加是主要方面，这说明公司生产经营规模的不断扩大，应付激烈竞争能力的不断增强。但如果增加过快，则会给公司带来一系列问题。第一，产生巨额的不变费用。例如，不管销售额与产值的高低，总是发生一定的折旧费、修理费、保险费、利息等。因此，如果靠销售额来回收不变费用，就成了经营上的不利因素。第二，固定资产的周转是缓慢的，每年只能回收其一部分价值，因此，越是把巨额资本投入到固定资产，资本的回收就越是缓慢。这样，由于对固定资产的过度投资，容易造成周转资本不足的后果，影响公司的生产经营活动，就更加增加了回收不变费用的负担。第三，固定资产的过分增加，使公司对市场经济形势的应变能力减弱。当市场发生变化时，固定资产往往不易迅速地被改变以适应变化了的市场形势。这样，过大的固定资产会影响公司的收益能力和健全性。公司要尽量避免固定资产过分增长。当进行设备更新或扩充时，一方面要慎重考虑将来的需要和产品销路等状况；另一方面要充分考虑一旦更新或扩充了设备，如何应对随之而来的各种危险。

为了具体地反映固定资产增减变化的有关情况，可以根据有关资料，进行以下比率的计算。

(1) 固定资产增长率为

$$\text{固定资产增长比率} = \frac{\text{本期固定资产原值增加} - \text{本期固定资产原值减少}}{\text{年初固定资产原值}} \times 100\%$$

该比率就是全年净增加的固定资产数额对原有固定资产总额的比率，它可以说明固定资产增长的规模和速度。

(2) 固定资产更新率为

$$\text{固定资产更新率} = \frac{\text{本期新增加固定资产原值}}{\text{本期期末固定资产原值}} \times 100\%$$

该指标反映固定资产更新的规模和速度，分析时要与公司的发展需要相联系，进而判断更新的规模和速度是否适当。

(3) 固定资产退废率为

$$\text{固定资产退废率} = \frac{\text{本期退废的固定资产原值}}{\text{本期期初固定资产原值}} \times 100\%$$

该指标是公司全年报废清理的固定资产对原有固定资产总额的比率。固定资产的退废一般应有相应的更新，才能维持公司再生产规模，因此，应将该指标同固定资产更新率相比较。

2. 固定资产结构变动情况的分析

固定资产结构是指各类固定资产原值占全部固定资产总值的比例，反映固定资产的配置情况。在各类固定资产中，生产用固定资产，特别是其中的生产设备，同产品生产直接相关，在全部固定资产中应占较大的比例。非生产用固定资产的增长不应超过生产用固定资产的增长，它的比例降低应当认为是正常的。未使用和不需要的固定资产应查明原因，采取积极措施，将其压缩到最低限度，以消除对公司的不利影响。概括地说固定资产结构变动的分析主要包括三个方面的内容：一是是否遵循了优先增加生产用固定资产的原则；二是考察未使用、不需用等固定资产的处理情况；三是了解生产用固定资产内部之间配备比例的合理性。分析的方法是将不同时期的上述资料加以比较。需要说明的是,固定资产的结构,由于不同公司生产技术特点的不同,公司间是不相同的。因此,分析时对此要加以考虑。

3. 固定资产磨损情况的分析

固定资产的磨损程度反映了一个公司固定资产的技术状况,通常使用以下两项指标分析:

$$固定资产磨损率 = \frac{固定资产累计折旧额}{固定资产原值} \times 100\%$$

$$固定资产净值率 = \frac{固定资产净值}{固定资产原值} \times 100\%$$

上述两项指标,前者反映固定资产平均损耗程度,后者反映固定资产平均新旧程度。二者表现为互补关系,磨损率大,净值率小;磨损率小,二者之和为100%。如果净值率大,磨损率小,说明固定资产较新,技术状况较好;反之,说明固定资产较旧,技术状况较差,需要进行固定资产更新。

技能点

(1) 能够识别资产负债表中的长期资产,掌握固定资产的原值和折旧及减值。
(2) 能够对于固定资产进行分析,并且掌握固定资产运作效率。
(3) 能够判断固定资产的构成、运用状况和投资规模。

教学目标

(1) 通过案例研讨,使学生对长期资产有初步的了解。
(2) 通过案例研讨,使学生掌握财务报表长期资产分析中的几个方面,并且熟练掌握分析方法。
(3) 通过案例研讨,使学生能够进行长期资产分析,特别是固定资产的运用状况分析。

4.2.1 A公司的长期资产分析

A公司的长期资产也就是该公司的非流动资产,分析长期资产主要对于资产的运行状态和使用效果进行评价,分析其合理性。本案例延续前面案例"A公司的流动资产分析",针对A股份有限公司的长期资产进行分析该公司长期资产的运营质量。

上一案例中分析了A股份有限公司的流动资产状况,表4-2和表4-3是A股份有限公司2016年年报资产负债表及固定资产信息。

表4-2 A股份有限公司资产负债表

编制时间:2016年12月31日   金额单位:元

项目	期末余额	期初余额	项目	期末余额	期初余额
流动资产:			流动负债:		
货币资金	1 040 961 492	430 668 848.8	短期借款	644 000 000	1 087 025 881
应收票据	468 604 055.9	405 950 097.7	应付票据	1 443 862 200	1 123 141 000
应收账款	1 163 837 010	1 043 807 867	应付账款	968 771 337.9	912 816 534.5

续 表

项 目	期末余额	期初余额	项 目	期末余额	期初余额
预付款项	207 376 522.7	147 495 531.7	预收款项	192 645 549.4	139 660 836.2
其他应收款	228 935 641.1	440 693 819.1	应付职工薪酬	166 480 884.9	145 250 788.3
存货	3 569 096 534	3 955 810 285	应交税费	192 027 560.2	148 785 606.7
划分为持有待售的资产	0	30 130 818.74	应付利息	1 616 795.3	5 024 892.76
其他流动资产	623 233 184.9	1 193 213 179	应付股利	60 483 788.68	100 214 788.7
流动资产合计	7 302 044 441	7 647 770 447	其他应付款	96 305 877.89	135 931 692.3
			一年内到期的非流动负债	794 124 225.9	640 685 991.2
			其他流动负债	511 339 181.5	1 413 849 205
			流动负债合计	5 071 657 402	5 864 585 396
非流动资产:			非流动负债:		
可供出售金融资产	19 282 548.1	19 282 548.1	长期借款	413 000 000	1 229 200 000
长期应收款	59 703 834.9	58 960 433.72	应付债券	1 523 288 196	302 126 408.3
长期股权投资	610 332 804.2	644 410 340	长期应付款	146 784 906	115 609 258.1
投资性房地产	347 557 643.1	206 589 051.3	专项应付款	28 195 372.99	27 423 364.77
固定资产净额	5 490 869 491	5 389 237 825	预计非流动负债	6 685 953.69	6 305 436.58
在建工程	255 753 461.9	466 627 664.8	递延所得税负债	64 749 672.9	65 741 842.53
工程物资	9 127 694.07	16 978 913.91	长期递延收益	12 778 1674.7	141 506 662.4
无形资产	726 052 768.1	767 002 574.3	非流动负债合计	2 310 485 777	1 887 912 973
商誉	47 506 671.35	47 506 671.35	负债合计	7 382 143 178	7 752 498 369
长期待摊费用	116 502 009.3	133 801 458.7	所有者权益:		
递延所得税资产	461 804 217.9	417 576 195.2	归属于母公司股东权益合计	6 489 175 664	6 635 618 024
其他非流动资产	53 006 637.45	171 397 846.8	少数股东权益	1 628 225 380	1 599 025 578
非流动资产合计	8 197 499 781	8 339 371 523	所有者权益(或股东权益)合计	8 117 401 044	8 234 643 601
资产总计	15 499 544 222	15 987 141 970	负债和所有者权益(或股东权益)总计	15 499 544 222	15 987 141 970

数据来源:上海证券交易所 http://www.sse.com.cn/

表 4-3　A 公司固定资产使用状况一览表

编制时间:2016 年 12 月 31 日　　　　　　　　　　　　　　　　　　　　　　　单位:元

项　目	房屋及建筑物	机器设备	运输工具	其他设备	模　具	合　计
一、账面原值:						
1.期初余额	2 926 724 547.83	4 552 817 028.71	67 109 729.00	346 694 688.18	21 058 916.64	7 914 404 910.36
2.本期增加金额	226 790 262.70	383 778 302.52	740 233.62	52 906 232.02	17 266 261.82	681 481 292.68
3.本期减少额	6 655 043.92	93 121 010.99	3 987 298.41	14 258 037.08		118 021 390.40
4.期末余额	3 146 859 766.61	4 843 474 320.24	63 862 664.21	385 342 883.12	38 325 178.46	8 477 864 812.64
二、累计折旧						
1.期初余额	510 331 177.31	1 735 820 992.23	41 174 127.02	177 306 291.00	3 389 037.84	2 468 021 625.40
2.本期增加金额	104 000 260.00	379 848 489.86	5 728 984.33	48 922 118.46	9 539 862.69	548 039 715.34
3.本期减少额	284 418.12	58 486 238.80	3 356 673.52	9 690 742.72		71 818 073.16
4.期末余额	614 047 019.19	2 057 183 243.29	43 546 437.83	216 537 666.74	12 928 900.53	2 544 243 267.58
三、减值准备						
1.期初余额	3 829 464.65	52 454 286.07	161 978.58	699 730.57		57 145 459.87
2.本期增加金额		230 691.39				
3.本期减少额		14 437 360.98	161 978.58	24 757.24		14 624 096.80
4.期末余额	3 829 464.65	38 247 616.48		674 973.33		42 752 054.46
四、账面价值						
1.期末账面价值	2 528 983 282.77	2 748 043 460.47	20 316 226.38	168 130 243.05	25 396 277.93	5 490 869 490.60
2.期初账面价值	2 412 563 905.87	2 764 541 750.41	25 773 623.40	168 688 666.61	17 669 878.80	5 389 237 825.09

数据来源:上海证券交易所 http://www.sse.com.cn/

思考题:

(1)通过 A 股份有限公司长期资产分析,判断该公司的固定资产资产构成情况是否合理,是否存在偿债风险。

(2)通过对比分析,判断 A 股份有限公司固定资产运用状况,初步判断趋势,在技术创新的今天,A 公司的固定资产在发展中的表现如何。

(3) 在 A 股份公司长期资产分析过程中是否出现特殊项目,对公司有哪些影响?

(4) 总体来说,A 股份有限公司长期资产的情况如何?

4.2.2 B 铝业股份有限公司的资产分析

B 铝业股份有限公司在有色金属行业中属于收益排名靠后,业绩相比较来说比较差,对于该公司的资产分析,力求通过分析把握公司资产运营状况对于该公司业绩的最终影响。

B 铝业有限公司,前身为成立于 1993 年 3 月的 B 铝厂,2003 年 1 月由黄某等 4 名自然人共同出资设立有限责任公司,2007 年 12 月整体变更为股份有限公司。是专业生产建筑和工业铝型材的公司。全公司占地 10 万米^2,拥有 10 多条挤压机生产线,年生产能力达 3 万多吨;拥有 D 有限公司和 H 有限公司两个控股子公司,是总资产近 3 亿的"国家大型二档工业公司"。

公司主要产品有铝合金门窗、幕墙建筑型材、工业型材、建筑铝模板和铝单板四大类,并可根据客户需求承接各种铝型材的深(精)加工业务。产品主要品种和表面处理方式有氧化着色、电泳涂装、粉末喷涂、氟碳喷漆、断桥隔热、木纹转印、高档外观拉丝、抛光染色、钢丸喷砂等。公司产品已覆盖全国大中型城市并出口到世界四十多个国家和地区。2016 年 10 月 11 日 B 铝业股份有限公司在市场上定向增发筹集资金 46 602.68 万元,有利于公司进行扩大生产经营。

表 4-4 和表 4-5 是 B 铝业有限公司 2016 年年报资产情况表。

表 4-4　B 铝业有限公司资产负债表简表

编制时间:2016 年 12 月 31 日　　　　　　　　　　　　　　　　　　　金额单位:万元

项　目	期末余额	期初余额	项　目	期末余额	期初余额
流动资产:			流动负债:		
货币资金	394 300 998.9	41 856 886.53	短期借款	0	60 000 000
应收票据	5 977 500	8 389 151.49	应付票据	19 288 000	43 548 000
应收账款	131 036 046	89 806 494.6	应付账款	84 234 600.86	70 895 094.75
预付款项	56 307 027.39	66 749 189.88	预收款项	56 388 328.76	34 721 035.47
应收利息	1 915 471.02	652 155.83	应付职工薪酬	6 891 333.17	7 341 595.66
其他应收款	3 439 660.53	6 246 589.48	应交税费	13 919 835.97	15 119 049.73
存货	196 222 815	170 458 026.5	应付利息	0	80 633.34
其他流动资产	15 273 084.36	9 448 100.08	其他应付款	11 624 513.97	12 756 366.26
流动资产合计	804 472 603.2	393 606 594.4	流动负债合计	192 346 612.7	246 097 613.5
非流动资产:			非流动负债:		
可供出售金融资产	30 000 000	30 000 000	递延所得税负债	189 497.28	284 092.5
长期股权投资	40 783 061.92	41 792 468.48	长期递延收益	46 700 410.14	46 642 319.67

续表

项　目	期末余额	期初余额	项　目	期末余额	期初余额
固定资产净额	531 039 765	553 133 840.2	非流动负债合计	46 889 907.42	46 926 412.17
在建工程	98 012 152.99	63 207 887.53	负债合计	239 236 520.2	293 024 025.7
无形资产	1581 26 979.1	162 199 668.8	所有者权益:		
长期待摊费用	142 057.8	147 452.4	归属于母公司股东权益合计	1 447 424 526	974 383 033.7
递延所得税资产	12 918 891.04	12 677 642.02	少数股东权益	7 464 371.25	8 429 919.99
其他非流动资产	18 629 906.7	19 071 425.62	所有者权益(或股东权益)合计	1 454 888 898	982 812 953.6
非流动资产合计	889 652 814.5	882 230 385			
资产总计	1 694 125 418	1 275 836 979	负债和所有者权益(或股东权益)总计	1 694 125 418	1 275 836 979

数据来源:深圳证券交易所 http://www.szse.cn/

表4-5　B铝业固定资产使用状况一览表

编制时间:2016年12月31日　　　　　　　　　　　　　　　　　　金额单位:元

项　目	房屋及建筑物	机器设备	运输设备	办公及电子设备
一、账面原值				
1.期初余额	343 907 480.8	403 518 315.4	8 480 826.19	8 097 528.64
2.本期增加金额	1 464 749.87	25 797 948.44	746 486.05	473 710.65
(1)购置	—	126 797.44	578 708.27	473 710.65
(2)在建工程转入	1 464 749.87	25 671 151	167 777.78	—
3.本期减少金额	2 097 011	8 648 052.11	296 092	86 716.51
(1)处置或报废	2 097 011	8 648 052.11	296 092	86 716.51
4.期末余额	343 247 340.4	420 696 091	8 931 220.24	8 381 459.2
二、累计折旧				
1.期初余额	71 822 929.4	140 155 543.5	5 002 630.3	5 500 386.13
2.本期增加金额	14 985 244.76	32 376 334.31	1 267 905.65	984 142.09
(1)计提	14 985 244.76	32 376 334.31	1 267 905.65	984 142.09
3.本期减少金额	864 934.08	3 801 340.02	281 872	82 257.38
(1)处置或报废	864 934.08	3 801 340.02	281 872	82 257.38
4.期末余额	85 943 240.08	168 730 537.7	5 988 663.95	6 402 270.84

续 表

项 目	房屋及建筑物	机器设备	运输设备	办公及电子设备
三、减值准备				
1.期初余额	—	50 294.44	—	—
2.本期增加金额	—	—	—	—
3.本期减少额	—	—	—	—
4.期末余额	—	50 294.44	—	—
四、账面价值				
1.期末账面价值	257 304 100.3	251 915 258.8	2 942 556.29	2 082 251.94
2.期初账面价值	272 084 551.4	263 312 477.5	3 478 195.89	2 597 142.51

数据来源：深圳证券交易所 http://www.szse.cn/

思考题：

(1)根据所学内容,对于B铝业的流动资产进行分析,衡量流动资产的合理性。

(2)结合相关资料,对于B铝业股份有限公司的固定资产进行分析,评价固定资产的运营情况。

(3)整体上看B铝业股份有限公司资产情况,找出拖累业绩的直接原因。

第 5 章 公司的筹资与投资分析

投资规模不一定要按自己拥有的实际现金去决定,而要在认定安全稳健的前提下,需要投资多少钱就想办法去借多少钱。

一个公司的资金来源筹资,就是为了资金的运用投资,公司的资产负债表是所有财务报表体系中最重要的报表,它能够包容一个公司几乎全部的财务信息,同时公司资产和负债的客观存在,使得资产负债表编制最大限度减少了人为因素的影响,比较真实地反映出公司的财务状况。单独对于负债、所有者权益以及资产的分析,忽略了资产负债表左右两边的联系,并不是资产负债表分析的全部内容。因此,把公司资产负债表从资产运用和资金筹资两方面相互联系起来进行分析,能够反映公司单独分析时所不能发现的问题,并可以对资产负债表两侧单独分析所作出的结论进行补充和完善,修正前面分析的结论,同时把资产负债表作为一个整体进行分析,才能对资产负债表所提供的财务信息有一个更全面、更深刻的理解。另外,判断一个公司财务的稳定性和安全性不仅仅取决于资产结构是否合理,也不仅仅取决于资本结构是否合理,只有将二者联系起来,当其对称结构合理时,公司财务才具有稳定性和安全性。

5.1 资产负债表左右两边的关系分析

资金的筹集是形成公司资产负债表右面负债资金和权益资金,进入公司后,形成公司各类资产。从根本上来说,资产负债表编制是根据会计恒等式:资产=负债+所有者权益,左右两边存在着密切关系的分析,具体分析主要体现在以下三方面。

一、资产负债表数量的对称关系分析

资产等于负债加所有者权益。这种恒等关系是会计核算的基础,也是构成资产负债表的基础。在资产负债表中,右方是负债和所有者权益,表明资金来源方式和性质;左方是资产,表明资金的具体运用形态。作为同一资金的两个侧面,资金来源与资金运用在数量上的恒等构成了资产与资本总量对称相等的关系。

当资金进入公司时,根据取得资金的方式和性质,表现为资产负债表右方的负债或所有者权益。同时根据资金的具体形态表现为资产负债表左方的资产,既可能是货币资产,也可能是实物资产,或者是无形资产;如果在公司经营中资产形态发生变化,如货币资产转化为存货资产、固定资产、无形资产等形态,并不会改变资产总量,因而也不影响资产与权益总量对称相等关系。同样,如果资金来源方式或性质发生变化,如一项负债转化为另一项负债,或负债转化为所有者权益,但并不改变资本总量,也不会对资产与资本总量对称相等关系产生任何影响;当资金退出公司时,依据其资金的具体形态,表现为资产的减少,或者是货币资金减少,或者是实物资产,或者是其他资产的减少。同时,依据退出资金的性质,表现为负债或所有者权益的

减少。这种变化虽然影响到资金总量，但由于同时涉及资产负债表的左右双方，而且数额相等，所以不会影响资产与资本总量对称相等关系；公司经营收入中相当于经营成本的部分实际上是资产占用形态的转换。扣除经营成本的余额即为公司经营收益，是通过公司生产经营活动形成的资金来源，其性质是所有者权益。同时，这一余额又表现为公司资产的增加，而且双方增加的数量相同。

二、资产负债表结构的对称关系分析

一个公司资产存量受生产经营规模制约，因此，按照资产存量与经营规模之间的关系可以把公司资产分为以下两大类：

(1) 与公司正常经营规模相匹配的经常永久性占用的资产。这部分资产可以满足公司生产经营活动的最基本需要，包括固定资产和永久性占用流动资产。所谓永久性占用流动资产是指货币资产、债券资产、存货资产等在年度内平均占用的最低水平，是保证正常生产经营活动的需要量。

(2) 与公司经营周期相匹配的临时性占用的资产。这是由于季节性经营或其他原因引起的一定时期内资产占用的临时性增加，随着公司生产经营活动趋于正常，这部分资产将随时转换或退出。

资产结构的这种划分制约着公司的筹资结构，形成了资产与权益结构对应关系，表现为以下三点：

(1) 以长期资金满足永久性占用资产的资金需要。由于固定资产占用与永久性流动资产占用具有相对稳定的特点，用长期资金来满足其资金需求能够保证公司正常的、基本的经营活动的顺利进行，使公司的财务结构更具稳定性，其风险程度也会降低。这是由长期资金的基本性质决定的。公司长期资金包括所有者权益和非流动负债，所有者权益的不返还性和非流动负债的偿还期较长的特点，与永久性占用资产形成了一种内在的对应关系。如果公司以流动负债来满足这部分资产的资金需要，必然给公司带来较大的偿债压力，当债务偿还期已到而资产未能变现时，公司可能会因此陷入财务困境。即使公司以多期流动负债相衔接的办法来满足其资金需要，虽然能获得降低资金成本的好处，然而一旦新债难以筹措，公司资金需求得不到满足，正常的生产经营活动就将无法进行。

(2) 以短期资金满足临时性占用资产的资金需要。临时性占用资产是一种短期资产，变现速度快，以短期资金来解决这部分资产的资金需要，可以保证在债务到期时能够及时偿还。这样可以使公司的资本结构具有较大的弹性，需要的时候就可以举债，不需要的时候就及时清欠。

(3) 以长期资金满足临时性占用资产的资金需要。以长期资金满足短期资产的资金需要，即使短期资产没能如期及时变现，也不会对公司偿债能力产生太大影响，这是一种最稳健的筹资政策。其代价是要支付较高的资金成本，会影响公司的最终财务成本，而且会使公司的资本结构弹性变弱。

三、资产负债表风险对应关系分析

资产负债表的左方按资产的流动性排列，这种排列方式主要是为了说明资产的变现速度，反映公司资产流动性程度,但同时也隐含着对风险大小和收益高低的揭示。一般来说,流动资产风险要小于固定资产,同时其收益能力也低于固定资产。因此,资产在资产负债表中的排列也是一种风险从小到大、收益从小到大的排列方式。但资产结构发生变化时,公司资产的风险和收益也会随之发生变化。

资产负债表的右方按权益的时间长度来排列,反映公司对资金使用时间的永久性度。短期资金对偿债能力要求较高,风险也相对大些,但其筹资成本低的特点决定了最终收益比较高。长期资金尽管风险小,但因其资金成本高而收益相对比较低。可以看出,负债表右方是按风险与收益从大到小进行列示。资产负债表的这种排列方式形成了独特的风险与收益对应关系,会对风险和收益形成一种调节作用,最终影响到公司资产结构和权益结构的决策。较大的财务风险可以用较小的资产风险来调节,较大的资产风险可以用较小的财务风险来中和。

5.2 资产负债表运营状况分析

(1)通过资产负债表可以核对公司资产、负债、所有者权益的总额。由于资产负债表是以"资产＝负债＋所有者权益"的公式编制而成,因此根据资产总计数即可推知负债和所有者权益总计数,公司的资产合计数大致可以反映出公司经营规模的大小。如果知道公司所在行业的平均资产的情况,还可以推知该公司在同行业中所处的地位。

(2)可以核查流动资产、非流动资产、负债、所有者权益等大项目的合计数。通过这些合计数可以看出有关项目在资产总额与负债和所有者权益总额中所占的比重,从而可以一定程度地了解公司资产的流动性、负债的流动性以及公司负债经营的程度等。

(3)可以进一步观察各项资产、负债、所有者权益分别在资产总额、负债与所有者权益总额中所占的比例。根据有关的各项比例,可以列出百分比资产负债表,从而可以了解公司资金的分布状况,了解公司资金来源的渠道。这样有助于进一步分析和发现问题,进一步改善公司的资金结构。

如果有该公司近几年的资产负债表,则可以计算各资产、负债、所有者权益项目的金额变动及金额变动百分比。通过各个资产、负债、所有者权益项目的金额变动,可以反映出公司在近几年内财务状况变动的情况,从而有助于预测公司未来财务状况变化的趋势;而通过各个资产、负债、所有者权益项目的金额变动百分比,则可以反映出各项目对公司财务状况变化影响的大小以及各项目自身变化的幅度,同样有助于预测公司未来财务状况变化的趋势。

5.3 资产负债表对称结构分析

正常经营公司资产与权益对称结构分析。正常经营公司资产与权益对称结构可以分为保守结构、稳健结构、平衡结构和风险结构四种类型。

(一)保守结构

在这一结构形式中,无论资产负债表左方的资产结构如何,资产负债表右方的资金来源方式全部是长期资金,长期负债与所有者权益的比例高低不影响这种结构形式,其形式见表5-1。

表 5-1 资产负债表(保守结构)

流动资产	临时性占用流动资产	非流动负债
	永久性占用流动资产	所有者权益
非流动资产		

由表 5-1 可以看出,保守结构的主要标志是公司全部资产的资金需要依靠长期资金来源满足。其结果是:

(1)公司风险极低。从前面的风险分析中我们知道,筹资风险是建立在经营风险的基础上的,只要公司资产经营不存在风险,其偿债风险就会消除。由于这一形式中的偿债风险极低,因此,即使提高非流动资产比例,资产风险加大,两方综合起来,也会形成一方较大的风险被另一方极小的风险中和,而使公司风险降低,不至于导致公司被迫清算资产以偿还到期债务。

(2)导致较高的资金成本。相对于其他形式结构,这一形式的资金成本最高,但前提是短期债务成本低于长期债务成本。

(3)筹资结构弹性弱。一旦公司进入用资淡季,对资金存量不易作出调整,尽管公司可以通过将闲置资金投资于短期市场证券来调节,但必须以存在完善的证券市场为前提,而且这种投资的收益也不一定足以抵补这种高成本的差异。

(二)稳健结构

在这一结构形式中,长期资产的资金需要依靠长期资金来解决,短期资产的资金需要则使用长期资金和短期资金共同解决,长期资金和短期资金在满足短期资产的资金需要方面的比例不影响这一形式,其形式见表 5-2。

表 5-2 资产负债表(稳健结构)

流动资产	临时性占用流动资产	流动负债
	永久性占用流动资产	非流动负债
非流动资产		所有者权益

由表 5-2 可以看出,稳健结构的主要标志是公司流动资产的一部分资金需要使用流动负债来满足,另一部分资金需要则由非流动负债来满足。其结果是:

(1)通过流动资产的变现足以使公司保持相当优异的财务信誉,足以满足偿还期债务的需要,公司风险较小。

(2)公司可以通过调整流动负债与非流动负债的比例,使负债成本达到公司标准。相对于保守结构形式而言,这一形式的负债成本相对要低,并具有可调性。

(3)无论是资产结构还是资本结构,都具有一定的弹性,特别是当临时性资产的资金需要降低或消失时,可通过偿还短期债务或进行短期证券投资来调整;一旦临时性资产的资金需要产生时,又可以通过重新举借短期债务或出售短期证券来满足,这是一种能为所有公司普遍采用的资产与权益对称结构。

(三)平衡结构

在这一结构形式中,以流动负债满足流动资产的资金需要,以长期负债及所有者权益满足长期资产的资金需要,长期负债与所有者权益之间的比例是判断这一结构形式的标志。其形式可用表5-3来表示。

表5-3 资产负债表(平衡结构)

流动资产	流动负债
非流动资产	非流动负债 所有者权益

这一结构形式的主要标志是流动资产的资金需要全部依靠流动负债来满足,其结果是:

(1)同样高的资产风险与筹资风险中和后,使公司风险均衡。

(2)负债政策要依据资产结构的变化进行调整,与其说负债结构制约负债成本,不如说资产结构制约负债成本。

(3)存在潜在的风险。这一形式以资金变现的时间和数量与偿债的时间和数量相一致为前提,一旦两者出现时间上的差异或数量上的差异,如销售收入未能按期取得现金,应收账款没能足额收回,短期证券以低于购入成本出售等,就会使公司产生资金周转困难,并有可能陷入财务危机。这一结构形式只适用于经营状况良好,具有较好成长性的公司。公司对这一结构形式的非稳定性特点应给予足够重视。

(四)风险结构

在这一结构形式中,流动负债不仅用于满足流动资产的资金需要,而且用于满足部分非流动资产的资金需要,这一结构形式不因为流动负债在多大程度上满足非流动资产的资金需要而改变。其形式见表5-4。

表5-4 资产负债表(风险结构)

流动资产	流动负债
非流动资产	非流动负债 所有者权益

这一结构形式的主要标志是以短期资金来满足部分非流动资产的资金需要。其结果是:

(1)财务风险较大,较高的资产风险与较高的筹资风险不能匹配。流动负债和非流动资产在流动性上并不对称,要是通过变现非流动资产来偿还短期内到期的债务,必然给公司带来沉重的偿债压力,从而要求公司极大地提高资产的流动性。

(2)相对于其他结构形式,其负债成本最低。

(3)公司存在"黑字破产"的潜在危险。由于公司时刻面临偿债的压力,一旦市场发生变动或意外事件发生,就可能引发公司资产经营风险,使公司因资金周转不灵而陷入财务困境,造成公司因不能偿还到期债务而"黑字破产"的后果。这一结构形式只适用于处在发展壮大时期的公司,而且只能在短期内采用。

(五)财务危机公司资产与权益对称结构分析

财务危机公司资产与权益对称结构有两种形式,见表5-5和表5-6。

表 5-5 资产负债表(1)

流动资产	负债
长期资产	投入资本
	损失

表 5-6 资产负债表(2)

流动资产	负债
长期资产	
	损失

表 5-5 所示的资产与权益对称结构的典型特征是，由于公司经营亏损，所有者权益已小于投入资本，表明公司已处在十分危险的状态，如果公司不能扭亏，将会导致破产。表 5-6 所示的资产与权益对称结构的典型特征是，公司亏损不仅吃掉了全部投入资本，连债权人的资本也被吃掉一部分，表明公司已经资不抵债，陷入破产境地。这样的公司只能通过重建和重组，才有可能起死回生。

技能点

(1)能够对于资产和权益进行风险排列分析。
(2)能够判断资产负债表中风险和收益的对应关系。
(3)能够判断资产负债表的合理结构。

教学目标

(1)通过案例研讨，使学生在对资产和资本单独分析的基础上，进一步把握资产负债表中的对应关系。
(2)通过案例研讨，使学生对正常的报表结构有一个基本了解，并且能够识别公司出现财务状况的危机。
(3)通过案例研讨，使学生能够通过报表全面看问题，以报表之间项目的联系为基础，防止片面行为发生。

5.3.1 某上市公司资产负债表结构分析

资产负债表的本质是反映公司的财务状况，对资产和权益所做的单独分析只能反映公司的基本信息，即资产运用状况和筹资状况。因此，单纯依据这种分析只是一些具体的、基本的分析，容易把分析引入歧途。所以，对公司整体财务状况的分析必须结合资产负债表左右两方各个项目之间的相互联系和依存关系，才能做出综合评价。

为了更好地了解公司资产负债表中筹资与投资结构关系，表 5-7 是某上市公司 2012—2016 年年报资产情况简表，根据表中情况，对于该公司财务状况进行合理分析。

表 5-7 某上市公司 2012—2016 年年报资产情况简表　　　金额单位:元

项　目	2012年	2013年	2014年	2015年	2016年
流动资产	18 915 466	23 218 447	23 704 254	20 993 070	33 094 556
长期资产	12 804 834	14 145 627	17 782 813	30 169 999	25 968 258
流动负债	—	18 633 967	19 993 151	25 766 782	29 748 137
长期负债	17 219 664	2 556 898	3 894 008	4 304 558	5 805 040
所有者权益	14 500 636	16 173 209	17 599 908	21 091 729	−23 509 637

思考题:

(1)分析上述案例中各个年度中资产负债表的结构数量关系是否合理。

(2)通过分析,判断该公司各年度资产负债表中各个结构关系的特点,及对生产经营会产生什么样的影响。

(3)通过分析,判断该公司所面临的风险,给出建设意见。

(4)总体来说,该上市公司的财务状况如何?

5.3.2　B生化股份有限公司资产负债表分析

本案例选择一家经营出现问题,被证券交易所冠以"ST"的上市公司的年报财务报表为基础进行分析,分析B生化股份有限公司多年的财务报表,找出公司财务状况存在的问题。

B生化股份有限公司是一家跨行业、跨地区的民营公司控股的上市公司,其前身为江西某机械有限公司,1996年公司股票"××工程"在深交所发行上市。1998年6月,C集团通过股权受让成为其第一大股东,2002年2月,C集团将其所持8 068.2万股国有法人股转让给C医药。2005年4月,C医药将其所持C生化61 621 064股以协议方式转让给B集团有限公司,占公司总股本的29.11%,股权性质为非国有股,B集团成为公司第一大股东。公司总部设在山西太原某大厦。公司注册资本为211 683 491元人民币,总资产为9.25亿元。

公司主营业务范围为:生物化工、制药工业设备、医用卫生材料、医药项目、生物技术、开发项目的投资、咨询及技术推广、房地产开发及电子产品信息咨询。

表5-8是该上市公司2009—2016年年报资产情况简表,根据表中情况,对于该公司财务状况进行合理分析。

表 5-8 B生化上市公司 2009—2016 年年报资产情况简表　　　单位:亿元

项　目	2016年	2015年	2014年	2013年	2012年	2011年	2010年	2009年
流动资产	5.93	4.07	3.48	2.89	2.64	3.98	2.30	3.39
长期资产	6.51	8.57	8.46	8.98	8.04	5.63	6.96	9.13
流动负债	6.35	6.67	6.12	6.28	6.31	5.37	5.06	9.1

续 表

项　目	2016年	2015年	2014年	2013年	2012年	2011年	2010年	2009年
长期负债	0.62	0.72	1.23	2.07	1.49	1.41	1.46	2.04
所有者权益	5.47	5.25	4.59	3.52	2.88	2.83	2.74	1.38

资料来源：东方财富网 http://data.eastmoney.com/

思考题：

根据该公司给出的资料，结合公司近几年发生的筹融资情况，分析该公司筹资与投资结构，并且对公司存在的风险和前景进行分析。

第6章 公司偿债能力分析

有利润的企业说不定会破产,但持有现金的企业永远也不会破产。

一个公司存在的基本目标就是生存、发展和获利,而生存的基本条件是以收抵支,到期偿债。如果公司不能够到期偿债,就会面临着破产风险。偿债能力分析就是要求公司对其所欠的债务进行偿还的能力进行分析。

由于公司负债分为短期负债和长期负债,故偿债能力分析也可分为短期偿债能力分析和长期偿债能力分析。

6.1 短期偿债能力分析

公司对当前债务的清偿能力往往预示着公司的近期财务风险。一个盈利还算不错的公司很可能仅仅因为不能偿还当前债务而陷入危机,甚至可能破产或被兼并。可以说,盈利能力是公司能否发展的重要因素,而短期偿债能力差则是公司破产的导火索。公司的短期偿债能力反映的是公司资产的流动性。公司资产的流动性即资产的变现性,它对短期债务的清偿有重大影响。短期偿债能力比率把流动资产和流动负债联系起来,为经理、债权人分析公司的短期偿债能力提供了简便快捷的衡量指标。

评价公司短期偿债能力分析的指标有营运资金、流动比率、速动比率和现金比率等。

一、营运资金

营运资金是指流动资产减去流动负债后的差额,也称净营运资本,表示公司的流动资产在偿还全部流动负债后还有多少剩余资产。其计算公式为

$$营运资金 = 流动资产 - 流动负债$$

从财务观点看,如果流动资产高于流动负债,表示公司具有一定的短期偿付能力。该指标越高,表示公司可用于偿还流动负债的资金越充足,公司的短期偿付能力越强,公司所面临的短期流动性风险越小,债权人的安全程度越高。因此,可将营运资本作为衡量公司短期偿债能力的绝对数指标。对营运资金指标进行分析,可以从静态上评价公司当期的短期偿债能力状况,也可从动态上评价公司不同时期短期偿债能力的变动情况。

二、流动比率

流动比率是公司的流动资产和流动负债之比,它表示每单位流动负债有多少单位流动资产来做还款的保证。该比率用于衡量公司流动资产在短期债务到期以前可以变为现金并用于偿还流动负债的能力。其计算公式为

$$流动比率 = 流动资产 \div 流动负债$$

一般认为流动比率越高,其偿还短期债务的能力越强。从保障债权人的利益和保证公司的偿付能力来说,流动比率越高越好。但综合考虑,流动比率应有一个合理的限度。一方面公司流动资产在清偿到期债务后应有余力维持日常经营活动所需要的现金,另一方面要最有效地运用资金,使流动资产与固定资产合理配置。因此,流动比率也不能太高,一般认为流动比率为2:1比较合理,但不能绝对化,要同行业性质、该公司本身的理财和营业活动特点等相联系,诸如季节性波动和理财方式等。流动比率只是衡量公司流动能力的一个指标,使用时应作具体分析。因为流动资产由不同项目构成,不同项目的流动资产其变现能力不同,质量差别较大,所以流动比率存在一定的局限性。

流动比率有一定的局限性,过高的流动比率可能是由于过多的存货,或是过多的资金占用于流动资产,甚至存货成本的计算方法也会影响流动比率的计算。因此在使用流动比率时,应注意流动资产结构的分析。

三、速动比率

速动比率是公司速动资产与流动负债的比率。速动资产包括货币资金、短期投资、应收票据、应收账款以及其他应收款项等流动资产,而存货、预付账款、待摊费用等则不应计入。这一比率用于衡量公司流动资产中可以立即用于偿付流动负债的财力。

为什么在计算速动比率时要把存货从流动资产中剔除呢?主要原因是:①在流动资产中,存货的变现速度最慢;②由于某种原因,部分存货可能已经报废但还未做处理;③部分存货已抵押给某债权人;④存货估价存在着成本与合理的市价相差悬殊的问题。

综上原因,在不希望公司用变卖存货的方法还债,以及排除使人产生种种误解因素的情况下,把存货从流动资产总额中减去而计算出的速动比率,反映的短期偿债能力更加可信。

至于待摊费用和预付账款等,它们本质上属于费用,同时又具有资产的性质,它们只能减少公司未来时期的现金支付,却不能转变为现金。因此,不应计入速动资产。

速动比率的计算公式为

$$速动比率=速动资产÷流动负债$$

其中,有

$$速动资产=流动资产-存货-预付账款-待摊费用$$

速动比率可用作流动比率的辅助指标。有时公司流动比率虽然较高,但流动资产中易于变现、可用于立即支付的资产很少,则公司的短期偿债能力仍然较差。因此,速动比率能更准确地反映公司的短期偿债能力。该指标的国际公认标准为1。如果速动比率过低,说明公司的偿债能力存在问题;但如果速动比率过高,则又说明公司因拥有过多的货币性资产而可能失去一些有利的投资和获利机会。

四、现金比率

现金比率是公司现金类资产与流动负债的比率。现金类资产包括公司所拥有的货币资金和持有的有价证券。它是速动资产扣除应收账款后的余额。由于应收账款存在着发生坏账损失的可能,某些到期的账款不一定能按时收回,因此,速动资产扣除应收账款后计算出来的金额,最能反映公司直接偿付流动负债的能力。其计算公式为

$$现金比率=(现金+交易性金融资产)÷流动负债$$

该比率是从静态现金支付能力的角度说明公司的短期偿付能力,其指标值愈高,表明公司的短期偿债能力愈强,反之愈低。与速动比率的道理一样,该比率值过高,可能表明公司的现金存量过大,资产利用有失充分。因此,对该比率的评价应结合公司的资产结构及其运用效率分析。

除以上因素外,还有一些其他因素也会影响公司的短期偿债能力。如可动用的银行贷款额度、准备变现的长期资产、偿债能力的声誉、未作记录的或有负债、担保责任引起的负债等。由于上述信息在会计报表中的披露不一定充分,因此,应格外给予关注。

6.2 长期偿债能力分析

长期偿债能力是指公司清偿长期债务的能力。公司的负债要承担两种责任:一是偿还债务本金的责任;二是支付债务利息的责任。分析公司长期偿债能力,主要是确定公司偿还债务本金与支付债务利息的能力。

一、资产负债率

资产负债率又称负债比率,是公司负债总额与资产总额的比值,其计算公式为

$$资产负债率=负债总额÷资产总额×100\%$$

该比率是从总资产对总负债的保障程度的角度来说明公司的长期偿债能力,相对而言,其比值愈低,表明公司资产对负债的保障程度愈高,公司的长期偿债能力愈强,否则反之。具体对该指标的认识和运用应把握以下两点:

(1)公式中的负债总额不仅包括长期负债,还包括短期负债。这是因为就单个短期负债项目而言,可以认为它与长期性资本来源无关,但若将短期负债作为一个整体,公司却总是长期地占用着,因此,可视其为公司长期性资本来源的一部分。例如,一个应付账款明细科目可能是短期性的,但从持续经营的过程看,公司总是会长期性地保持一个相对稳定地应付账款余额,这部分余额无疑可视为公司长期性资产来源。

(2)公司利益主体的身份不同,看待该项指标的立场也就不同,具体地说:①从债权人的立场来看,他们所关心的是贷款的安全程度,即能否按期足额地收回贷款本金和利息,至于其贷款能给公司股东带来多少利益,在他们看来则是无关紧要的。因此,作为公司债权人,他们总是希望公司的资产负债率越低越好。②从股东的立场看,他们所关心的主要是举债的财务杠杆效益,即全部资本利润率是否超过借入资本的利息率,即借入资本的代价。因此,从股东的立场来看,在全部资本利润率高于借款利息率时,负债比率越大越好;否则相反。③从经营者的立场看,他们所关心的通常是如何实现收益与风险的最佳组合,即以适度的风险获取最大的收益。在他们看来,若负债规模过大,资产负债率过高,将会给人以财务状况不佳、融资空间和发展潜力有限的评价;反之,又会给人以经营者缺乏风险意识,对公司发展前途信心不足的感觉。因此,他们在利用资产负债率进行借入资本决策时,将会全面考虑和充分预计负债经营的风险和收益,并在二者之间权衡利弊得失,以求实现风险和收益的最佳组合。

二、产权比率

产权比率是负债总额与股东权益总额的比值,又称为债务股权比率,其计算公式为

$$产权比率=负债总额÷股东权益×100\%$$

该比率是公司资本结构稳健与否的重要标志,一般来说,借入资本小于股东资本(自有资本)为好,但盈利水平会受到影响。产权比率高,是高风险、高报酬的资本结构;产权比率低,是低风险、低报酬的资本结构。产权比率同时表明债权人投入的资金受到股东权益的保障程度。

三、股东权益比率

股东权益比率是所有者权益同资产总额的比率,反映公司资产中有多少是所有者投入的。计算公式为

$$股东权益比率=所有者权益÷资产总额×100\%$$

股东权益比率与资产负债率之和按同口径计算应等于1。股东权益比率越大,资产负债率就越小,公司的财务风险也就越小。股东权益比率从另一个侧面反映了公司的长期财务状况和长期偿债能力。

四、利息保障倍数

利息保障倍数,又称已获利息倍数,是指公司息税前利润与利息支出的比率,它反映公司获利能力对债务偿付的保障程度,计算公式为

$$利息保障倍数=息税前利润总额÷利息费用$$

其中:

$$息税前利润总额=利润总额+利息支出=$$
$$净利润+所得税+利息支出$$

息税前利润是指损益表中扣除利息费用和所得税之前的利润,它可以用利润总额加利息费用测算,利息支出是指本期发生的全部应付利息,不仅包括财务费用中的利息费用,还应包括计入固定资产成本的资本化利息。

从长期看,利息保障倍数至少应当大于1。比值越高,公司长期偿债能力就越强。如果比值过小,公司将面临亏损、偿债安全性与稳定性下降的风险。

除以上因素影响公司的长期偿债能力外,还有一些因素也会影响公司的长期偿债能力,如长期租赁、担保责任、或有项目等。

技能点

(1)能够对于资产和权益进行风险排列分析。
(2)能够判断资产负债表中风险和收益的对应关系。
(3)能够判断资产负债表的合理结构。

教学目标

(1)通过案例研讨,使学生掌握短期偿债能力的分析方法。
(2)通过案例研讨,使学生掌握长期偿债能力的分析方法。
(3)通过案例研讨,使学生能够把握偿债能力指标的计算,提高计算分析能力。

6.2.1 A海运控股股份有限公司偿债能力分析

公司的偿债能力分析的内容受公司负债类型和偿债所需资产类型的制约,不同负债,其偿还所需的资产不同,或者说不同的资产可用于偿还的债务也有区别。本文对于A海运控股股

份有限公司偿债能力进行分析,了解该公司的财务状况,偿债能力高低及风险情况。

A海运控股股份有限公司(港交所:××××,上交所:60××××)总部设在中国上海,是A海运运输集团航运主业的海外上市旗舰平台。是一家提供综合集装箱航运服务的主要全球供应商之一,业务包括提供集装箱航运价值在内广泛系列的集装箱航运、集装箱码头、集装箱租赁以及货运代理及船务代理服务。A海运集团发展愿景是,承载中国经济全球化使命,整合优势资源,打造以航运、综合物流及相关金融服务为支柱,多产业集群、全球领先的综合性物流供应链服务集团。围绕"规模增长、盈利能力、抗周期性和全球公司"四个战略维度,A海运集团着力布局航运、物流、金融、装备制造、航运服务、社会化产业和基于商业模式创新的互联网+相关业务"6+1"产业集群,进一步促进航运要素的整合,全力打造全球领先的综合物流供应链服务商。表6-1和表6-2是A海运控股股份有限公司2016年年报资产负债表及利润表,根据表中情况,对于该公司偿债能力进行合理分析。

表6-1 2016年A海运集团资产负债表

编制时间:2016年12月31日　　　　　　　　　　　　　　　　　　　　　　　　单位:万元

资产	期初余额 2015.12.31	期末余额 2016.12.31	负债及所有者权益	期初余额 2015.12.31	期末余额 2016.12.31
流动资产:			流动负债:		
货币资金	3 301 527.12	3 251 222.02	短期借款	286 794.36	324 691.73
应收票据	12 794.03	25 399.60	应付票据	9 528.89	2 600
应收账款	350 107.63	593 174.38	应付账款	866 790.64	1 677 226.15
预付账款	109 210.18	246 860.79	预收账款	40 929.61	25 674.10
应收股利	9 124.18	7 472.68	应付职工薪酬	170 207.47	121 312.65
应收利息	17 483.73	5 516.95	应交税费	74 946.58	92 326.07
其他应收款	141 905.85	178 973.37	应付利息	29 509.83	21 863.38
存货	146 923.09	156 469.02	应付股利	2 549 766.90	72 012 770.97
一年内到期的非流动资产	71 007.21	12 793.56	其他应付款	254 948.32	404 631.48
其他流动资产	25 081.49	58 364.22	一年内到期的非流动负债	880 755.02	672 534.38
流动资产合计	4 185 164.52	4 536 246.57	流动负债合计	2 614 665.69	3 350 061.22
非流动资产:			非流动负债:		
可供出售金融资产			长期借款	5 730 166.44	2 925 295.54
投资性房地产			应付债券	1 724 138.13	1 785 239.93
长期股权投资			长期应付款	52 044.57	36 356.86
长期应收款	155 525.44	166 267.01	专项应付款	100	—

续表

资产	期初余额 2015.12.31	期末余额 2016.12.31	负债及所有者权益	期初余额 2015.12.31	期末余额 2016.12.31
固定资产	36 028.65	19 524.37	递延所得税负债	57 267.56	52 224.23
在建工程	1 538 844.56	2 043 055.58	其他非流动负债	1 012.61	630.72
无形资产	159 468.72	121 538.02	非流动负债合计	7 710 898.12	4 860 325.23
开发支出	7 957 310.38	4 357 350.54	负债合计	10 325 563.81	8 210 386.46
商誉	499 090.77	484 627.26	所有者权益：		
长期待摊费用	231 333.88	210 241.42	实收资本（或股本）	1 021 627.44	1 021 627.44
递延所得税资产	—	18.1	资本公积金	2 790 237.82	2 750 276.13
其他非流动资产	280.94	1 554.54	盈余公积金	85 161.95	85 161.95
非流动资产合计	298.74	610.49	未分配利润	−946 107.54	−1 925 256.87
	12 865.98	8 568.35	归属于母公司股东权益合计	2 465 332.56	1 832 329.58
	43 102.29	15 671.10	影响所有者权益其他科目	—	—
	10 634 150.36	7 429 026.78	所有者权益合计	4 493 751.07	3 754 886.89
资产总计	14 819 314.88	11 965 273.35	负债及所有者权益总计	14 819 314.88	11 965 273.35

数据来源：上海证券交易所 http://www.sse.com.cn/

表 6-2 2016 年 A 海运集团利润表

编制时间：2016 年 12 月 31 日　　　　　　　　　　　　　　　　　　　　　　　　单位：万元

项目	2015 年	2016 年
一、营业总收入	5 748 991.90	7 116 018.09
营业收入	5 748 991.90	7 116 018.09
二、营业总成本	6 174 550.43	7 811 134.88
营业成本	5 510 822.75	7 186 580.04
营业税金及附加	7 599.76	12 484.49
销售费用	13 126.06	6 545.99

续表

项　　目	2015 年	2016 年
管理费用	415 322.19	413 001.67
财务费用	228 233.81	181 556.16
资产减值损失	−554.14	10 966.53
三、其他经营收益	36 556.51	448 551.12
公允价值变动净收益	611.48	1 521.26
投资净收益	207 112.36	−97 659.58
四、营业利润	−217 834.69	−791 255.11
营业外收入	438 260.68	60 577.06
营业外支出	44 845.51	128 166.13
非流动资产处置净损失	35 363.18	104 768.26
五、利润总额	175 580.48	−858 844.17
所得税	−3 569.88	51 279.04
六、净利润	179 150.36	−910 123.22
少数股东损益	150 811.25	80 477.14
归属于母公司股东的净利润	28 339.11	−990 600.36
七、每股收益		
基本每股收益	0.03	−0.97
稀释每股收益	0.03	−0.97

数据来源：上海证券交易所 http://www.sse.com.cn/

思考题：

(1) A 海运运输(集团)总公司(全球第二大综合性航运公司)长短期的偿债能力如何？

(2) 通过案例分析，说明长、短期偿债能力之间存在什么样的关系。

(3) 除了上述分析的内容，公司还有哪些方面会影响公司的短期偿债能力？如何影响的？

(4) 除了上述分析的内容，公司还有哪些方面会影响公司的长期偿债能力？如何影响的？

6.2.2　B 能源运输股份有限公司偿债能力分析

B 能源运输股份有限公司同样是交通运输类公司，但是两者业绩等方面大大不同，为了更好地掌握偿债能力，本文以 B 轮船的客观财务报告为基础，选择资产负债表和利润表分析该公司的偿债能力。

B 能源运输股份有限公司成立于 2004 年 12 月 31 日，是大型驻港央企 B 集团整合旗下远洋运输资产，携手 A 集团等中国能源运输领域巨头发起设立的公司。该公司是一家主要从事油轮、散货船、投资液化天然气船运输业务以及相应船舶公司的管理和投资控股业务的公司，是目前国内运力规模最大的远洋油轮船队，主要为中国、日本、韩国、东南亚及美国等国家和地区客户提供原油运输服务,与C、D等国际大型石油公司建立了长期合作关系。该公司通过下属合营公司E(控股)有限公司参与液化天然气专用船运输业务,该合营公司目前是中国唯一的投资并经营管理的进口液化天然气业务的公司。2010年,××××轮荣获全国交通运输行业精神文明建设示范窗口称号。

其许可经营项目:国际船舶危险品运输(有效期至2007年5月15日)。一般经营项目:能源领域投资;航海技术服务;各类船用设备、船舶零部件、电子通信设备、其他机器设备、办公设备及材料的销售;船舶租赁;提供与上述业务有关的技术咨询和信息服务。

表6-3和表6-4是B轮船控股股份有限公司2016年年报资产负债表及利润表,根据表中情况,对于该公司偿债能力进行合理分析。

表6-3 2016年B轮船资产负债表

编制时间:2016年12月31日　　　　　　　　　　　　　　　　　　　单位:万元

资　产	期初余额 2015.12.31	期末余额 2016.12.31	负债及所有者权益	期初余额 2015.12.31	期末余额 2016.12.31
流动资产:			流动负债:		
货币资金	378 795.65	393 248.8	短期借款	—	194 685
应收票据	—	—	应付票据		
应收账款	106 437.66	83 990.47	应付账款	38 069.56	35 677.17
预付账款	16 281.99	12 002.41	预收账款	3 446.87	5 976.66
应收股利	—	—	应付职工薪酬	8 919.18	10 157.82
应收利息	929.61	2 230.92	应交税费	771.37	91.87
其他应收款	6 061.95	313 033.75	应付利息	726.15	1 657.13
存货	32 589.01	34 334.12	应付股利		
一年内到期的非流动资产	—	—	其他应付款	1 807.56	5 227.38
其他流动资产	3 498.15	2 423.63	一年内到期的非流动负债	210 686.37	149 603.85
流动资产合计	544 594.02	841 264.11	流动负债合计	264 427.08	403 076.87
非流动资产:			非流动负债:		
可供出售金融资产			长期借款	1 028 755.82	1 356 220.69
投资性房地产			应付债券		
长期股权投资			长期应付款		
长期应收款	2 294.03	2 305	专项应付款		
固定资产			递延所得税负债	4 907.02	5 192.43
在建工程	105 648.86	130 414.26	其他非流动负债	—	—
无形资产	—	—	非流动负债合计	1 033 662.84	1 361 413.12

续 表

资产	期初余额 2015.12.31	期末余额 2016.12.31	负债及所有者权益	期初余额 2015.12.31	期末余额 2016.12.31
开发支出	2 128 933.31	2 515 444.38	负债合计	1 298 089.92	1 764 489.99
商誉	293 394.52	297 962.55	所有者权益:		
长期待摊费用	45 207.19	47 962.05	实收资本(或股本)	529 945.81	529 945.81
递延所得税资产	—	—	资本公积金	734 466.44	734 466.44
其他非流动资产	3 940.05	4 209.09	盈余公积金	26 888.09	34 975.56
非流动资产合计	—	22 100.79	未分配利润	199 552.38	329 485.34
	—	—	归属于母公司股东权益合计	1 369 760.96	1 596 915.96
	—	—	影响所有者权益其他科目	—	—
	2 579 417.96	3 020 398.11	所有者权益合计	1 825 922.06	2 097 172.22
资产总计	3 124 011.98	3 861 662.22	负债及所有者权益总计	3 124 011.98	3 861 662.22

数据来源:上海证券交易所 http://www.sse.com.cn/

表 6-4 2016 年 B 轮船利润表

编制时间:2016 年 12 月 31 日　　　　　　　　　　　　　　　　　单位:万元

项 目	2015 年	2016 年
一、营业总收入	615 702.55	602 506.73
营业收入	615 702.55	602 506.73
二、营业总成本	495 831.57	469 941.99
营业成本	379 905.44	367 019.62
营业税金及附加	—	—
销售费用	—	—
管理费用	16 886.41	18 743.16
财务费用	16 433.72	20 054.09
资产减值损失	82 605.99	64 125.12
三、其他经营收益	76 463.14	120 833.58
公允价值变动净收益	—	—
投资净收益	16 154.26	11 899.68
四、营业利润	136 025.25	144 464.41

续 表

项　目	2015 年	2016 年
营业外收入	86 261.18	81 873.89
营业外支出	14 115.49	545.61
非流动资产处置净损失	13 863.17	16.61
五、利润总额	208 170.94	225 792.70
所得税	1 907.23	606.3
六、净利润	206 263.71	225 186.40
少数股东损益	90 895.70	52 189.53
归属于母公司股东的净利润	115 368.01	172 996.87
七、每股收益		
基本每股收益	0.23	0.33
稀释每股收益	0.23	0.33

数据来源：上海证券交易所 http://www.sse.com.cn/

思考题：

结合上面案例，分析 B 能源运输股份有限公司的偿债能力情况。

第 7 章　公司盈利能力分析

若能做出对社会有所贡献的事,利润自然随之而来。——樱田慧(摩斯汉堡公司创办人)

公司盈利能力比率反映了公司通过生产经营活动获取利润的能力,无论是投资者、公司管理当局或者债权人都十分关心盈利能力指标。因为从长远来看,公司的偿债能力、股利的分配、股票的价值最终取决于公司的盈利能力。

7.1　盈利能力分析的内涵及意义

一、盈利能力分析的内涵

盈利是公司全部收入和利得扣除全部成本费用和损失后的盈余,是公司生产经营活动取得的财务成果。实现盈利是公司从事生产经营活动的根本目的,是公司赖以生存和发展的物质基础,是公司投资者、债权人、经营者和员工关心的焦点。公司盈利的多少与他们的利益直接相关,因此备受瞩目。盈利能力是指公司在一定时期内赚取利润的能力。公司的业绩是通过盈利能力体现出来的。因此,分析盈利能力就要对利润额进行分析,但利润额的大小受投资规模、经营好坏的制约。为了更合理地反映公司的盈利能力,一般采用利润率指标分析,利润率越高,说明盈利能力越强,反之说明盈利能力越差。

盈利能力分析是通过一定的分析方法,剖析、鉴别、判断公司能够获取利润的能力,也是对公司各环节经营结果的分析。就各种能力分析的关系来看,营运能力、偿债能力乃至发展能力分析都是以盈利能力分析为基础的,所以盈利能力分析是财务报表分析的核心内容,也是公司利益相关者了解公司经营状况、提高公司经营管理水平的重要手段之一。

二、盈利能力分析的意义

不同的利益相关者,站在不同的角度,对盈利能力分析有着各自不同的要求和目的。因此,盈利能力分析对于不同利益相关者而言具有不同的意义。

对于债权人来说,出让资金使用权的目的是获取利息收入。而利润是举债公司偿还债务的资金来源,所以其盈利能力直接影响到其偿债能力,即公司的盈利能力决定了债权人能否到期全额收回本息。由此可见,债权人进行盈利能力分析的目的就是考察并保证其债权的安全性。

对于投资者来讲,投资的直接目的就是通过股利和股票价格上扬带来差价收入以获取更多的利润。而实现净利润及盈利能力的不断增强是公司发放股利和股价上涨的基础和保证。投资者在进行投资前,往往通过判断获利能力预测未来收益或估计投资风险,以此作为投资决策的主要依据。

对于公司的经营者来讲，盈利能力是经营的最终目的和最重要的业绩衡量标准，同时公司的盈利水平是经营者获取薪酬的主要依据和保证。经营者应用分析期的盈利能力指标与该公司的历史标准、预期计划及同行业其他公司的指标进行比较，来衡量各部门、各环节的业绩，并评价其工作效率和效果，从而找出差距，分析经营管理中存在的问题和不足，以便采取有效措施，提高公司的盈利能力，促进公司持续稳定地发展，同时提高经营者个人收益。

7.2 盈利能力分析的指标及分析

一、盈利能力分析指标

公司营业盈利能力是指公司在生产经营过程中获取利润的能力。反映公司营业盈利能力的主要指标如下。

(一) 营业利润率

1. 营业毛利率计算与分析

营业毛利率是指公司的营业毛利润与营业收入的对比关系，表示营业收入净额扣除营业成本后，有多少钱可以用于支付各项期间费用及形成盈利。其计算公式为

$$营业毛利率 = 营业毛利 \div 营业收入净额 \times 100\%$$

其中，营业毛利是指公司的营业收入净额扣除营业成本后的差额，它可以在一定程度上反映公司生产环节效率的高低。营业收入净额是指公司主营业务的销售收入和非主营业务销售收入扣除销售折扣、销售折让及销售退回后的余额，反映了销售实际取得的收入。一般来说，管理费用和销售费用具有刚性，当公司在一定规模和范围内经营时，这些费用不会随着公司产品产量和销售量发生变化，利息费用也比较稳定，与生产量或销售量没有太大的关系。所以，在进行该指标变动分析时可以不考虑三项期间费用。毛利是公司最基本的或初始的利润，是公司获取净利润的起点。营业毛利率是公司利率的基础，没有足够高的营业毛利率便不能形成盈利。

有关营业毛利率的分析应注意以下几点。

(1) 营业毛利率反映了公司经营活动的盈利能力。公司只有取得足够高的营业毛利率，才能为公司的最终利润打下良好基础。在分析该指标时，应从各成本项目入手，深入分析公司在成本费用控制、产品经营策略等方面的不足与成绩。

(2) 营业毛利率具有明显的行业特点。一般而言，营业周期短、固定费用低的行业，营业毛利率比较低，如商业与代理业营业毛利率只有5%左右；反之，营业周期长、固定费用高的行业则具有较高的营业毛利率，以弥补巨大的固定成本，如交通运输业营业毛利率达50%左右。营业毛利率随着行业的不同而高低各异，但同一行业的营业毛利率一般差别不大。在分析营业毛利率的时候，必须与公司以前各年度营业毛利率、同行业的营业毛利率加以对比来评价公司的盈利能力在同行业中所处的位置，并进一步分析差距形成的原因，以找出提高盈利能力的途径。一般情况下，公司的营业毛利率相对比较合理稳定，是一个比较可信的指标。如果营业毛利率连续不断提升，就说明公司产品市场需求强烈，产品竞争力不断增加；反之，毛利率连续下跌说明公司在走下坡路。如果营业毛利率发生较大的变化，应该引起管理者的警觉。

2. 营业利润率

营业利润率是营业利润与营业收入的比率。其计算公式为

$$营业利润率 = 营业利润 \div 营业收入 \times 100\%$$

营业利润率越高,表明公司获利能力越强,市场竞争力越强,发展潜力越大。

需要指出,从利润表来看,公司的利润包括营业利润、利润总额和净利润三项指标。而营业收入包括主营业务收入和其他业务收入,收入来源有商品销售收入、提供劳务收入和资产使用权让渡收入等。因此,在实务中也经常使用营业净利率来分析公司经营业务的获利水平。

3. 营业净利率

$$营业净利率 = 净利润 \div 营业收入 \times 100\%$$

式中的净利润,即为营业收入减去一切生产成本、税金和各项费用后的净额。营业净利率越高,公司的获利能力越强。从营业净利率的指标关系看,净利额与营业净利率成正比关系;而营业收入与营业净利率成反比关系。公司在增加营业收入的同时,必须相对地获得更多的净利润,才能使营业净利率保持不变或有所提高。关注营业净利率的变动,有助于公司在扩大销售的同时,注意改进经营管理,提高盈利水平。

(二)成本费用利润率

成本费用利润率是指公司一定时期利润总额与成本费用总额的比率。其计算公式为

$$成本费用利润率 = 利润总额 \div 成本费用总额 \times 100\%$$

其中:

$$成本费用总额 = 营业成本 + 营业税金及附加 + 销售费用 + 管理费用 + 财务费用$$

成本费用的计算口径也可以分为不同的层次,比如主营业务成本、营业成本等。在评价成本费用开支时,应注意成本费用与利润之间在计算层次和口径上的对应关系。

成本费用利润率指标越高,表明公司为取得利润而付出的代价越小,成本费用控制的越好,获利能力越强。这是一个直接反映公司增收节支效益的指标。对于公司管理者来说,成本费用利润率是非常有益的指标,它可以告诉管理者生产经营在哪些方面存在问题,哪些环节需要改进。因此,成本费用利润率既可以评价公司盈利能力的强弱,也可以直接评价公司成本费用控制和管理水平的高低。

(三)总资产报酬率

总资产报酬率是指公司一定时期内获得的报酬总额与平均资产的比率。它反映公司每1元资产所获取的报酬,是反映公司资产综合利用的指标,也是衡量公司利用债权人和所有者权益总额所取得盈利的重要指标。其计算公式为

$$总资产报酬率 = 息税前利润总额 \div 资产平均总额 \times 100\%$$

其中:

$$息税前利润总额 = 利润总额 + 利息支出 = 净利润 + 所得税 + 利息支出$$

总资产报酬率可以分解为以下两个比率的乘积,即

$$总资产报酬率 = 总资产周转率 \times 营业报酬率 = \frac{营业收入}{资产平均总额} \times \frac{息税前利润总额}{营业收入}$$

总资产报酬率指标表明了公司全部资产利用的综合效果,公司所有者和债权人对该指标都非常关心。该指标越高,表明公司的资产利用效益越好,整个公司盈利能力越强,经营管理

水平越高。

(四) 股东权益报酬率

相对于总资产带来的报酬,股东更关心自己的投入给自己所带来的回报,这就是股东权益报酬率。它是指一定时期内公司的净利润与股东权益平均总额的比值(也称净资产收益率)。其计算公式为

$$股东权益报酬率 = 净利润 \div 股东权益平均总额 \times 100\%$$

$$股东权益平均总额 = (年初股东权益总额 + 年末股东权益总额) \div 2$$

公司从事财务管理活动的最终目的是实现所有者财富最大化,从静态角度来讲,首先就是最大限度地提高股东权益报酬率。因此,该指标是公司盈利能力指标的核心,也是整个财务指标体系的核心。该比率越高,说明公司的盈利能力越强。

(五) 资本收益率

资本收益率是公司一定时期净利润与平均资本(即资本性投入及其资本溢价)的比率,反映公司实际获得投资额的投资回报水平。其计算公式为

$$资本收益率 = 净利润 \div 平均资本 \times 100\%$$

其中:

$$平均资本 = [(实收资本年初数 + 资本公积年初数) +$$
$$(实收资本年末数 + 资本公积年末数)] \div 2$$

$$资本公积 = 资本公积中的资本溢价(股本溢价)$$

应该指出,公司所有者权益包括所有者投入的资本、直接计入所有者权益的利得和损益、留存收益等。其中,所有者投入的资本反映在实收资本(股本)和资本公积(资本溢价或股本溢价)中;直接计入所有者权益的利得和损益反映在资本公积(其他资本公积)中;留存收益则包括未分配利润和盈余公积。也就是说,并非资本公积中的所有金额都属于所有者投入的资本,只是其中的资本溢价(股本溢价)属于资本性投入。

二、上市公司盈利能力分析

对于上市公司而言,投资者更加关注公司的市场价值以及所能得到的投资回报。可以通过以下指标来进行分析。

(一) 每股收益

每股收益,也称每股利润或每股盈余,反映公司普通股股东持有每一股份所能享有的公司利润和承担的亏损,是衡量上市公司获利能力时最常用的财务分析指标。每股收益越高,说明公司的盈利能力越强。

每股收益的计算包括基本每股收益和稀释每股收益。

基本每股收益仅考虑当期实际发行在外的普通股股份,按照归属于普通股股东的当期净利润除以当期实际发行在外普通股的加权平均数计算确定。

计算基本每股收益时,分子为归属于普通股股东的当期净利润,即公司当期实现的可供普通股股东分配的净利润或应由普通股股东分担的净亏损金额。发生亏损的公司,每股收益以负数列示。以合并财务报表为基础计算的每股收益,分子应当是归属于母公司普通股股东的合并利润,即扣减少数股东损益后的余额。

计算基本每股收益时,分母为当期实际发行在外的普通股股数的加权算术平均数,即期初

发行在外普通股股数根据当期新发行或回购的普通股股数乘以其发行在外的时间权重计算的股数调整后的数量。其计算公式为

$$基本每股收益 = 归属于普通股股东的当期净利润 \div 当期发行在外普通股的加权算术平均数$$

$$当期发行在外普通股的加权算术平均数 = (期初发行在外普通股股数 \times 报告期时间 + 当期新发行普通股股数 \times 已发行时间) \div 报告期时间 - (当期回购普通股股数 \times 已回购时间) \div 报告期时间$$

已发行时间、报告期时间和已回购时间一般按照天数计算;在不影响计算结果合理性的前提下,也可以按月份简化计算。

公司存在稀释性潜在普通股的,应当根据其影响分别调整归属于普通股股东的当期净利润以及发行在外普通股的加权算术平均数,并据以计算稀释每股收益。计算稀释每股收益时,假设潜在普通股在当期期初已经全部转换为普通股,如果潜在普通股为当期发行的,则假设在发行日就全部转换为普通股,据此计算稀释每股收益。

潜在普通股是指赋予其持有者在报告期或以后期间享有取得普通股权利的一种金融工具或其他合同。目前,我国公司发行的潜在普通股主要有可转换公司债券、认股权证、股份期权等。

稀释性潜在普通股,是指假设当期转换为普通股会减少每股收益的潜在普通股。

计算稀释性每股收益时,对基本每股收益的分子,应当根据下列事项对归属于普通股股东的当期净利润进行调整:①当期已确认为费用的稀释性潜在普通股的利息;②稀释性潜在普通股转换时将产生的受益或费用。上述调整应当考虑相关的所得税的影响。基本每股收益分母的调整:在计算稀释性每股收益时,当期发行在外普通股的加权算术平均数应当为计算基本每股收益时普通股的加权算术平均数与假定稀释性潜在普通股转换为已发行普通股而增加的普通股股数的加权算术平均数之和。

每股收益指标反映普通股的获利水平,指标数值越高,每一股可得的利润越多,股东的投资效益越好。

(二)市盈率

市盈率是指上市公司普通股股票每股市价相当于每股收益的倍数,反映投资者对于公司所报告的每元净收益愿意支付的代价,可以用来估计股票的投资报酬和风险。其计算公式为

$$市盈率 = 普通股每股市价 \div 普通股每股收益$$

市盈率是股票投资者对股票进行技术分析的一个基本衡量标准,它表明每普通股的现行市场价格与目前获利的关系,反映证券市场对公司将来收益和与之相关的风险的评估。从理论上讲,在购入时,市盈率越低的股票越适合投资,因为其价格下跌的可能性越低,因而风险越小。反之,市盈率越高的股票,其价格下跌的可能性越大,风险也越大,因而不宜选为投资对象。但是,在股票市场上,只有普遍地被投资者认为值得投资的股票,价格才会上升,从而市盈率升高。那些普遍被投资者认为不值得投资的股票,其价格也就越低,从而市盈率也低。市盈率太高或太低均不适宜投资。因此,简单地把市盈率的高低作为选择股票投资的标准,在决策时往往会无所适从。

在实际操作中,世界各地股票市场的市盈率是不同的,但在同一行业中具有较强的可比

性。因而正确的方法是在选择股票时,应将要投资股票的市盈率与其同行业股票的市盈率的历史水平及当前水平作比较。

(三) 每股股利

每股股利是指上市公司本期发放的普通股现金股利总额与期末普通股股数的比率。其计算公式为

$$每股股利 = 普通股股利总额 \div 期末普通股股数$$

每股股利用于反映公司净利润的分配情况。在具体运用每股股利时,应注意以下几点:

(1) 在计算每股股利时,分母仅限于普通股股数,分子也仅限于普通股股数,而不包括优先股股数及其应分配的股利。

(2) 当每股收益一定时,每股股利的高低取决于多种因素,如公司的股利政策、投资机会、资产流动性、举债能力、现金流量以及累计未分配利润,等等。因此,在评价该项指标时,应全面分析,综合考察,以便能客观地评价公司股票的投资价值。

(3) 在利用每股收益进行投资收益预测时,应注意前后各期比较,以了解股利分配是否在各个期间具有一贯性和稳定性,谨防以点概面而影响收益预测和投资决策的正确性。

(四) 每股净资产

每股净资产是上市公司期末净资产(即股东权益)与期末普通股股数的比率,也称每股账面价值或每股权益。其计算公式为

$$每股净资产 = 期末股东权益 \div 期末普通股发行在外股数$$

该比率反映公司发行在外的每股普通股的账面权益额,用于说明公司股票的现实财富含量(即含金量)。该比率越高,表明公司股票的财富含量越高,内在价值越大;反之则股票财富含量低,内在价值小。但在具体运用该比率时,应注意以下几点:

(1) 在计算该比率时,若公司发行有优先股,应先从账面权益额中减去优先股权益,再与发行在外的普通股数量比较计算。

(2) 在评价该项比率时,必须结合市价进行分析。一般而言,若每股市价高于该比率值,表明投资者对公司未来的发展前景看好,其股票有投资价值;反之,若每股市价低于该比率值,表明公司的发展前景暗淡,投资者缺乏投资信心,因而其股票也就缺乏投资价值。这里,每股市价与每股净资产的比率关系,被称为市净率,即

$$市净率 = 每股市价 \div 每股净资产$$

可见,当每股净资产一定时,股票投资价值的大小可通过市净率的高低予以说明。

(3) 由于会计上执行历史成本计量原则,使得该比率可能难以说明公司股票的真实财富含量。具体说,当公司净资产的历史成本低于其现行公允价值时,该比率所反映的股票财富含量将高于股票的真实财富含量。

(五) 留存盈余率

留存盈余率是公司留存收益(税后利润减去全部股利的余额)与公司净利润的比率。其计算公式为

$$留存盈余率 = (净利润 - 全部股利) \div 净利润 \times 100\%$$

式中,留存收益是指公司的税后留利,包括法定盈余公积金、公益金和任意盈余公积金等;它不是指每年累积下来的盈利,而是指当年利润中留下的部分。全部股利则包括发放的优先股股利和普通股股利。

第7章 公司盈利能力分析

留存盈余率用于衡量当期净利润总额中有多大的比例留存在公司用于发展,它体现了公司的经营方针。从长远利益考虑,为积累资金扩大经营规模,留存盈余率应大些。如果认为可以通过其他方式筹集资金,那么为了不影响投资人的当前利益,留存盈余率应小些。

(六)股利支付率

股利支付率是普通股每股股利与每股利润的比率。其计算公式为

$$股利支付率 = 每股股利 \div 每股利润 \times 100\%$$

该指标反映普通股股东从每股的全部盈余中得到多少。就单独的普通股投资者来讲,这一指标比每股盈余更能直接体现当前利益,因而与个人的联系更为紧密。但股利支付并没有一个固定的衡量标准,各公司可根据经营方针、市场变化等状况决定自己的股利政策。

技能点

(1)能够根据资产负债表和利润表判断一个公司盈利情况。
(2)能够计算公司的盈利能力的指标。

教学目标

(1)通过案例研讨,使学生掌握公司盈利能力的基本分析内容。
(2)通过案例研讨,使学生掌握上市公司盈利能力的分析内容。
(3)通过案例研讨,学生能够把握盈利能力指标的计算和分析,提高计算与分析能力。

7.2.1 A旅游股份有限公司盈利能力分析

一个公司存在的终极目的是获取利润。实现盈利是公司赖以生存的根本,无论是投资者、债权人、经营者或者公司员工等都会关心公司的盈利能力。本文对于A旅游股份有限公司盈利能力进行分析,为相关利益者了解该公司的经营状况,提高公司经营管理水平服务。

A旅游股份公司是一家旅行社业务种类最为齐全的大型综合旅行社运营商,集旅游服务及旅游商品相关项目的投资与管理,旅游服务配套设施的开发、改造与经营,旅游产业研究与咨询服务为一体的大型股份制公司,公司主要从事旅行社业务和免税业务,其中旅行社业务主要包括入境游、出境游、国内游、票务代理和签证等传统业务以及旅游电子商务、商务会奖旅游、海洋游船、旅行救援等新兴业务和专项旅游业务;免税业务主要包括烟酒、香化等免税商品的批发、零售、品牌代理等业务。自国家旅游局1993年开展旅行社百强排名以来,除2001年和2007年外,该公司均位居全国国际旅行社百强之首。在北京旅游市场,自1987年北京市旅游局举办"首都旅游紫禁杯"竞赛以来,该公司荣获历次"最佳先进集体/最佳公司"奖项以及"旅行社最高外联人天奖"等多个单项奖。2007年9月,该公司成为北京市旅游局正式对外公布的北京市首批8家5A级旅行社之一。2008年6月,该公司成为第一批指定经营大陆居民赴台旅游业务的旅行社之一。该公司拥有50多年历史的"A旅游(CITS)"品牌,在行业内享有广泛声誉,为中国驰名商标,也是国外旅游批发商广泛认可的中国旅游品牌。根据国际权威品牌评估机构"世界品牌实验室"2008年6月公布的"2008年(第五届)中国500最具价值品牌""A旅游""CITS"连续第五次入选中国500最具价值品牌,也是连续第五次位居旅游服务类公司品牌价值第一名。

A旅游股份有限公司的经营范围为:旅游服务及旅游商品相关项目的投资与管理,旅游

服务配套设施的开发、改造与经营,旅游产业研究与咨询服务等。公司按照市场导向,根据经营发展的需要和自身能力,经公司登记机关核准,可适时调整经营范围。

表7-1和表7-2是A旅游股份有限公司2016年年报资产负债表及利润表,根据表中情况,对该公司盈利能力进行合理分析。

表7-1 2016年A旅游公司资产负债表

编制时间:2016年12月31日　　　　　　　　　　　　　　　　　　　　　单位:万元

资　产	期初余额 2015.12.31	期末余额 2016.12.31	负债及所有者权益	期初余额 2015.12.31	期末余额 2016.12.31
流动资产:			流动负债:		
货币资金	526 030.96	897 325.77	短期借款	10 998.72	13 362.20
应收票据	340	58.26	应付账款	127 385.16	131 524.55
应收账款	93 981.99	91 234.56	预收账款	79 754.32	77 166.11
预付账款	60 032.44	57 697.57	应付职工薪酬	34 833.82	47 003.62
应收股利	26.21	1 500	应交税费	32 760.35	35 969.41
应收利息	8.14	0.37	应付利息	22.56	11.58
其他应收款	36 224.47	26 700.44	应付股利	26 356 236.13	29 314 704.25
存货	184 497.52	217 495.38	其他应付款	79 361.81	77 978.78
其他流动资产	283 483.10	56 947.20	一年内到期的非流动负债	—	—
影响流动资产其他科目	—	—	其他流动负债	—	52.57
			影响流动负债其他科目		
流动资产合计	1 184 624.82	1 348 959.54	流动负债合计	367 752.37	386 000.28
非流动资产:			非流动负债:		
可供出售金融资产	89.01	89.01	长期借款		
投资性房地产	32 246.02	30 504.86	长期应付款	4.18	4.21
长期股权投资	23 126.64	24 590.51	递延所得税负债	260.11	246.68
固定资产	157 374.45	150 258.47	其他非流动负债	—	—
在建工程	11 459.56	14 626.45	非流动负债合计	16 134.31	6 742.51
无形资产	112 351.62	111 363.16	负债合计	383 886.67	392 742.80
商誉	222.12	222.12	所有者权益:		
长期待摊费用	30 774.91	27 135.64	实收资本(或股本)	97 623.78	97 623.78
递延所得税资产	16 648.11	17 191.09	资本公积金	481 146.71	481 778.65
其他非流动资产	4 216.39	3 826.15	盈余公积金	34 992.48	45 804.07

续表

资产	期初余额 2015.12.31	期末余额 2016.12.31	负债及所有者权益	期初余额 2015.12.31	期末余额 2016.12.31
非流动资产合计	388 508.82	379 807.45	未分配利润	510 992.64	632 245.98
			库存股	—	—
			归属于母公司股东权益合计	1 118 110.73	1 259 935.60
			影响所有者权益其他科目	—	—
			所有者权益合计	1 189 246.96	1 336 024.20
资产总计	1 573 133.63	1 728 766.99	负债及所有者权益总计	1 573 133.63	1 728 766.99

数据来源：上海证券交易所 http://www.sse.com.cn/

表7-2 2016年A旅游利润表

编制时间：2016年12月31日　　　　　　　　　　　　　　　　　　单位：万元

项　目	2015年	2016年
一、营业总收入	2 129 187.82	2 238 979.37
营业收入	2 129 187.82	2 238 979.37
二、营业总成本	1 915 076.84	1 994 054.17
营业成本	1 608 951.19	1 677 614.76
营业税金及附加	25 773.81	25 043.80
销售费用	182 633.87	180 746.54
管理费用	96 841.01	106 200.47
财务费用	−1 166.17	−4 149.75
资产减值损失	2 043.13	8 598.35
三、其他经营收益	2 719.95	9 321.57
投资净收益	15 463.75	19 990.83
四、营业利润	229 574.72	264 916.03
营业外收入	2 709.19	2 652.82
营业外支出	1 031.90	426.13
非流动资产处置净损失	44.17	52.54
五、利润总额	231 252.02	267 142.72
所得税	59 104.29	63 620.50

续表

项　目	2015年	2016年
六、净利润	172 147.73	203 522.22
少数股东损益	21 558.25	22 703.17
归属于母公司股东的净利润	150 589.49	180 819.05
七、每股收益	—	—
基本每股收益	1.54	1.85
稀释每股收益	1.54	1.85

数据来源：上海证券交易所 http://www.sse.com.cn/

思考题：

(1) 一个公司盈利能力的强弱，需要依赖哪些指标来体现，如果是上市公司呢？
(2) A 旅游股份有限公司作为上市公司，如果作为普通股民想要投资，主要考虑哪些方面？
(3) 为什么对于一个公司来说，净资产报酬率十分必要？
(4) 有人把负债经营比作一把"双刃剑"，对于这个说法，你是怎么理解的？

7.2.2　TB 股份有限公司盈利能力分析

TB 股份有限公司对比 A 旅游股份有限公司而言，也算是旅游板块的一家上市公司，但是经营范围要更广泛一些，结合所学的知识针对 TB 股份有限公司的盈利能力进行分析。

(1) 公司介绍：TB 公司成立于 1998 年 4 月，深圳 TB 商业服务股份有限公司是中国商业服务第一股（股票代码：××××），是国家商务部首批"商贸服务典型公司"，国家科技部"现代服务业创新发展示范公司"，国家级高新技术公司。TB 通过遍布全球的服务网络，为客户提供专业商业服务解决方案，业务涵盖机票酒店、会展旅游、差旅管理、金融服务四大板块。近二十年来该公司苦练内功，赢得国内外投资机构的一致青睐，成为"中国最具投资潜质创新公司"之一，多国政要曾先后到 TB 考察。该公司正沿着既定战略加速布局，以世界商业服务巨头为目标，打造名副其实的高端商业服务民族品牌，是具有全球竞争力的商业服务中国民族品牌。公司秉承"诚信、正直、勤勉、坚持、赢"的坚定信念，聚焦"旅游、物流、投资"三大主营事业群，六大产业集团高效协同，正稳健成长为全球瞩目的万亿级跨国集团。目前，公司全球员工达 8.1 万人，业务遍及全球 157 个国家和地区，服务世界 6.2 亿人。公司为香港联合交易所及深圳证券交易所两地上市公司，股票代码分别为×××××HK 和××××Z。

(2) 半年业绩情况：在 2016 年上半年，公司实现营收 5.26 亿元；归母净利 7 798 万元，扣非净利 7 834 万元。

商旅服务营收规模保持快速增长，营业收入 3.67 亿。受航空公司提直降代政策影响，部分中小代理商退出市场，一些 OTA 平台接受整顿，机票代理佣金率下滑，整体商旅毛利率下降。但目前公司在机票代理行业地位显著，护城河已经形成，上半年整个机票板块交易额 238 亿，机票商旅收入增长 62%。

机票对该公司而言完成了四个历史使命:第一,2016上半年交易量的增速使得该公司在机票行业的地位得以确认和巩固;第二,以机票业务为基础的互联网金融已经探索出了成功的盈利模式,日后可以复制到旅游产业链当中;第三,该公司将机票作为切入旅游行业的战略资源的准备工作已经完成;第四是机票的数据价值的挖掘。

金融服务上半年实现营收1.58亿元。由于上半年市场经济下行压力下金融业务面临的潜在风险增加;同时,公司的互联网金融一直根植于机票业务之上,机票业务变化影响到互联网金融业务。受政策收紧影响,虽然机票主业交易规模、佣金情况不错,但代理人数量减少、生存不确定性增大,金融需求降低,金融板块业绩基本与去年同期持平。

整体来看,受到外部政策与行业变化影响,公司主营业务占比也有了相应调整。目前旅游板块与金融板块营收比例为7∶3,净利比例为5∶5。

(3) 2016年旅游发展:2016年7月TB公司引入外部投资者,以满足TB公司业务发展资金需求,推动公司加快旅游产业链整合和扩张,提高公司的行业整合能力,并吸引更多同行一同将其做大做强。目前,TB公司的团队搭建已经完成,并已在15个城市开设了200间门店。公司希望未来TB公司能实现在全国范围内拥有5 000家以上门店。

2014年公司投资C旅游,因为C旅游定位于旅游信息化专家,一方面为旅行社用户提供创新的整体信息化解决方案,已在该领域积累相当数量的旅行社资源以及品牌优势,另一方面,通过技术提升旅行社运营效率。与C公司的合作有利于TB公司获得旅行社流量。

C旅游创新能力很强,2016年上半年交易额增长较快。C公司的业务能力以及与公司和D公司的协同主要体现在:①C旅游致力于打造P2C产业链(P指旅游顾问),由旅游从业者直接服务顾客,这种新的尝试大大提升了公司交易额同时也吸引了D公司团队;②公司ERP数量不断增长,用户数也随之增长;③C旅游嫁接TB金融业务优势,合作DD收款等平台,使得支付更加便利;④C公司在厦门的C旅游产业园中建立工厂,将风靡全台湾的30个观光工厂文化,50个台湾文创品牌,100种台湾当地商品品牌以及DIY的体验活动引入厦门,目前梦工厂客流量大,很快成了厦门周边游一大热门景点。

C旅游2016年4月完成B轮融资3个亿,C估值的提升也可以折射出其目前业绩的增长。同时,C旅游针对旅游行业的收款业务以及互联网金融等业务也为B公司未来运作以及D公司对供应商及分销商的服务提供基础。

(4) 战略发展:2016年8月23日,公司发布对外投资增资D公司的公告,拟联合E公司与D公司在线旅游公司及其原股东签署投资协议,以增资方式对D公司投资1.7亿元,其中B公司出资5 000万元,获得D公司4.17%的股权。

D公司成立于2011年,是国内领先的旅游B2B同业交易平台运营商。2015年平台销售规模43亿元,拥有国内短线、国内长线、出境旅游、自由行、机票预定、租车、门票等全线旅游产品超万条。平台拥有2 500家供应商以及16 000家分销商,每年为330万人次提供旅游服务。目前公司已在全国建立11个区域运营中心,覆盖40多个地级市,预计到2020年,平台产品和服务可覆盖全国150个大中城市,基本完成全国性网络布局。

近几年来,公司希望通过四个大项目切入旅游产业,但项目资金要求高,E公司一起参与,帮助公司实现大的旅游战略布局。同时,E公司深挖目的地资源,投资大数据领域甚至区块链领域,为公司未来3~5年的版图构建做准备。

表 7-3 和表 7-4 是 B 商业服务集团股份有限公司 2016 年年报资产负债表及利润表,根据表中情况,对于该公司盈利能力进行合理分析。

表 7-3　2016 年 TB 公司资产负债表

编制时间:2016 年 12 月 31 日　　　　　　　　　　　　　　　　　　　　　　　　　　单位:万元

资　产	期初余额 2015.12.31	期末余额 2016.12.31	负债及所有者权益	期初余额 2015.12.31	期末余额 2016.12.31
流动资产:			流动负债:		
货币资金	62 689.42	71 859.58	短期借款	97 280	145 335
应收票据	—	—	应付账款	17 730.02	17 201.86
应收账款	37 268.10	41 198.85	预收账款	5 953.62	7 547.32
预付账款	3 798.80	8 055.59	应付职工薪酬	2 718.01	2 918.03
应收股利			应交税费	3 785.38	3 910.51
应收利息	692.98	134.71	应付利息	414.58	674.33
其他应收款	3 218.62	6 465.07	应付股利	1 007 635.06	1 477 084.06
存货	—	—	其他应付款	7 853.40	25 734.65
其他流动资产	393.86	2 519.51	一年内到期的非流动负债	2 778.69	3 223.62
影响流动资产其他科目	134 206.18	186 412.97	其他流动负债	1 218.43	1 290.33
			影响流动负债其他科目	35 556	—
流动资产合计	242 267.96	316 646.27	流动负债合计	175 388.88	291 547.36
非流动资产:			非流动负债:		
可供出售金融资产	31 000	45 000	长期借款	—	749.64
投资性房地产			长期应付款		
长期股权投资	3 798.76	35 177.41	递延所得税负债		
固定资产	17 768.20	28 222.35	其他非流动负债	8 230.96	6 504.72
在建工程	—	—	非流动负债合计	9 157.40	8 610.68
无形资产	17 187.40	16 724.98	负债合计	184 546.27	300 158.04
商誉	9 723.28	15 676.12	所有者权益:		
长期待摊费用	308.17	243.28	实收资本(或股本)	55 548.06	55 627.40
递延所得税资产	428.93	427.49	资本公积金	35 890.17	39 661.29
其他非流动资产	5 890	13 463.68	盈余公积金	5 875.56	6 908.68
非流动资产合计	86 104.73	154 935.31	未分配利润	51 391.11	64 371.92
			库存股	11 009.65	9 662.23

续表

资　产	期初余额 2015.12.31	期末余额 2016.12.31	负债及所有者权益	期初余额 2015.12.31	期末余额 2016.12.31
			归属于母公司股东权益合计	138 345.57	159 736.96
			影响所有者权益其他科目	672.01	—
			所有者权益合计	143 826.42	171 423.55
资产总计	328 372.69	471 581.58	负债及所有者权益总计	328 372.69	471 581.58

数据来源：http://quote.eastmoney.com/sz300178.html

表 7-4　2016 年 TB 公司利润表

编制时间：2016 年 12 月 31 日　　　　　　　　　　　　　　　　　　　　　　单位：万元

项　目	2015 年	2016 年
一、营业总收入	92 820.32	128 024.37
营业收入	65 849.14	128 024.37
二、营业总成本	72 767.42	106 035.64
营业成本	43 366.72	75 366.62
营业税金及附加	3 918.48	1 872.60
销售费用	2 243.78	2 853.08
管理费用	13 201.25	18 184.31
财务费用	4 983.98	7 178.18
资产减值损失	1 408.91	580.85
三、其他经营收益	−11.97	26.48
投资净收益	315.85	2 043.84
四、营业利润	20 368.75	24 032.57
营业外收入	623.82	1 148.70
营业外支出	513.44	505.75
非流动资产处置净损失	11.86	1.91
五、利润总额	20 479.13	24 675.52
所得税	4 790.90	5 137.18
六、净利润	15 688.23	19 538.33
少数股东损益	1 136.79	1 709.44
归属于母公司股东的净利润	14 551.44	17 828.90

续表

项　目	2015 年	2016 年
七、每股收益		
基本每股收益	0.27	0.33
稀释每股收益	0.26	0.32

数据来源：http://quote.eastmoney.com/sz300178.html

思考题：

(1)根据 TB 商业服务集团股份有限公司的基本资料，对于公司盈利状况进行分析。

(2)如果你是公司的未来投资者，看到这个信息，你会不会投入资金。

第8章 营运能力分析

> 经营管理,成本分析,要追根究底,分析到最后一点。
> ——台塑集团董事长王永庆

营运能力分析是用来衡量公司资产管理和运营的效率,衡量公司在资产上投资水平的合理性以及运用资产创造营业收入的有效程度。具体反映在公司占用资产的周转率和周转速度上。

8.1 营运能力分析的内涵及意义

一、营运能力分析的内涵

(一)营运资产的概念

公司的营运资产,主体是流动资产和固定资产。虽然,无形资产也是公司资产的重要组成部分,并且随着知识经济的发展,无形资产在公司资产中的比例越来越高,在提高公司经济效益方面发挥的作用也越来越重要。但是,无形资产的作用必须通过或依附有形资产才能发挥出来。从这个意义上来说,公司营运资产的利用及其能力如何,从根本上决定了公司的经营状况和经济效益。

(二)营运能力的概念

营运能力有广义和狭义之分。广义的营运能力是指公司所有要素共同发挥的营运作用,即公司各项经济资源,包括人力资源、财力资源、物力资源、技术信息资源和管理资源等,通过配置、组合与相互作用而生成推动公司运行的物质能量。狭义的营运能力是指公司资产的利用效率。

本书介绍的营运能力主要指狭义的营运能力,即公司资产营运的效率和效益,反映公司的资产管理水平和资金周转情况。公司资产营运的效率主要是指资产的周转率或周转天数。公司资产营运的效益主要指公司的产出额与资产占用额之间的比率。资产运用的效率高、循环快,公司就可以以较少的投入获得较多的收益。

(三)营运能力分析的概念

营运能力分析主要是对反映公司资产运营效率与效益的指标进行计算和分析,从而评价公司资产的营运状况,为公司提高经济效益指明方向。营运能力分析主要包括流动资产营运能力分析、固定资产营运能力分析和总资产营运能力分析。

二、营运能力分析的意义

营运能力不仅反映公司的盈利水平,而且反映公司基础管理、经营策略、市场营销等方面的状况。因此,对公司营运能力进行分析十分必要。

(一)评价公司资产利用的效益

公司营运能力的实质就是以尽可能少的资产占用、尽可能短的时间周转,生产出尽可能多的产品,实现尽可能多的销售收入,创造出尽可能多的利润。通过对公司资产营运能力分析,能够了解并评价资产利用的效益。

(二)确定合理的资产存量规模

随着公司生产规模的不断变化,资本存量也处于经常变化之中。营运能力分析可以帮助员工了解公司经营活动对资产的需要情况,以便根据公司生产经营的变化调整资产存量,使资产的增减变动与生产经营规模变动相适应,为下一期资产增量提供依据。

(三)促进公司各项资产的合理配置

各项资产在经营中的作用各不相同,对公司的财务状况和经营成果的影响程度也不同。在公司资产存量一定的情况下,如果其配置不合理,营运效率就会降低。通过对公司资产营运能力的分析,可以了解资产配置中存在的问题,不断优化资产配置,以改善公司的财务状况。

(四)提高公司资产的使用效率

通过对资产营运能力的分析,能够了解资产在利用过程中存在的问题,进一步挖掘资产利用能力,提高公司资产的利用效率,以最少的资产占用获得最大的经济效益。

8.2 营运能力指标的计算与分析

一、流动资产周转情况分析

反映流动资产周转情况的指标主要有存货周转率、应收账款周转率和流动资产周转率。

(一)存货周转率

存货周转率是衡量和评价公司购入存货、投入生产、销售收回等环节管理状况的综合性指标。它是营业成本与平均存货的比值。用时间表示的存货周转率就是存货周转期(天数)。其计算公式为

$$存货周转率(周转次数) = 营业成本 \div 平均存货$$

$$存货周转期(周转天数) = 360 \div 存货周转率 = \frac{平均存货 \times 360}{营业成本}$$

$$平均存货 = (期初存货 + 期末存货) \div 2$$

在一般情况下,存货周转率高,周转天数少,表明存货的周转速度快,变现能力强,进而说明公司具有较强的存货营运能力和较高的存货管理效率。但在具体评价该项指标时,应注意以下两点:

(1)存货周转率的高低与公司的经营特点(如经营周期、经营的季节性等)紧密相关,公司的经营特点不同,存货周转率在客观上存在着差异。例如,房地产公司的营业周期相对要长于一般性制造公司,因而存货周转率通常要低于制造公司的平均水平;制造公司的营业周期又相对长于商品流通公司,使得制造公司的存货周转率又通常要低于商品流通公司的平均水平。由于存货周转率与公司经营特点具有内在相关性,因此,我们在对该项比率进行比较分析时,必须注意行业可比性。

(2)存货周转率能够反映公司管理和营运存货的综合状况,却不能说明公司经营各环节的

存货营运能力和管理效率。因此,分析者(特别是公司内部分析者)除利用该项比率进行综合分析和评价外,有必要按经营环节进行具体分析,以便全面了解和评价公司的存货管理绩效。各环节存货周转率的计算公式为

$$原材料周转率 = 耗用原材料成本 \div 平均原材料存货$$

$$在产品周转率 = 完工产品制造成本 \div 平均在产品存货$$

$$产成品周转率 = 销货成本 \div 平均产成品存货$$

(二)应收账款周转率

应收账款周转率是反映应收账款周转速度的指标,是指一定时期内商品或产品赊销收入净额与应收账款平均余额的比值。用时间表示的周转速度是应收账款周转期(天数),它表示公司从取得应收账款的权利到收回款项、转换为现金所需要的时间。其计算公式为

$$应收账款周转率(周转次数) = 赊销收入净额 \div 应收账款平均余额$$

$$应收账款周转期(周转天数) = 360 \div 应收账款周转率$$

其中

$$赊销收入净额 = 营业收入 - 现销收入 - 销售退回 - 销售折让 - 销售折扣$$

$$应收账款平均余额 = (期初应收账款 + 期末应收账款) \div 2$$

一般来说,应收账款周转率高,周转天数少,表明公司应收账款的管理效率、变现能力强;反之,公司营运资金将会过多的呆滞在应收账款上,影响公司正常的资金周转。在具体运用该项指标时,应注意以下两点:

(1)在计算应收账款周转率时,"应收账款平均余额"应是未扣除坏账准备的应收金额,而不宜采用应收账款净额。因为坏账准备仅是会计上根据稳健原则所确认的一种可能损失,这种可能损失是否转变为现实损失,以及转变为现实损失的程度取决于公司对应收账款的管理效率。也就是说,已计提坏账准备的应收账款并不排除在收款责任之外,相反,公司应对这部分应收账款采取更严格的管理措施。在这种情况下,若以扣除坏账准备的应收账款计算应收账款周转率,不仅在理论上缺乏合理性,在实务上还可能导致管理人员放松对这部分账款的催收,甚至可能导致管理人员为提高应收账款周转率指标而不适当地提高坏账计提比率。关于公式中的"赊销收入净额",由于分析者(特别是公司外部分析者)无法获取公司的赊销数据,因而在实际分析时通常是直接采用营业收入净额计算。

(2)将该比率联系存货周转率分析,可大致说明公司所处的市场环境和管理的营销策略。具体来说,若应收账款周转率与存货周转率同时上升,表明公司的市场环境优越,前景好;若应收账款周转率上升,而存货周转率下降,可能表明公司因对预期市场看好,而扩大产能规模或紧缩信用政策,或两者兼而有之;若存货周转率上升,而应收账款周转率下降,可能表明公司放宽了信用政策,扩大了赊销规模,这种情况可能隐含着公司对市场前景的预期不甚乐观,应予警觉。

(三)流动资产周转率

流动资产周转率是反映公司流动资产周转速度的指标,它是流动资产的平均占用额与流动资产在一定时期所完成的周转额之间的比率。用时间表示的流动资产周转率就是流动资产周转期(天数)。计算公式为

$$流动资产周转率(周转次数) = 营业收入净额 \div 流动资产平均余额$$

流动资产周转期(周转天数)＝360÷流动资产周转率

流动资产平均余额＝(年初流动资产＋年末流动资产)÷2

一般来说,在一定时期内,流动资产周转次数越多,说明公司的流动资产周转得越快,以相同的流动资产完成的周转额越多,流动资产利用的效果越好。流动资产周转一次所需要的天数越少,表明流动资产在经历生产和营业各阶段时占用的时间越短,周转越快。

流动资产周转率的计算公式表明:增加营业收入、降低流动资产的资金占用是提高流动资产周转速度的有效途径。增加营业收入,就要在提高产品质量和功能的同时提高产品售价,扩大市场销售数量;降低流动资产占用,就要加速流动资产各项的周转,减少存货、应收账款等的资金占用。

二、固定资产周转情况分析

固定资产周转率是指公司一定时期(通常为一年)营业收入净额与固定资产平均净值的比率。它是反映公司固定资产周转情况,从而衡量固定资产利用效率的一项指标,同时也可用它来测定和判断固定资产产生营业收入的能力。其计算公式为

固定资产周转率(周转次数)＝营业收入净额÷固定资产平均净值

固定资产平均净值＝(年初固定资产净值＋年末固定资产净值)÷2

固定资产周转率高,说明公司固定资产的利用充分,同时也能表明公司固定资产投资得当,固定资产结构合理,能够充分发挥效率。反之,如果固定资产周转率不高,则说明公司固定资产量过多或设备有闲置。与同行相比,如果固定资产周转率较低,意味着公司生产能力的过剩;固定资产周转率较高,可能是公司设备较好地利用引起的,也可能是设备老化即将折旧完毕引起的。在后一种情况下,可能会引起较高的生产成本使公司实现的利润降低,使将来更新改造更加困难。

运用固定资产周转率指标时,需要考虑固定资产净值因计提折旧而逐年减少,或因更新重置而突然增加的影响;在不同公司间进行比较时,还需考虑采用不同折旧方法对净值的影响。

三、总资产周转情况分析

总资产周转率是指公司一定时期(通常为一年)营业收入净额与资产总额的比率,其计算公式为

总资产周转率＝营业收入净额÷资产平均总额

资产平均总额＝(年初资产总额＋年末资产总额)÷2

该指标可用来分析公司全部资产的使用效率。在一般情况下,总资产周转率越高越好。如果该比率较低,则表明公司利用全部资产进行经营的效率较差,最终也影响到公司的盈利能力。在此情况下,公司应当设法提高各项资产的利用程度,增加公司营业收入,处理多余资产。

技能点

(1)能够根据资产负债表和利润表计算运营能力的指标。

(2)能够判断资本周转能力、偿债能力、获利能力三者之间的关系。

第8章 营运能力分析

教学目标

(1) 通过案例研讨,使学生了解资本运营能力指标及意义。
(2) 通过案例研讨,使学生掌握资本运营能力指标的计算与分析。
(3) 通过案例研讨,让学生了解资本周转能力与偿债能力、获利能力的关系。

8.2.1 A股份有限公司运营能力分析

通过对公司运营能力分析,可以分析公司使用各种经济资源的效率及有效性,同时也是对公司的经营状况和潜力的分析。本文对A股份有限公司运营能力进行分析,通过分析可以了解该公司的资产运营状况,反映出公司资金利用效率和管理者对于资金的运用能力。

(1) 企业介绍及经营范围:中国A集团股份有限公司原名为北京A集团烤鸭股份有限公司。中华著名老字号——"A集团",创建于1864年(清朝同治三年),历经几代人的创业拼搏获得了长足发展。主营业务为中式餐饮服务和食品工业两大板块:中式餐饮服务方面有以提供A集团烤鸭、A集团特色菜品为主的A集团品牌烤鸭店,以经营"满汉全席"为特色的餐饮MZFS饭庄,以经营"葱烧海参、精品鲁菜"为代表的FZY饭店和以经营"京派"特色川菜的SC饭店;2017年5月15日公司圆满完成为出席"一带一路"高峰论坛领导人圆桌峰会的外国元首、政府首脑及联合国秘书长提供工作午宴的服务任务。食品工业板块生产和销售A集团真空包装烤鸭及鸭系列熟食制品,荷叶饼、甜面酱等烤鸭辅料,针对节日消费市场的A集团和××两个品牌的月饼、粽子、元宵类产品,FZY特色面食"八大件儿"组合产品,以及面向百姓消费市场的MZFS品牌宫廷糕点、SC饭店品牌川味辣酱系列和FZY特色面食品。

(2) 今年经营业绩:1993年,中国北京A集团成立;1994年,由A集团等6家企业发起设立了北京A集团烤鸭股份有限公司;2003年,与北京B饮食集团共同组建××××天控股有限公司;2007年,"A集团"在深交所挂牌上市。集团公司营业收入从2007年的9.16亿元增至2016年的18.47亿元,增长101.46%;实现利润总额从2007年的1.02亿元增至2016年的1.97亿元,增长93.14%;净利润从2007年的0.63亿元增至2016年的1.50亿元,增长138.10%。

(3) 投资预测:公司2015年相比2014年的收入是增长的,2016年由于"营改增",把营业收入中的6%计入销项税额,导致收入有所下降,实际上2016年同比收入也是增长的,2014—2016年是实现三年收入增长的。开店和市场培育是有周期的,我们传统餐饮行业很难有爆发式的增长。我们开设的商场店A集团长沙店,当年实现了盈利,A集团大连蓝山店当年也是盈利的,餐厅面积小翻台率高。店铺小型化后营业模式更贴近市场,逐步接近市场良好的坪效水平。

餐饮业态细分化是未来的发展趋势,大众餐饮将占据更大的比重;A集团加盟收入,加盟商向公司一次性缴纳加盟费150万元,保证金30万元,并且每年会根据加盟店的收入情况收取特许权使用费30万~50万元。连锁公司负责特许加盟店的管理、服务督导等方面的检查工作。除了在国内不断扩张,公司重启了海外开店计划,已经签约了两家店面,分别是多伦多和温哥华,计划主攻北美市场;如果遇到资质良好的合作伙伴,不排除在海外开设直营店。

(4) 公司财务报表:表8-1和表8-2是中国A股份有限公司2016年年报资产负债表及利润表,根据表中情况,对于该公司运营能力进行合理分析。

表8-1 2016年中A公司(集团)资产负债表

编制时间:2016年12月31日 单位:元

项目	期末余额	期初余额	项目	期末余额	期初余额
流动资产:			流动负债:		
货币资金	893 999 501.6	780 310 461.7	应付账款	86 708 861.23	81 266 611.39
应收账款	72 852 574.06	47 258 781.9	预收款项	84 571 871.76	73 342 281.95
预付款项	10 600 836.83	11 487 273.4	应付职工薪酬	91 482 274.62	74 429 589.26
其他应收款	17 857 882.45	22 036 010.86	应交税费	21 844 838.06	28 466 301.54
存货	66 203 596.41	74 405 487.17	应付股利	18 000	18 000
其他流动资产	13 486 475.21	4 956 037	其他应付款	140 055 891.2	117 294 425.9
流动资产合计	1 075 000 867	940 454 052	流动负债合计	424 681 736.9	374 817 210
非流动资产:			非流动负债:		
可供出售金融资产	250 000	250 000	递延所得税负债	5 738 517.89	6 352 064.73
长期股权投资	53 367 722.06	49 232 047.59	长期递延收益	10 323 493.86	11 372 711.98
投资性房地产	102 902 031.6	5 451 571.89	非流动负债合计	16 062 011.75	17 724 776.71
固定资产净额	490 798 633.9	606 348 091.9	负债合计	440 743 748.6	392 541 986.7
在建工程	21 278 110.06	19 137 801.45	所有者权益:		
无形资产	120 214 671.8	124 422 438.6	实收资本(或股本)	308 463 955	308 463 955
开发支出	0	717 900	资本公积	539 770 839.9	539 770 839.9
商誉	47 222 256.17	53 605 124.23	盈余公积	12 781 2994.6	113 025 357.9
长期待摊费用	58 681 591.98	47 281 812.68	未分配利润	471 842 708.5	414 902 620.2
递延所得税资产	8 940 242.13	11 162 822.72	归属于母公司股东权益合计	1 447 890 498	1 376 162 773
其他非流动资产	1 802 573.45	2 143 855.29	少数股东权益	91 824 453.01	91 502 758.72
非流动资产合计	905 457 833.1	919 753 466.3	所有者权益(或股东权益)合计	1 539 714 951	1 467 665 532
资产总计	198 045 8700	1 860 207 518	负债和所有者权益(或股东权益)总计	1 980 458 700	1 860 207 518

数据来源:深圳证券交易所 http://www.szse.cn/

表8-2 2016年A公司(集团)利润表

编制时间:2016年12月31日　　　　　　　　　　　　　　　　　　　金额单位:元

项　目	期末余额	期初余额
一、营业总收入	1 847 183 555	1 853 205 659
营业收入	1 847 183 555	1 853 205 659
二、营业总成本	1 690 591 264	1 698 223 072
营业成本	723 368 621.5	774 048 042
营业税金及附加	34 502 330.66	75 373 569.69
销售费用	671 834 388.8	598 735 044.9
管理费用	246 722 381.1	242 929 806.1
财务费用	6 211 866.93	6 813 828.25
资产减值损失	7 951 674.73	322 780.71
投资收益	37 704 711.66	33 675 843.22
其中:对联营企业和合营企业的投资收益	22 965 496.2	18 707 484.6
三、营业利润	194 297 003.4	188 658 430.8
加:营业外收入	3 957 846.58	2 330 166.57
减:营业外支出	1 052 770.38	1 111 809.05
其中:非流动资产处置损失	680 194.87	1 006 122.18
四、利润总额	197 202 079.6	189 876 788.3
减:所得税费用	47 125 649.33	47 096 660.15
五、净利润	150 076 430.2	142 780 128.2
归属于母公司所有者的净利润	139 589 795.2	131 138 526.6
少数股东损益	10 486 635.04	11 641 601.58
六、每股收益		
基本每股收益(元/股)	0.4 525	0.4 251
七、其他综合收益	0	0
八、综合收益总额	150 076 430.2	142 780 128.2
归属于母公司所有者的综合收益总额	139 589 795.2	131 138 526.6
归属于少数股东的综合收益总额	10 486 635.04	11 641 601.58

数据来源:深圳证券交易所 http://www.szse.cn/

思考题:

(1)根据案例,分析A集团流动资产流动性对于公司业绩、偿债能力和运营能力的影响。

(2)固定资产的周转情况分析,评价A集团固定资产运营效率。

(3)在运用运营能力指标分析时,如何识别公司资产运营效率?

(4)对于一个公司,影响其运营能力的因素有哪些？A集团呢？

8.2.2　C集团股份有限公司运营能力分析

C饮食股份有限公司作为餐饮服务的代表性公司,与8.2.1中的A集团相比,属于当年营业利润比较差的公司,为了方便研究,本文通过对于C集团股份公司的运营能力分析,判断其当前运营能力存在哪些问题,为公司发展提供管理上的建议。

(1)C饮食服务(集团)股份有限公司是以餐饮服务为主业,广泛涉足酒店宾馆、旅游休闲、食品加工、种植养殖、教学培训、医疗卫生、建筑装潢等多个经营领域的大型上市公司,股票名称"C饮食"。公司1994年改制,1997年股票上市,目前拥有11家分公司、4家控股和参股子公司,国内外开设联营企业18家,市内营业网点近40个。公司2002年经营收入3.95亿元,加上连锁、特许让度店总计实现收入4.6亿元,总占西安市餐饮业千分之一的网点数,实现了经营收入占全市餐饮业总收入的10%。企业现有资产总额7.07亿元,总股本17 622.65万股,其中国有股占30.59%,企业法人股占33.28%,社会流通股占36.13%。公司坚持"以质量求生存,以特色占领市场,以科学管理求得企业发展"的经营方针,近年来呈现出健康快速发展的态势,年经营收入以每年14.95%的速度递增,企业连续三年位居"全国餐饮百强企业"前列,经营收入居于中国正餐业"第二位",综合实力排名全国前三强。

(2)战略发展:公司是提供能量转换系统问题解决方案的制造商、集成商及系统服务商,在压缩机产品优势遥遥领先的基础上,公司先后推动了两次产业转型:①2010年初次转型以透平产品为起点,向服务板块(EPC、设备全生命周期健康管理、投资业务、金融服务等)和运营板块(气体运营、污水处理、智能一体化园区等)等业务方向延伸;②2016年二次转型公司依托制造＋服务＋运营模式全面进军天然气分布式能源领域。二次转型分布式能源恰逢下游行业回暖带动订单回升,叠加国企改革东风,公司有望实现新的飞跃。公司分布式能源孕育两千亿市场蓝海,自主研发＋外延并购抢占产业高地。"分布式能源"是指分布在用户端的能源综合利用系统,其中透平机械投资成本占到总成本60%～70%。根据《关于发展天然气分布式能源的指导意见》估计,2020年分布式能源装机规模有望达5 000万千瓦,至2020年天然气分布式能源总投资有望达1 600～2 000亿元。自主研发方面,公司大力发展以分布式能源技术为代表的新型节能环保工业技术,重点开拓园区一体化分布式能源、水务一体化、热电联产/冷热电联供、流程工业升级改造、生物质/垃圾发电等业务;外延并购方面,D公司在燃气轮机设备和分布式清洁能源技术方面为母公司抢占产业高地给与了双重支持。

(3)今年经营业绩:2015年公司订货量降至历史低点50.6亿元,仅为2011年的一半,2016年公司订货量大幅恢复至73.6亿元,同比增长达45.53%。2016年是分布式能源市场培育元年,新领域在全年新增订单中约占30%,后续还有更大空间。此外考虑到公司坏账计提充分,下游占比90%以上的石化、冶金行业盈利能力已经显著改善,后续设备更新需求有望持续释放,以及"一带一路"推进带来的潜在海外市场机遇,我们认为2017—2018年订单规模有望继续扩张,成为业绩增长有力保障。

投资预测:西安国资委旗下共有四家上市平台。其中在目前市值规模、国资委持股比例、2015年营收利润等方面,公司均位列第一。考虑到公司的领先地位,我们认为公司有望在西安国企改革进程中成为最受益龙头标的。公司内部管理改革、菜品研发初见成效,将保持自身地域与资源优势,加强原主营业务竞争能力。同时,控股股将为公司带来新一轮发展机遇。我们看好公司内生经营提升和外延业务发展,预计 2017—2019 年 EPS 为 0.03,0.05,0.08 元。

(4)公司财务报表:表 8-3 和表 8-4 是 C 饮食股份有限公司 2016 年年报资产负债表及利润表,根据表中情况,对于该公司运营能力进行合理分析。

表 8-3　2016 年 C 饮食股份有限公司资产负债表

编制时间:2016 年 12 月 31 日　　　　　　　　　　　　　　　　　　　　金额单位:元

项　目	期末余额	期初余额	项　目	期末余额	期初余额
流动资产:			流动负债:		
货币资金	314 504 370.3	322 686 072.1	短期借款	140 000 000	210 000 000
应收账款	19 719 588.57	11 355 663.85	应付账款	55 111 236.79	61 033 310.93
预付款项	8 723 011.48	18 520 439.29	预收款项	26 113 105.3	30 369 659.24
其他应收款	14 087 831.89	12 369 358.85	应付职工薪酬	33 900 738.87	18 246 375.06
存货	32 817 281.75	29 374 984.61	应交税费	15 831 964.4	3 885 648.61
其他流动资产	1 004 114.89	0	应付利息	186 083.33	143 849.81
			其他应付款	64 578 181.77	62 785 600.79
流动资产合计	390 856 198.9	394 306 518.7	流动负债合计	335 721 310.5	386 464 444.4
非流动资产:			非流动负债:		
可供出售金融资产	15 415 747.04	15 415 747.04	长期借款	3 683 766.5	3 599 766.5
长期股权投资	1 753 713.55	2 480 050.83	长期应付职工薪酬	15 710 537.99	12 663 229.55
投资性房地产	127 110 793.2	131 301 510.7	专项应付款	9 100 000	7 800 000
固定资产净额	330 431 013.9	347 596 650.4	递延所得税负债	562 100.05	581 100.61
在建工程	65 463 566.05	83 644 693.09	长期递延收益	114 050.94	1 108 199.66
无形资产	23 035 503.62	25 236 815.87	非流动负债合计	29 170 455.48	25 752 296.32
商誉	0	0	负债合计	364 891 765.9	412 216 740.8
长期待摊费用	55 408 945.4	73 631 110.37	所有者权益		
递延所得税资产	14 925 310.09	12 446 191.97	实收资本(或股本)	499 055 920	499 055 920
其他非流动资产	25 735 225.99	941 899.77	资本公积	55 514 684.59	55 514 684.59
非流动资产合计	659 279 818.8	692 694 670	盈余公积	50 856 493.47	48 327 055.37
			未分配利润	67 846 600.3	58 024 801.5
			归属于母公司股东权益合计	673 273 698.4	660 922 461.5

续表

项 目	期末余额	期初余额	项 目	期末余额	期初余额
			少数股东权益	11 970 553.4	13 861 986.47
			所有者权益合计	685 244 251.8	674 784 447.9
资产总计	1 050 136 018	1 087 001 189	负债和所有者权益总计	1 050 136 018	1 087 001 189

数据来源：深圳证券交易所 http://www.szse.cn/

表 8-4 2016 年 C 饮食股份有限公司利润表

编制时间：2016 年 12 月 31 日　　　　　　　　　　　　　　　　金额单位：元

项 目	期末余额	期初余额
一、营业总收入	500 549 360.3	499 001 566.9
营业收入	500 549 360.3	499 001 566.9
二、营业总成本	526 133 879.2	541 944 578.1
营业成本	314 846 674.7	309 622 022.4
营业税金及附加	13 241 093.89	25 362 767.93
销售费用	165 205 932	160 294 019.2
管理费用	30 255 101.4	43 541 848.36
财务费用	1 829 327.85	1 746 105.74
资产减值损失	755 749.36	1 377 814.46
投资收益	−726 337.28	−2 866 161.57
其中：对联营企业和合营企业的投资收益	0	−2 866 161.57
三、营业利润	−26 310 856.17	−45 809 172.78
加：营业外收入	48 637 135.81	10 892 159.87
减：营业外支出	1 465 658.14	689 425.5
其中：非流动资产处置损失	1 284 814.72	329 969.61
四、利润总额	20 860 621.5	−35 606 438.41
减：所得税费用	11 050 817.67	−2 497 417.41
五、净利润	9 809 803.83	−33 109 021
归属于母公司所有者的净利润	12 351 236.9	−31 647 585.76
少数股东损益	−2 541 433.07	−1 461 435.24
六、每股收益		
基本每股收益（元/股）	0.0247	−0.0634

续表

项　目	期末余额	期初余额
稀释每股收益(元/股)	0.0247	−0.0634
七、其他综合收益	0	0
八、综合收益总额	9 809 803.83	−33 109 021
归属于母公司所有者的综合收益总额	12 351 236.9	−31 647 585.76
归属于少数股东的综合收益总额	−2 541 433.07	−1 461 435.24

数据来源:深圳证券交易所 http://www.szse.cn/

思考题:

结合 8.2.1 中案例,分析 C 饮食股份有限公司的资产运营能力,并做出恰当的评价。

第9章 增长能力分析

> 创新是企业的灵魂,是企业持续发展的保证!
> ——海尔集团

一个公司唯一值得追求的增长,是可持续的、稳定的增长,是营业收入和公司利润同步的增长。本章主要介绍增长能力分析的基本原理。

9.1 增长能力分析的内涵与意义

一、增长能力分析的内涵

公司增长能力通常是指公司未来生产经营活动的发展趋势和发展潜能,也可以称之为发展能力。从形成看,公司的增长能力主要是通过自身的生产经营活动,不断扩大积累而形成的,主要依托于不断增长的销售收入、不断增加的资金投入和不断创造的利润等。从结果看,一个增长能力强的公司,能够不断为股东创造财富,能够不断增加公司价值。

传统的财务分析仅仅是从静态的角度出发来分析公司的财务状况,也就是只注重分析公司的盈利能力、营运能力、偿债能力,这在日益激烈的市场竞争中显然不够全面不够充分,主要有下述理由。

(1)公司价值在很大程度上是取决于公司未来的获利能力,而不是公司过去或者目前所取得的收益情况。对于上市公司而言,股票价格固然受多种因素的影响,但从长远来看,公司的未来增长趋势是决定公司股票价格上升的根本因素。

(2)增长能力反映了公司目标与财务目标,是公司盈利能力、营运能力、偿债能力的综合体现。无论是增强公司的盈利水平和风险控制能力,还是提高公司的资产营运效率,都是为了公司未来的生存和发展的需要,都是为了提高公司的增长能力,因此要着眼于从动态的角度分析和预测公司的增长能力。

二、增长能力分析的意义

公司能否持续增长对股东、潜在投资者、经营者及其他相关利益团体至关重要,因此有必要对公司的发展能力进行深入分析。增长能力分析的意义主要体现在以下四方面:

(1)对于股东而言,可以通过增长能力分析衡量公司创造股东价值的程度,从而为采取下一步战略行动提供依据。

(2)对于潜在的投资者而言,可以通过增长能力分析评价公司的成长性,从而选择合适的目标公司做出正确的投资决策。

(3)对于经营者而言,可以通过增长能力分析发现影响公司未来发展的关键因素,从而采取正确的经营策略和财务策略,促进公司持续增长。

(4)对于债权人而言,可以通过增长能力分析判断公司未来盈利能力,从而做出正确的信贷决策。

三、增长能力分析的内容

与盈利能力一样,公司增长能力的大小同样是一个相对的概念,即分析期的股东权益、收益、销售收入和资产相对于上一期的股东权益、收益、销售收入和资产的变化程度。仅仅利用增长额只能说明公司某一方面的增减额度,无法反映公司在某一方面的增减幅度,既不利于不同规模公司之间的横向对比,也不能准确反映公司的发展能力,因此在实践中通常是使用增长率来进行公司增长能力分析。当然,公司不同方面的增长率之间存在相互作用、相互影响的关系,因此只有将各方面的增长率加以比较,才能全面分析公司的整体增长能力。公司增长能力分析的内容可分为以下两部分。

(1)公司单项增长能力分析。公司价值要获得增长,就必须依赖于股东权益、收益、销售收入和资产等方面的不断增长。公司单项增长能力分析就是通过计算和分析股东权益增长率、收益增长率、销售增长率、资产增长率等指标,分别衡量公司在股东权益、收益、销售收入、资产等方面所具有的增长能力,并对其在股东权益、收益、销售收入、资产等方面所具有的发展趋势进行评估。

(2)公司整体增长能力分析。公司要获得可持续增长,就必须在股东权益、收益、销售收入和资产等各方面谋求协调发展。公司整体增长能力分析就是通过对股东权益增长率、收益增长率、销售增长率、资产增长率等指标进行相互比较与全面分析,综合判断公司的整体增长能力过分地重视取得和维持短期财务结果,很可能使公司急功近利,在短期业绩方面投资过多,而在长期的价值创造方面关注甚少。在中国,甚至一些最优秀的公司都不能免除完全以财务结果为导向的短期行为。

很多类似案例向企业家提出一个深刻的问题:什么才是经营公司至关重要的东西,是利润还是持续发展利润,的确很重要,但对于高明的企业家,持续发展更重要,利润只是实现持续发展的基础。

9.2 增长能力的计算与分析

一、单项增长能力分析

(一)股东权益增长率计算与分析

1. 股东权益增长率内涵和计算

股东权益增加是驱动剩余收益增长的因素之一。股东权益的增加就是期初余额到期末余额的变化,利用股东权益增长率能够解释这种变化。股东权益增长率是本期股东权益增加额与股东权益期初余额之比,也叫作资本积累率,其计算公式为

$$股东权益增长率 = \frac{本期股东权益增加额}{股东权益期初余额} \times 100\%$$

股东权益增加表示公司可能不断有新的资本加入,说明了股东对公司前景充分看好,在资本结构不变的情况下,也增加了公司的负债筹资能力,为公司获取债务资本打开了空间,提高

了公司的可持续增长能力。

股东权益增长率越高,表明公司本期股东权益增加得越多;反之,股东权益增长率越低,表明公司本年度股东权益增加得越少。

在实际中还存在三年资本平均增长率这一比率。三年资本平均增长率的计算公式为

$$三年资本平均增长率 = (\sqrt[3]{\frac{年末股东权益}{三年前年末股东权益}} - 1) \times 100\%$$

该指标表示公司连续三期的资本积累增长情况,体现了公司的发展趋势和水平,资本增长是公司发展壮大的标志,也是公司扩大再生产的源泉,没有新的所有者资本投入的情况下,本指标反映了投资者投入资本的保全和增长情况,该指标越高,说明资本的保值增值能力越强,公司可以长期使用的资金越充裕,应付风险和持续发展的能力越强。

对该指标的分析还应该注意所有者权益不同类别的变化情况,一般说资本的扩张大都来源于外部资金的注入,反映了公司获得了新的资本,具备了进一步发展的基础;如果资本的扩张主要来源于留存收益的增长,可以反映出公司在自身的经营过程中不断积累发展后备资金,既表明公司在过去经营过程的发展业绩,也说明公司具有进一步的发展后劲。

该指标设计的原意是均衡计算公司的三年平均资本增长水平,从而客观评价公司的股东权益增长能力状况。但是从该项指标的计算公式来看,并不能达到这个目的,因为其计算结果的高低只与两个因素有关,即与本年度年末股东权益总额和三年前年度末股东权益总额相关,而中间两年的年末股东权益总额则不影响该指标的高低。这样,只要两个公司的本年度年末股东权益总额和三年前年度年末股东权益总额相同,就能够得出相同的三年资本平均增长率,但是这两个公司的利润增长趋势可能并不一致。因此,依据三年资本平均增长率来评价公司股东权益增长能力存在一定的缺陷。

2. 股东权益增长率分析

股东权益的增长主要来源于经营活动产生的净利润和融资活动产生的股东净支付。所谓股东净支付就是股东对公司当年的新增投资扣除当年发放股利。这样股东权益增长率还可以表示为

$$股东权益增长率 = \frac{本期股东权益增加额}{股东权益期初余额} \times 100\% =$$

$$\frac{净利润 + 股东新增投资 - 支付股东股利}{股东权益期初余额} \times 100\% =$$

$$\frac{利润 + 对股东的净支付}{股东权益期初余额} \times 100\% =$$

$$净资产收益率 + 股东净投资率$$

公式中的净资产收益率和股东净投资率都是以股东权益期初余额作为分母计算的。从公式中可以看出股东权益增长率是受净资产收益率和股东净投资率这两个因素驱动的,其中净资产收益率反映了公司运用股东投入资本创造收益的能力,而股东净投资率反映了公司利用股东新投资的程度,这两个比率的高低都反映了对股东权益增长的贡献程度。从根本上看,一个公司的股东权益增长应该主要依赖于公司运用股东投入资本所创造的收益。尽管一个公司的价值在短期内可以通过筹集和投入尽可能多的资本来获得增加,并且这种行为在扩大公司规模的同时也有利于经营者,但是这种策略通常不符合股东的最佳利益,因为它忽视了权益资本具有机会成本,并应获得合理投资报酬的事实。

为正确判断和预测公司股东权益规模的发展趋势和发展水平,应将公司不同时期的股东权益增长率加以比较。因为一个持续增长型公司,其股东权益应该是不断增长的,如果时增时减,则反映出公司发展不稳定,同时也说明公司并不具备良好的增长能力,因此仅仅计算和分析某个时期的股东权益增长率是不全面的,应采用趋势分析法将一个公司不同时期的股东权益增长率加以比较,才能正确评价公司发展能力。

(二)资产增长率计算与分析

1. 资产增长率内涵和计算

资产是公司拥有或者控制的用于生产经营活动并取得收入的经济资源,同时也是公司进行融资、筹资,进行正常运营的物质保证。资产的规模和增长状况表明了公司的实力和发展速度,也是体现公司价值和实现公司价值扩大的重要手段。在实践中凡是表现为不断发展的公司,都表现为公司的资产规模稳定且不断地增长,因此把资产增长率作为衡量公司增长能力的重要指标。

公司要增加销售收入,就需要增加资产投入。资产增长率就是本期资产增加额与资产期初余额之比,其计算公式为

$$资产增长率 = \frac{本期资产增加额}{资产期初余额} \times 100\%$$

资产增长率是用来考核公司资产投入增长幅度的财务指标。资产增长率为正数,则说明公司本期资产的规模增加,资产增长率越大,则说明资产规模增加的幅度越大;资产增长率为负数,则说明公司本期资产规模缩减,资产出现负增长。

2. 资产增长率分析

在对资产增长率进行具体分析时,应该注意以下几点:

(1)公司资产增长率高并不意味着公司的资产规模增长就一定适当,评价一个公司的资产规模增长是否适当,必须与销售增长、利润增长等情况结合起来分析。如果资产增加,而销售收入和利润没有增长或减少,说明公司的资产没有得到充分的利用,可能存在盲目扩张而形成的资产浪费、营运不良等情况。所以只有在一个公司的销售增长、利润增长超过资产规模增长的情况下,这种资产规模增长才属于效益型增长,才是适当的、正常的。

(2)需要正确分析公司资产增长的来源。因为公司的资产一般来自于负债和所有者权益,在其他条件不变的情形下,无论是增加负债规模还是增加所有者权益规模,都会提高资产增长率。如果一个公司的资产增长完全依赖于负债的增长,而所有者权益项目在年度里没有发生变动或者变动不大说明公司可能潜藏着经营风险或财务风险,因此不具备良好的发展潜力。从公司自身的角度来看,公司资产的增加应该主要取决于公司盈利的增加。当然,盈利的增加能带来多大程度的资产增加还要视公司实行的股利政策而定。

(3)为全面认识公司资产规模的增长趋势和增长水平,应将公司不同时期的资产增长率加以比较。因为一个健康的处于成长期的公司,其资产规模应该是不断增长的,如果时增时减,则反映出公司的经营业务并不稳定,同时也说明公司并不具备良好的增长能力。所以只有将一个公司不同时期的资产增长率加以比较,才能正确评价公司资产规模的增长能力。

(三)销售增长率计算与分析

1. 销售增长率的内涵和计算

市场是公司生存和发展的空间,销售增长是公司增长的源泉。一个公司的销售情况越好,

说明其在市场所占份额越多,公司生存和发展的市场空间也越大,因此可以用销售增长率来反映公司在销售方面的发展能力。销售增长率就是本期营业收入增加额与上期营业收入之比。其计算公式为

$$销售增长率=\frac{本期营业收入增加额}{上期营业收入净额}\times 100\%$$

需要说明的是,如果上期营业收入净额为负值,则应取其绝对值代入公式进行计算,该公式反映的是公司某期整体销售增长情况。销售增长率为正数,则说明公司本期销售规模增加,销售增长率越大,则说明公司销售收入增长得越快,销售情况越好;销售增长率为负数,则说明公司销售规模减小,销售出现负增长,销售情况较差。

2.销售增长率分析

在利用销售增长率来分析公司在销售方面的增长能力时,应该注意以下几方面:

(1)要判断公司在销售方面是否具有良好的成长性,必须分析销售增长是否具有效益性。如果销售收入的增加主要依赖于资产的相应增加,也就是销售增长率低于资产增长率,说明这种销售增长不具有效益性,同时也反映了公司在销售方面可持续增长能力不强。正常情况下,一个公司的销售增长率应高于其资产增长率,只有在这种情况下才说明公司在销售方面具有良好的成长性。

(2)要全面、正确地分析和判断一个公司销售收入的增长趋势和增长水平,必须将一个公司不同时期的销售增长率加以比较和分析。因为销售增长率仅仅指某个时期的销售情况而言,某个时期的销售增长率可能会受到一些偶然的和非正常的因素影响,而无法反映出公司实际的销售增长能力。

(3)可以利用某种产品销售增长率指标,来观察公司产品的结构情况,进而也可以分析公司的成长性。其计算公式可表示为

$$某种产品销售增长率=\frac{某种产品本期销售收入增加额}{上期销售收入净额}\times 100\%$$

根据产品生命周期理论,每种产品的生命周期一般可以划分为四个阶段。每种产品在不同的阶段反映出的销售情况也不同:在投放期,由于产品研究开发成功,刚刚投入正常生产,因此该阶段的产品销售规模较小,而且增长比较缓慢,即某种产品销售增长率较低;在成长期,由于产品市场不断拓展,生产规模不断增加,销售量迅速扩大,因此该阶段的产品销售增长较快,即某种产品销售增长率较高;在成熟期,由于市场已经基本饱和,销售量基本趋于稳定,因此该阶段的产品销售将不再有大幅度的增长,即某种产品销售增长率与上一期相比变动不大;在衰退期,由于该产品的市场开始萎缩,因此该阶段的产品销售增长速度开始放慢甚至出现负增长,即某种产品销售增长率较上期变动非常小,甚至表现为负数。根据这一原理,借助某种产品销售增长率指标,大致可以分析公司生产经营的产品所处的生命周期阶段,据此也可以判断公司发展前景。对一个具有良好发展前景的公司来说,较为理想的产品结构是"成熟一代,生产一代,储备一代,开发一代",如果一个公司所有产品都处于成熟期或者衰退期,那么它的发展前景就不容乐观。

(四)收益增长率计算与分析

1.收益增长率内涵和计算

由于一个公司的价值主要取决于其盈利及增长能力,所以公司的收益增长是反映公司增

长能力的重要方面。由于收益可表现为营业利润、利润总额、净利润等多种指标。因此相应的收益增长率也具有不同的表现形式。在实际中,通常使用的是净利润增长率、营业利润增长率这两种比率。

由于净利润是公司经营业绩的结果,因此净利润的增长是公司成长性的基本表现。净利润增加额与上期净利润之比,其计算公式为

$$净利润增长率 = \frac{本期净利润增加额}{上期净利润} \times 100\%$$

需要说明的是,如果上期净利润为负值,则应取其绝对值代入公式进行计算。该公式反映的是公司净利润增长情况。净利润增长率为正数,则说明公司本期净利润增加,净利润增长率越大,则说明公司收益增长得越多;净利润增长率为负数,则说明公司本期净利润减少,收益降低。

如果一个公司销售收入增长,但利润并未增长,那么从长远来看,它并没有创造经济价值。同样,一个公司如果营业利润增长,但营业收入并未增长,也就是说其利润的增长并不是来自于营业收入,那么这样的增长也是不能持续的,随着时间的推移也将会消失。因此,利用营业利润增长率这一比率也可以较好地考察公司的成长性。营业利润增长率是本期营业利润增加额与上期营业利润之比,其计算公式

$$营业利润增长率 = \frac{本期营业利润增加额}{上期营业利润} \times 100\%$$

同样,如果上期营业利润为负值,则应取其绝对值代入公式进行计算。该公式反映的是公司营业利润增长情况。营业利润增长率为正数,则说明公司本期营业利润增加,营业利润增长率越大,则说明公司收益增长得越多;营业利润增长率为负数,则说明公司本期营业利润减少,收益降低。

值得注意的是,在实际分析中有人提出利用三年利润平均增长率这一指标分析公司收益增长能力。其计算公式为

$$三年利润平均增长率 = (\sqrt[3]{\frac{年末利润总额}{三年前年末利润总额}} - 1) \times 100\%$$

从计算公式可以发现该指标的设计原理与三年资本平均增长率一致。计算三年利润平均增长率是为了均衡公司的三年平均利润增长水平,从而客观评价公司的收益增长能力状况。但是从该项指标的计算公式来看,并不能达到这个目的。因为其计算结果的高低同样只与两个因素有关,即与本年度年末利润总额和三年前年度年末利润总额相关,而中间两年的年末实现利润总额则不影响该指标的高低。这样,只要两个公司的本年度年末利润总额和三年前年度年末利润总额相同,就能够得出相同的三年利润平均增长率,但是这两个公司的利润增长趋势可能并不一致。因此,依据三年利润平均增长率来评价公司收益增长能力还是有缺陷的。

2. 收益增长率分析

要全面认识公司净利润的增长能力,还需要结合公司的营业利润增长情况共同分析。如果公司的净利润主要来源于营业利润,则表明公司产品获利能力较强,具有良好的增长能力;相反如果公司的净利润不是主要来源于正常业务,而是来自于营业外收入或者其他项目,则说明公司的持续增长能力并不强。

要分析营业利润增长情况,应结合公司的营业收入增长情况一起分析,如果公司的营业利

润增长率高于公司的销售增长率,即营业收入增长率,则说明公司正处于成长期,业务不断拓展,公司的盈利能力不断增强;反之如果公司的营业利润增长率低于营业收入增长率,则反映公司营业成本、营业税费、期间费用等成本的上升超过了营业收入的增长,说明公司的营业盈利能力并不强,公司发展潜力值得怀疑。

为了更准确地反映公司净利润和营业利润的成长趋势,应将公司连续多期的净利润增长率和营业利润增长率指标进行对比分析,这样可以排除个别时期偶然性或特殊性因素的影响,从而可以更加全面、真实地反映公司净利润和营业利润的增长情况。

二、整体增长能力分析

(一)整体增长能力分析思路

除了对公司增长能力进行单项分析以外,还需要分析公司的整体增长能力。其原因在于:其一,股东权益增长率、收益增长率、销售增长率和资产增长率等指标,只是从股东权益、收益、销售收入和资产等不同的侧面考察了公司的增长能力,不足以涵盖公司增长能力的全部;其二,股东权益增长率、收益增长率、销售增长率和资产增长率等指标之间相互作用、相互影响,不能截然分开。因此,在实际运用时,只有把四种类型的增长率指标相互联系起来进行综合分析,才能准确评价一个公司的整体增长能力。

那么,应该如何分析公司的整体增长能力呢?具体的思路如下:

(1)分别计算股东权益增长率、收益增长率、销售增长率和资产增长率等指标的实际值。

(2)分别将上述增长率指标实际值与以前不同时期增长率数值、同行业平均水平进行比较,分析公司在股东权益、收益、销售收入和资产等方面的增长能力。

(3)比较股东权益增长率、收益增长率、销售增长率等,判断不同方面增长的效益性及它们之间的协调性和资产增长率等指标之间的关系,判断不同方面增长的效益型及它们之间的协调性。

(4)根据以上分析结果,运用一定的分析标准,判断公司的整体增长能力,一般而言,只有一个公司的股东权益增长率、资产增长率、销售增长率、收益增长率保持同步增长,且不低于行业平均水平,才可以判断这个公司是否具有良好的增长能力。

从公司整体的角度考虑公司的增长,就是保持公司的可持续增长能力,从某种程度上来讲就是保持和谐的财务政策和经营政策。对快速成长的公司而言,其资源会变得相当紧张,管理层需要采取积极的财务政策和经营政策加以控制,比如发行新股,提高财务杠杆系数,减少股利支付比例等来满足资金的需求。同时调整经营政策来进行成长管理,比如分流部分订单,改变销售策略,停止或减少入不敷出的经营项目来减少增长的现金压力等。对于成长过慢的公司来说,管理层面临的问题之一是如何解决处理现金顺差,根据自身的情况可以进行股票回购或增发股利,并购买入成长型公司,即在更有活力的行业中寻找物有所值的成长机会。一般来说,公司可持续增长能力的评价指标是可持续增长率。

(二)整体增长能力分析应用

分析公司整体增长能力时应该注意以下几方面。

1.对股东权益增长的分析

股东权益的增长一方面来源于净利润,净利润主要来自于营业利润,营业利润又主要取决于销售收入,并且销售收入的增长在资产使用效率保持一定的前提下要依赖于资产投入的增

第9章 增长能力分析

加;股东权益的增长另一方面来源于股东的净投资,而净投资取决于本期股东投资资本的增加和本期股利的发放。

2. 对收益增长的分析

收益的增长主要表现为净利润的增长,而对于一个持续增长的公司而言,其净利润的增长应该主要来源于营业利润;而营业利润的增长又应该主要来自于营业收入的增加。

3. 对销售增长的分析

销售增长是公司营业收入的主要来源,也是公司价值增长的源泉。一个公司只有不断开拓市场,保持稳定的市场份额,才能不断扩大营业收入,增加股东权益,同时为公司进一步扩大市场、开发新产品和进行技术改造提供资金来源,最终促进公司的进一步发展。

4. 对资产增长的分析

公司资产是取得销售收入的保障,要实现销售收入的增长,在资产利用效率一定的条件下就需要扩大资产规模。要扩大资产规模,一方面可以通过负债融资实现,另一方面可以依赖股东权益的增长,即净利润和净投资的增长。

总之,在分析公司的增长能力时,要注意这四种增长率之间的相互关系,否则无法对公司的整体发展能力作出正确的判断。

技能点

(1)熟记增长能力的各种反应形式。
(2)掌握增长能力的指标的计算方法。
(3)能够对于增长能力的指标进行判断。

教学目标

(1)通过案例研讨,使学生理解增长能力反应的形式。
(2)通过案例研讨,使学生掌握公司增长能力分析的内容。
(3)通过案例研讨,让学生掌握各种增长能力指标的计算与分析。
(4)通过案例分析,掌握企业利用增长能力指标的分析,能够对增长能力作出合理的评价。

9.2.1 S汽车集团股份有限公司增长能力分析

对于一个公司来说,发展最重要的并不是利润,虽然利润是大家追求的目标,但是持续发展才是公司能够存续的基础。本文就S汽车集团股份有限公司持续发展能力进行分析,评价该公司发展的速度及问题。

(1)S汽车集团股份有限公司是国内A股市场最大的汽车上市公司,总股本达到116.83亿股。该集团努力把握产业发展趋势,加快创新转型,正在从传统的制造型企业,向为消费者提供全方位汽车产品和出行服务的综合供应商发展。目前,该集团主要业务包括整车(含乘用车、商用车)的研发、生产和销售,正积极推进新能源汽车、互联网汽车的商业化,并开展智能驾驶等技术研究和产业化探索;零部件(含动力驱动系统、底盘系统、内外饰系统,以及电池、电驱、电力电子等新能源汽车核心零部件和智能产品系统)的研发、生产、销售;物流、汽车电商、出行服务、节能和充电服务等汽车服务贸易业务;汽车相关金融、保险和投资业务;海外经营和国际商贸业务;并在产业大数据和人工智能领域积极布局。

(2) 今年经营业绩:2016年,S集团牢牢把握市场增长机遇,重点新品成功上市,自主品牌实现跨越,合资品牌表现稳健,开启自主合资两翼齐飞发展的新局面。全年实现整车销量648.9万辆,同比增长9.95%。其中,四个子品牌分别实现200万、188万、213万、32万销售额。作为国内最大的整车销售集团,各乘用车分部均呈现正增长,交出了靓丽的答卷。A品牌乘用车和商用车的销量增幅远高于行业平均水平。B品牌排名国内乘用车销量第一;C品牌排名国内乘用车销量第二;D品牌整车年销量继续保持全国第一,其乘用车销量成功跻身国内前四。

2016年,S集团整车出口量居国内行业第一,全年出口12万辆,同比增长50.2%;海外重点区域市场销量再创新高,E品牌增长20%,F品牌增长53%;同时,在上海自贸区设立S国际商贸有限公司,着力开拓中东、南美、东南亚等海外市场。

(3) 投资预测:公司战略是牢牢把握科技进步大方向、市场演变大格局、产业变革大趋势,瞄准汽车产业电动化、网联化、智能化、共享化的发展趋势,围绕价值链部署创新链,按照"向两端加快延伸、加快转型"的构思,在大数据时代的背景下,在产业链、价值链重构的过程中,全力抢占有利地位,积极探索汽车产业转型升级的解决方案。同时,着力破除制约创新发展的体制机制障碍,建立起市场化的运行体制和机制,充分调动和激发内部的活力,为S集团未来发展注入新动力。在下一年公司将继续坚持稳中求进工作主基调,坚持把创新作为S集团探索实践供给侧结构性改革的主要抓手,立足当前,始终保持危机意识,防范市场各种风险,努力提高经济运行的质量与效益;着眼长远,大力发扬创新精神,努力把握电动化、网联化、智能化、共享化的趋势机遇,扎实推进"十三五"规划,把创新转型、升级发展战略持续引向深入,不断提升核心竞争能力。公司力争全年实现整车销售673.5万辆,预计营业总收入7 730亿元,营业总成本6 648亿元。

公司是低估值高股息股,合资品牌销量平稳增长支撑公司业绩,自主品牌销量快速提升、产品周期将至贡献业绩弹性。公司有做增量的资本,未来很可能围绕ROE提升的逻辑做加法。此外,公司积极推进转型升级、延伸产业链布局,有望打开新的成长空间。我们预计公司2017—2019年EPS分别为2.94元、3.13元、3.34元。

(4) 公司财务报表:表9-1和表9-2是S汽车集团股份有限公司2013—2016年年报资产负债表及利润表,根据表中情况,对于该公司运营能力进行合理分析。

表9-1 2013—2016年S集团资产负债表简表

编制时间:2016年12月31日　　　　　　　　　　　　　　　　　　　　单位:万元

报表日期	2013.12.31	2014.12.31	2015.12.31	2016.12.31
流动资产合计	23 218 446.80	23 704 254.23	26 993 069.73	33 094 556.01
非流动资产合计	14 145 627.28	17 782 813.12	24 169 999.36	25 968 257.74
资产总计	37 364 074.08	41 487 067.35	51 163 069.08	59 062 813.75
流动负债合计	18 633 966.85	19 993 151.08	25 766 782.22	29 748 137.32
非流动负债合计	2 556 898.12	2 994 008.56	4 304 558.29	5 805 039.03
负债合计	21 190 864.97	22 987 159.65	30 071 340.51	35 553 176.35

第9章 增长能力分析

续 表

报表日期	2013.12.31	2014.12.31	2015.12.31	2016.12.31
实收资本(或股本)	1 102 556.66	1 102 556.66	1 102 556.66	1 102 556.66
所有者权益合计	16 173 209.11	18 499 907.70	21 091 728.57	23 509 637.40
负债及所有者权益总计	37 364 074.08	41 487 067.35	51 163 069.08	59 062 813.75

数据来源：上海证券交易所 http://www.sse.com.cn/

表9-2 2013—2016年S集团利润表

编制时间：2016年12月31日　　　　　　　　　　　　　　　　　　　　单位：万元

报表日期	2013年	2014年	2015年	2016年
一、营业总收入	67 044 822.31	63 000 116.44	56 580 701.16	48 097 967.17
营业收入	66 137 392.98	62 671 239.45	56 334 567.24	47 843 257.63
二、营业总成本	65 625 356.84	61 752 182.40	55 108 546.91	45 708 769.68
营业成本	58 583 288.32	54 923 602.59	49 098 848.21	40 056 359.67
营业税金及附加	559 840.23	375 721.09	343 946	797 538.38
销售费用	3 553 751.55	4 007 377.53	3 473 050.11	2 720 815.51
管理费用	2 427 528.19	1 930 870.51	1 834 461.48	1 853 463.85
财务费用	-23 119.21	-16 459.87	-25 471.54	-11 521.98
资产减值损失	284 817.25	440 023.99	311 403.36	229 667.47
三、其他经营收益	104 137.25	606 520.55	-98 958.54	264 597.14
公允价值变动净收益	-28 551.69	1 772.76	-321.52	714.13
投资净收益	2 966 313.44	2 783 466.87	2 545 641.68	1 542 934.12
汇兑净收益	1 575.81	203.18	437.07	1 113.23
四、营业利润	4 358 803.04	4 033 376.85	4 017 911.49	3 933 958.98
营业外收入	366 666.32	332 908.23	205 794.99	109 726.59
营业外支出	144 501.71	97 405.56	74 406.71	28 049.07
非流动资产处置净损失	38 578.97	10 567.68	8 726.75	6 133.12
五、利润总额	4 580 967.65	4 268 879.52	4 149 299.77	4 015 636.50
所得税	573 570.73	443 802.22	590 905.62	662 811.12
六、净利润	4 007 396.92	3 825 077.30	3 558 394.15	3 352 825.37
少数股东损益	1 028 017.85	1 027 733.17	1 078 031.52	1 277 649.04
归属于母公司股东的净利润	2 979 379.07	2 797 344.13	2 480 362.63	2 075 176.33
七、每股收益				

续表

报表日期	2013年	2014年	2015年	2016年
基本每股收益	2.7	2.54	2.25	1.88
稀释每股收益	—	—	—	—

数据来源：上海证券交易所 http://www.sse.com.cn/

思考题：

(1)为什么说一个不稳定的增长对于公司而言也是有危害的？

(2)判断公司增长能力时，资产规模增加十分必要，但是为什么要正确分析资产增长的原因呢？

(3)一个公司销售增长的价值在哪里？案例中，销售增长能力如何？

(4)对于案例中的公司，销售利润增长率、营业利润增长率和净利润增长率不同，各代表着什么？

9.2.2 Y轿车股份有限公司增长能力分析

Y轿车股份有限公司是在选择公司时候以2016年年报为基础的业绩相对比较差的公司，在同一行业中为了有对比，选择了该公司。通过该公司的财务报表分析，更进一步说明公司成长能力的重要性，同时分析Y轿车股份有限公司所存在的问题。

(1)Y轿车股份有限公司的主营业务为开发、制造和销售乘用车及其配件。企业使命是"造最好的车，让驾乘更快乐，让员工更幸福，让社会更和谐"，企业愿景是"成就一流品牌，成为具有国际竞争力的汽车企业"。Y轿车于1997年6月10日在某市高新技术产业开发区成立，同年6月18日在深交所上市，股票代码00××××，是中国轿车制造业第一家股份制上市公司。

目前，公司下设11个部门（战略规划及项目部、产品部、发展部、采购部、财务控制部、制造物流部、质量保证部、人力资源部、综合管理部、党群工作部、纪检监察部），1个动力总成基地（发传中心），2个控股子公司。公司现有多款汽车产品示例。

(2)今年经营业绩：公司2016年各款车型生命周期见底，竞争力趋弱，全年实现销量19.4万辆（－17.97％）；实现营收227.1亿元（－14.83％），亏损9.54亿，产能利用率不足50％，导致整车毛利率下滑1.36个百分点。三项费率中销售费用同比上升150PPT，某新车上市产生的营销广告费，管理费用率同比提升180PPT，系清理废旧车型产生的费用性支出。其中Q4在Q3实现盈利后亏损2.3亿，主要是当期处理废旧车型产生的资产减值损失2.75亿，扣除处理车型影响，我们认为Q4营业利润在1个亿以上。公司于四季度完成对亏损红旗资产剥离，盈利压力骤减。同时为提升生产经营效率，公司2016年对旗下老款车型进行清理，轻装上阵同时也产生大量营业外支出，影响公司业绩。我们看好公司在2016年完成资产剥离、产线清理轻装上阵后的表现，最差时期即将过去。

(3)投资预测：2016年该公司顺利完成新老产品的交替，2017年销售全部为新产品，产品力显著增强。双明星产品外观时尚动感，深受年轻消费者的喜爱并持续热销，根据Y轿车官网数据显示，2017年1季度A品牌累计销量30 132辆，同比增长98.3％。全新产品B于3月

9日上市,当月订单超万辆,为公司再添爆款车型。公司剥离 HQ 资产后轻装上阵,将全力聚焦 B 品牌、A 品牌业务,预计公司大概率可以实现全年 30 万辆销量目标,业绩迎来触底反弹。

2017年以来国企改革进程提速,汽车板块的机会将在大股东资产注入与央企合并。Y 集团收入、净利润及净资产均与 S 集团相差不大,是仅有的未整体上市的国有大型汽车工业集团,我们预计 Y 集团整体上市后市值有望达到 3 000 亿元左右。Y 集团与 DF 汽车两家汽车央企在产品结构、目标客户等较为一致,2017 年 2 月签署共同创建"前瞻共性技术创新中心"战略合作框架协议,充分利用自身资源优势协同协作,且近期高管频频互换,两者合并或将变为现实。预计 2017—2019 年 Y 轿车每股收益分别为 0.47 元、0.54 元与 0.59 元,公司业绩触底反弹并有国企改革预期。

(4)公司财务报表:表 9-3 和表 9-4 是 Y 集团股份有限公司 2013—2016 年年报资产负债表及利润表,根据表中情况,对于该公司运营能力进行合理分析。

表 9-3　2013—2016 年 Y 集团资产负债表简表

编制时间:2016 年 12 月 31 日　　　　　　　　　　　　　　　　　　　　单位:万元

报表日期	2013.12.31	2014.12.31	2015.12.31	2016.12.31
流动资产合计	1 142 017.21	1 128 716.27	885 497.81	1 063 218.13
非流动资产合计	966 610.83	964 843.49	918 348.01	841 669.26
资产总计	2 108 628.04	2 093 559.76	1 803 845.82	1 904 887.39
流动负债合计	1 184 912.59	1 160 608.06	885 033.19	1 089 632.44
非流动负债合计	53 746.01	51 639.75	44 295.89	47 900.31
负债合计	1 238 658.59	1 212 247.81	929 329.08	1 137 532.76
实收资本(或股本)	162 750	162 750	162 750	162 750
所有者权益合计	869 969.44	881 311.95	874 516.74	767 354.64
负债及所有者权益总计	2 108 628.04	2 093 559.76	1 803 845.82	1 904 887.39

数据来源:深圳证券交易所 http://www.szse.cn/

表 9-4　2013—2016 年 Y 轿车利润表

编制时间:2016 年 12 月 31 日　　　　　　　　　　　　　　　　　　　　单位:万元

报表日期	2013 年	2014 年	2015 年	2016 年
一、营业总收入	2 666 384.15	3 385 724.16	2 967 513.14	2 338 490.47
营业收入	2 666 384.15	3 385 724.16	2 967 513.14	2 338 490.47
二、营业总成本	2 680 082.58	3 400 292.03	2 874 353.63	2 453 815.40
营业成本	2 117 275.65	2 660 491.62	2 271 839.31	1 970 677.95
营业税金及附加	140 924.53	166 877.07	143 246.21	103 971.17
销售费用	251 244.10	390 817.40	289 790.90	229 478.78
管理费用	156 158.62	168 596.60	159 977.63	135 871.52

续 表

报表日期	2013年	2014年	2015年	2016年
财务费用	12 976.65	10 726.95	8 916.93	3 912.02
资产减值损失	1 503.04	2 782.38	582.64	9 903.97
三、其他经营收益	642.17	728.94	−648.66	−6.58
公允价值变动净收益	—	—	—	0
投资净收益	21 271.69	21 523.34	20 088.93	17 189.03
汇兑净收益	—	—	—	
四、营业利润	7 573.26	6 955.47	113 248.44	−98 135.91
营业外收入	4 740.49	3 947.84	2 828.10	3 384.15
营业外支出	3 744.76	2 997.56	642.51	1 124.62
非流动资产处置净损失	2 398.82	2 737.68	261.03	338.41
五、利润总额	8 568.99	7 905.75	115 434.03	−95 876.38
所得税	2 511.84	−5 799.52	12 122.85	−20 625.49
六、净利润	6 057.16	13 705.27	103 311.19	−75 250.89
少数股东损益	762.34	−2 421.02	2 601.82	396.36
归属于母公司股东的净利润	5 294.81	16 126.29	100 709.37	−75 647.26
七、每股收益				
基本每股收益	0.03	0.1	0.62	−0.46
稀释每股收益	0.03	0.1	0.62	−0.46

数据来源：深圳证券交易所 http://www.szse.cn/

思考题：

根据资料，结合相关内容，对Y轿车股份有限公司的增长能力进行分析。

第 10 章　财务报表综合分析

领导者需要完成的重要工作之一就是预测变化，规划未来。而要做到这一点，领导者必须具有洞察力和趋势分析能力。

所谓综合分析，就是将各项财务分析指标作为一个整体，系统、全面、综合地对企业财务状况和经营情况进行剖析、解释和评价，说明公司整体财务状况和效益的好坏。财务报表分析的最终目的在于全面、准确、客观地反映公司财务状况和经营情况，并借以对公司经济效益优劣作出合理的评价。显然，要达到这样一个分析目的，仅仅只测算几个简单、孤立的财务比率，或者将一些孤立的财务分析指标堆砌在一起，是不可能得出合理、正确的综合性结论的，有时甚至会得出错误的结论。因此只有将公司偿债能力、营运能力、获利能力及发展趋势等各项分析指标有机地联系起来，作为一套完整的体系，相互配合，才能作出系统地综合评价，才能从总体意义上把握公司财务状况和经营情况的优劣并作出系统地综合评价。财务综合分析的意义也正在于此。

10.1　财务报表综合分析方法

一、杜邦财务分析体系的构成

杜邦财务分析体系是由美国杜邦公司创造的以净资产收益率为核心的财务分析方法。净资产收益率是所有比率中综合性最强、最具有代表性的一个指标，进而将净资产收益率分解为销售净利率、资产周转率和权益乘数，分解之后可以衡量净资产收益率这一项综合性指标发生升降变化的具体原因，评价公司盈利能力和股东权益回报水平，从财务角度评价企业绩效。

杜邦分析体系以净资产收益率为核心，分为三大层次。

(1) 净资产收益率及其分解计算公式为

$$净资产收益率 = \frac{净利润}{净资产} = \frac{净利润}{总资产} \times \frac{总资产}{净资产} = 总资产收益率 \times 权益乘数$$

(2) 总资产收益率及其分解计算公式为

$$总资产收益率 = \frac{净利润}{总资产} = \frac{净利润}{营业收入} \times \frac{营业收入}{总资产} = 销售净利率 \times 总资产周转率$$

(3) 销售净利率与总资产周转率的分解计算公式为

$$销售净利率 = \frac{净利润}{营业收入} = \frac{总收入 - 总成本费用}{营业收入}$$

$$总资产周转率 = \frac{营业收入}{总资产} = \frac{营业收入}{流动资产 + 非流动资产}$$

以上关系可以用图 10-1 进行综合反映。

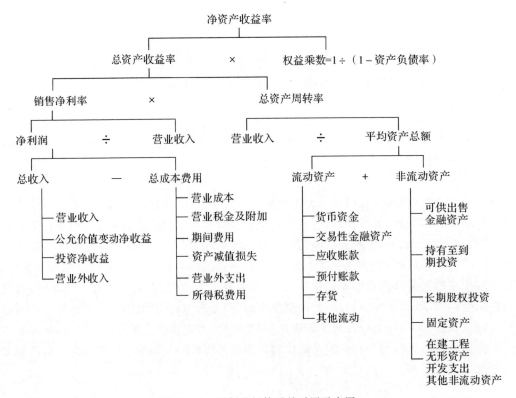

图 10-1 杜邦分析体系关系图示意图

二、杜邦财务分析体系中各指标分析

(1)净资产收益率是财务分析指标的核心。杜邦财务分析体系以净资产收益率指标为核心。净资产收益率又称股东权益报酬率,是指净利润与平均股东权益的比值,是衡量企业盈利能力的重要指标。该指标越高,说明投资带来的收益越高;净资产收益率越低,说明企业所有者权益的获利能力越弱。该指标体现了自有资本获得净收益的能力,能够说明企业融资、投资、资产营运等各项财务及其管理活动的效率,而不断提高股东权益报酬率是所有者权益最大化的基本保证。所以,这一财务分析指标是企业所有者、经营者都十分关心的。净资产收益率的决定因素主要有三方面,即销售净利率、总资产周转率和权益乘数,这三个方面综合反映了企业盈利能力、营运能力和偿债能力。

(2)销售净利率是反映企业盈利能力的重要指标。销售净利率又称销售净利润率,是净利润占销售收入的百分比,是指企业实现净利润与销售收入的对比关系,用于衡量企业在一定时期的销售收入获利能力。该指标反映每1元销售收入带来的净利润的多少,表示销售收入的收益水平,提高销售净利率,一是要扩大销售收入,二是要降低成本费用。扩大销售收入不仅可以提高销售净利率,而且可以提高总资产周转率。降低成本费用是提高销售净利率的一个重要因素,从杜邦分析图中可以看出成本费用的基本结构是否合理,从而找出降低成本费用的途径和加强成本费用控制的办法。如果企业财务费用支出过高,就要进一步分析其资金周转等情况。提高利润率的另一途径是提高其他利润,包括增加其他业务利润、适时适当投资取得投资收益、降低营业外支出等。

（3）总资产周转率是反映企业营运能力最重要的指标。总资产周转率是指企业在一定时期内业务收入净额同平均资产总额的比率。总资产周转率是考察企业资产运营效率的一项重要指标，体现了企业经营期间全部资产从投入到产出的流转速度，反映了企业全部资产的管理质量和利用效率。通过该指标的对比分析，可以反映企业本年度以及前一年度总资产的运营效率和变化，也可以发现企业与同类企业在资产利用上的差距。一般情况下，该数值越高，表明企业总资产周转速度越快，销售能力越强，资产利用效率越高。

（4）权益乘数与资本结构相关，反映企业偿债能力。权益乘数又称股本乘数，是指资产总额相当于股东权益的倍数，代表公司所有可供运用的总资产是业主权益的几倍，表示企业的负债程度。权益乘数越大，企业负债程度越高，一般会导致企业财务杠杆率较高，财务风险较大，在企业管理中就必须寻求一个最优资本结构，从而实现企业价值最大化。若公司营运状况刚好处于向上发展的趋势，较高的权益乘数可以创造更高的公司盈利，提高公司的股东权益报酬率对公司的股票价值产生正面激励效果。在资产总额不变的条件下，适度负债经营，合理安排资本结构，可以减少所有者权益所占的份额，从而达到提高净资产收益率的目的。

总之，通过杜邦财务分析体系自上而下或自下而上的分析，不仅可以了解企业财务状况的全貌以及各项财务分析指标间的结构关系，还可以查明各项主要财务指标增减变动的相互影响及存在的问题，为决策者提高净资产收益率提供了基本思路，包括扩大销售规模、节约成本费用开支、优化资产质量、合理资源配置、加速资金周转、优化资本结构等。

10.2 沃尔比重评分法

一、沃尔比重评分法的含义及应用

沃尔比重评分法是财务状况综合分析的先驱，最早是在19世纪末20世纪初由美国会计学家亚历山大·沃尔（Alexander wole）提出的。他在20世纪初出版的《信用晴雨表研究》和《财务报表比率分析》中首次比较完整地应用沃尔比重评分法对企业财务状况进行了分析，以评价企业信用水平的高低。沃尔比重评分法中选择了7项财务比率对企业的信用能力进行评价，通过对选定的几项财务比率给定一个分值，然后计算出综合得分，从而对企业的信用水平乃至整个企业的财务状况作出评价。具体财务比率及比重见表10-1。

表 10-1 沃尔比重评分表

财务比率	沃尔比重	标准比率 2/(%)	实际比率 3/(%)	相对比率 4=3÷2/(%)	评分 5=1×4/(%)
流动比率	25	2.00			
净资产÷负债	25	1.50			
资产÷固定资产	15	2.50			
销售成本÷存货	10	8.00			
销售额÷应收账款	10	6.00			
销售额÷固定资产	10	4.00			

续 表

财务比率	沃尔比重	标准比率2/(%)	实际比率3/(%)	相对比率 4=3÷2/(%)	评分 5=1×4/(%)
销售额÷净资产	5	3.00			
合计	100				

沃尔比重评分法可以解决企业投资价值分析、企业财务状况综合评价、企业偿债能力评价和客户或其他合作者信用状况评价等问题。需要注意的是,用于不同目的和不同行业在分析时,其指标体系和标准值不尽相同。表10-2中列示的指标权重、标准比率仅仅作为示例,实践中具体应用时还应具体问题具体分析。

以 X 公司和 Y 公司为例,根据沃尔比重评分法对两个公司的财务状况和经营成果进行综合分析和评价。X 公司和 Y 公司 2011 年度的财务指标见表 10-2。

表10-2 X公司和Y公司实际比率表

财务比率	实际比率/(%)	
	X公司	Y公司
流动比率	3.34	3.44
净资产÷负债	4.95	3.96
资产÷固定资产	2.48	5.74
销售成本÷存货	2.04	0.41
销售额÷应收账款	12.15	36.06
销售额÷固定资产	1.49	4.75
销售额÷净资产	0.82	1.00

现将 X 公司和 Y 公司的实际比率放入沃尔评分表,计算出 X 公司和 Y 公司的实际分数,见表 10-3 和表 10-4。

表10-3 X公司沃尔比重评分表

财务比率	沃尔比重1	标准比率2/(%)	实际比率3/(%)	相对比率 4=3÷2/(%)	评分 5=1×4/(%)
流动比率	25	2.00	3.34	1.67	41.75
净资产÷负债	25	1.50	4.95	3.30	82.50
资产÷固定资产	15	2.50	2.48	0.99	14.85
销售成本÷存货	10	8.00	2.04	0.26	2.06
销售额÷应收账款	10	6.00	12.15	2.03	20.30
销售额÷固定资产	10	4.00	1.49	0.37	3.70

续 表

财务比率	沃尔比重1	标准比率2/(%)	实际比率3/(%)	相对比率 4＝3÷2/(%)	评分 5＝1×4/(%)
销售额÷净资产	5	3.00	0.82	0.27	1.35
合计	100				167.50

表 10-4 Y 公司沃尔比重评分表

财务比率	沃尔比重1	标准比率2/(%)	实际比率3/(%)	相对比率 4＝3÷2/(%)	评分 5＝1×4/(%)
流动比率	25	2.00	3.44	1.72	43.00
净资产÷负债	25	1.50	3.96	2.64	66.00
资产÷固定资产	15	2.50	5.74	2.30	34.40
销售成本÷存货	10	8.00	0.41	0.05	0.50
销售额÷应收账款	10	6.00	36.06	6.01	60.01
销售额÷固定资产	10	4.00	4.75	1.19	11.90
销售额÷净资产	5	3.00	1.00	0.33	1.67
合计	100				217.57

由上表可知,X 公司总得分为 167.05 分,而 Y 公司的总得分为 217.57。按照沃尔比重评分法的原理,得分越高,企业的总价值就越高,企业的财务状况也就越理想。所以 X 公司与 Y 公司的财务状况还是不错的,但 Y 公司比 X 公司更胜一筹。

二、沃尔比重评分法的缺陷

沃尔比重评分法从理论上讲有一个明显的问题,就是未能证明为什么要选择这 7 个指标,而不是选择更多或者更少的指标,或者选择别的财务比率,并且未能证明每个指标所占比重的合理性。这个问题至今仍然没有得到有效解决。另外,当沃尔比重评分法的某一个指标出现严重异常时,还会对总评分产生不合逻辑的重大影响。

尽管沃尔比重评分法在理论上和技术上存在诸多问题,但由于其框架简单实用且易于操作和理解,它还是被广泛应用于实践。

10.3 综合评分法

杜邦分析法是利用几个主要财务比率之间的内在关系来反映企业财务状况的,该方法对于了解一家企业各方面的因素对企业投资者报酬率的影响程度是很有帮助的。但是在不同企业间进行整体比较和评价时,杜邦分析法就略显不足了,因为不同企业的实际情况各有特点,此长彼短,各有优势,很难做出哪家企业财务状况更优的评价。所以有必要建立一套综合的财务指标体系,结合企业各方面的财务情况对不同企业进行综合评价,因此也就出现了综合评分法。

综合评分法与沃尔比重评分法一样,是在各类财务指标中选择若干具有代表性的指标,依据其在企业经营活动中所起作用的大小,赋予每个指标一个权数,同时根据同行业的平均水平或行业指标确定恰当的记分方法,计算出企业实际财务状况的综合得分,以评价企业财务状况和经营成果的一种方法。但综合评分法在计算企业综合得分时,采取了一系列方法弥补沃尔比重评分法的不足,因此是沃尔比重评分法的改进。

一、综合评分法的步骤

采用综合评分法评价企业综合财务状况时,一般要遵循如下程序。

1. 选定财务指标,确定相应权数

在综合评分法中通常会选择三大类的指标,并根据其重要性程度确定评分值即权数:

(1) 反映企业盈利能力的指标,主要包括销售利润率、净资产收益率、总资产报酬率等,因为企业以经营活动为主,企业的盈利性是企业的客观要求,所以这类指标最为"重要",将其评分值定为50分。

(2) 反映企业偿债能力和营运能力的指标,主要包括流动比率、自有资本比率、存货周转率、应收账款周转率等,这类指标反映企业的稳定性,是企业生存和发展的基本条件,指标重要性程度为"较为重要",将其评分值定为30分。

(3) 反映企业成长性的指标,主要包括销售增长率、总资产增长率、净利润增长率等。这类指标反映企业未来的发展趋势,是保持企业活力的物质基础,指标重要程度为"一般重要",将其评分值定为20分。

以上三类指标的权数是相对而言的,在应用时可以结合实际情况,根据的不同要求合理制定。比重的合理性能起到导向作用,引导企业努力完成最为重要和较为重要的指标,并兼顾完成其他有关指标。

2. 规定评分值上下限

为了避免个别财务比率的异常值给总分造成不合理的影响,应对各指标的分值确定上下限。一般情况下,上限为正常评分值的1.5倍,下限为正常评分值的一半。

3. 确定比较标准

应为各指标确定一个比较指标,以便于评价企业财务状况的优劣,也就是各项财务比率在该企业现实条件下最理想的数值。财务比率的标准值通常可以参照同行业的平均水平,并经过调整后确定。

4. 计算每分比率的差

为了克服沃尔评分法的缺点,综合评分法在给分时不采用"乘"的关系,而采用"加"或"减"的方式来处理。例如,总资产净利率的标准值为10%,评分标准为20分;行业最高比率为30%,最高评分为30分,则每分的财务比率为

$$(30\% - 10\%) \div (30 - 20) = 2\%$$

代表着总资产净利率每提高2%,多给1分。

5. 计算各项财务比率的实际得分

将各项财务指标实际值与标准值比较,计算其差额,结合每分比率的差,计算出调整分,再用调整分加上基础分,得到实际得分。其计算公式为

差额＝实际比率－标准比率
调整分＝差额÷每分比率的差
实际得分＝基本评分值＋调整分

需要注意的是,每项指标的最高分不得高于得分上限,最低分不得低于得分下限。

所有各项财务比率实际得分的合计数就是企业财务状况的综合得分,企业财务状况的综合得分反映了企业综合财务状况是否良好,如果综合得分接近或者超过100分,说明企业的财务状况是良好的,达到了预先确定的标准;综合得分低于100的差距越大,说明财务状况越差。

二、综合评分法的应用注意事项

在使用综合评分法时,应当注意使用这一方法的有效性,它有赖于对权数和标准比率的正确确定。但是这两项因素在确定时,往往带有一定的主观性,因此,这两项因素应根据历史经验和现实情况合理地判断确定,只有这样才能得出正确结果。必须指出的是,上述各种分析方法均采用定量分析法。在实际工作中,将定量部分按一定权重计分,其余分值用定性方法(如专家调查法)确定,然后汇总。

1999年,我国财政部在原来的基础上颁布了《国有资本金效绩评价操作细》和《国有资本金效绩评价计分方法》,2002年,又印发了《企业效绩评价操作细则》(修订)。2006年,为做好中央企业综合绩效评价工作,根据《中央企业综合绩效评价管理暂行办法》(国资委令第14号),进一步制定了《中央企业综合绩效评价实施细则》(表10-5为2006年的企业综合绩效评价指标及权重表),评价体系几经修改,指标设计虽然越来越详尽和完善,但也过于繁琐。

表10-5 企业综合绩效评价指标及权重表

评价内容与权数		财务绩效(70%)				管理绩效(30%)	
		基本指标	权数	修正指标	权数	评议指标	权数
盈利能力状况	34	净资产收益率 总资产报酬率	20 14	销售(营业)利润率 盈余现金保障倍数 成本费用利润率 资本收益率	10 9 8 7	战略管理 发展创新 经营决策	18 15 16
资产质量状况	22	总资产周转率 应收账款周转率	10 12	不良资产比率 流动资产周转率 资产现金回收率	9 7 6	风险控制 基础管理 人力资源	13 14 8
债务风险状况	22	资产负债率 已获利息倍数	12 10	速动比率 现金流动负债比率 带息负债比率 或有负债比率	6 6 5 5	行业影响 社会贡献	8 8

技能点

(1)掌握杜邦分析方法各指标之间的关系。
(2)利用杜邦分析方法对企业的综合财务状况进行评价。

(3)判断一个上市公司的综合财务状况。

教学目标

(1)通过案例研讨,使学生掌握综合分析的方法及应用。

(2)通过案例研讨,使学生掌握财务报表各个指标之间的关系分析方法。

(3)通过案例研讨,让学生掌握杜邦分析方法的计算与分析。

(4)通过案例分析,能够对实际的公司经营状况作出合理的评价。

10.3.1 上海FF医药(集团)股份有限公司综合分析

医药制造业是关系到国计民生的基础性、战略性产业,我国目前已经形成包括化学原料药制造、化药制剂制造、中药材及中成药加工、兽用药制造、生物制品与生化药品制造等门类齐全的产业体系。进入"十二五"期间后,医药制造业的增速逐渐放缓,但仍然保持快速增长势头。根据国家统计局的统计,2016年我国医药制造业(规模以上企业)实现主营业务收入28 062.90亿元,较上年同期增长9.7%;2016年实现利润总额3 002.90亿元,较上年同期增长13.9%。我国的医药行业欣欣向荣,但要全面地了解医药企业的发展状况就需要用到财务报表分析。财务报表的综合分析可以反映企业资产的运营状况以及企业整体的盈利能力、发展能力等。以FF医药为例,在医药行业中FF医药的主营业务收入排名前五,但其财务状况却差强人意。本案例通过对FF医药财务数据的杜邦分析以及综合分析,得出其财务状况的具体情况。

(1)公司介绍:上海FF医药(集团)股份有限公司(简称"FF医药")成立于1994年,是中国领先的医疗健康产业集团。FF医药以促进人类健康为使命,业务覆盖医药健康全产业链,主要包括药品制造与研发、医疗服务、医疗器械与医学诊断、医药分销与零售。FF医药始终将自主创新作为企业发展的原动力,持续完善"仿创结合"的药品研发体系,在中国、美国、印度等建立了高效的国际化研发团队,形成全球联动的研发体系。FF医药拥有国家级企业技术中心,打造了高效的化学创新药平台、生物药平台、高价值仿制药平台及细胞免疫平台。目前,FF医药在血液系统、中枢神经系统、代谢及消化系统、抗感染、心血管、抗肿瘤等治疗领域均有产品在各自细分市场占据领先优势。

(2)业绩:2017年实现收入185.3亿元,同比增长26.69%,同口径20.26%;归母净利润31.2亿元,同比增长11.36%;扣非后归母净利润23.5亿元,同比增长12.10%。

药品板块收入高速增长,维持高强度研发投入,收获期来临。公司2017年药品制造与研发业务收入132.0亿元,同比增长28.62%,同口径增长22.35%。实现分部利润18.3亿元,同比增长12.05%;分部研发投入12.8亿元,同比增长32.39%;分部研发费用8.0亿元,同比增长43.62%。根据IQVIA统计,2017年该集团生产医院用处方药销售收入居全国第7。除新并购的GlandPharma外,公司有21个过亿元的制剂产品。其中包括小牛血清去蛋白注射液(奥德金)、还原型谷胱甘肽系列(阿拓莫兰)、注射用前列地尔干乳剂(优帝尔)、注射用头孢美唑钠系列、注射用炎琥宁(沙多力卡)等超过5亿元产品。公司核心创新药子公司复宏汉霖目前有6个单抗品种、11个适应证已于中国大陆获临床试验批准,其中利妥昔单抗、曲妥珠单抗和阿达木单抗进入临床Ⅲ期。利妥昔单抗注射液(用于非霍奇金淋巴瘤的治疗)于2017年已报新药上市申请,有望率先打破国产单抗生物类似药零的突破。根据IMSCHPA资料,

2016年,利妥昔单抗在中国实现销售额约15亿元,为重磅品种。

(3)战略发展:FF医药始终将自主创新作为企业发展的原动力。FF医药持续完善"仿创结合"的药品研发体系,不断加大对四大研发平台的投入,在小分子化学创新药、大分子生物类似药、高价值仿制药、特色制剂技术等领域打造了高效的研发平台,推进创新体系建设,提高研发能力,推进新产品上市,努力提升核心竞争力。

FF医药拥有国家级企业技术中心,并在中国和美国等地建立了高效的国际化研发团队。为契合自身竞争优势,FF医药的研发持续专注于代谢及消化系统、心血管系统、血液系统、中枢神经系统、抗感染、抗肿瘤等治疗领域,且主要产品均在各自细分市场占据领先地位。同时,本集团创新性地整合国内国际资源,通过战略联盟、项目合作、组建合资公司等方式,多元化的开展创新研究,不断增强研发能力,为打造创新中药研发平台,在上海中医药大学成立"FF医药中药科技创新基金",建设校企合作的创新中药研发平台;与上海药物所签订战略合作框架协议,建立产学研合作关系,加快技术成果转化。

(4)投资预测:盈利预测与评级。预计2018—2020年EPS分别为1.56元、1.82元、2.11元,对应当前股价PE分别为30倍、26倍和22倍,新产品研发推进和精准医疗布局将有望推动公司估值提升。表10-6和表10-7为FF医药2017年资产负债表和利润表。

表10-6 FF医药资产负债表

编制时间:2017年12月31日　　　　　　　　　　　　　　　　　　　　　　　单位:元

项目	年末数	年初数	项目	年末数	年初数
流动资产:			流动负债:		
货币资金	7 248 867 212	5 996 029 734	短期借款	9 714 866 319	3 826 209 697
交易性金融资产	219 326 825.5	48 488 849.31	应付票据	129 858 095.1	124 588 073.7
应收票据	578 011 815.9	424 856 792.7	应付账款	1 652 025 374	1 024 791 137
应收账款	3 247 537 670	1 965 005 508	预收款项	527 263 500.6	385 744 475.3
预付款项	273 400 085.2	271 226 977.7	应付职工薪酬	558 830 300.2	444 193 482
应收利息	6 809 886.14	2 732 501.16	应交税费	480 072 154.7	478 197 923.9
应收股利	36 369 053.73	82 208 216.72	应付利息	153 944 798.5	176 168 883.3
其他应收款	380 348 162.4	230 873 603	应付股利	116 813 129.9	1 711 025.08
存货	2 750 516 825	1 670 738 357	其他应付款	2 426 133 032	1 263 652 379
一年内到期的非流动资产	—	—	一年内到期的非流动负债	763 328 841.2	1 824 176 664
待摊费用	—	—	其他流动负债	77 336 917.34	559 119 926
待处理流动资产损益	0	0	流动负债合计	16 600 472 462	10 108 553 666
其他流动资产	315 300 235.8	72 146 385.02	非流动负债:		
流动资产合计	15 056 487 773	10 764 306 924	长期借款	5 579 513 665	2 182 905 032

续 表

项目	年末数	年初数	项目	年末数	年初数
非流动资产：			应付债券	4 235 381 896	3 388 052 593
可供出售金融资产	2 673 249 061	2 674 435 887	长期应付款	576 338 736.8	704 817 152.1
持有至到期投资	0	0	递延所得税负债	2 981 149 354	1 786 426 763
长期应收款	0	0	长期递延收益	397 135 001.8	346 706 123.8
长期股权投资	18 450 575 089	16 175 569 880	其他非流动负债	1 859 563 751	0
投资性房地产	0	0	非流动负债合计	15 629 082 404	8 408 907 664
固定资产净额	6 556 004 506	5 140 004 619	负债合计	32 229 554 866	18 517 461 330
在建工程	1 757 944 757	1 159 895 265	所有者权益：		
工程物资	1 920 987.67	4 831 809.89	实收资本（或股本）	2 495 131 045	2 414 512 045
固定资产清理	0	0	资本公积	9 078 267 927	7 857 571 615
无形资产	7 248 134 618	3 080 359 300	减：库存股	9 523 417	26 818 892.3
开发支出	1 026 410 508	570 204 236.7	其他综合收益	396 452 831.5	829 614 792.9
商誉	8 464 284 039	3 473 110 437	盈余公积	2 254 974 173	2 121 545 319
长期待摊费用	36 977 866.03	20 747 087.05	未分配利润	11 111 565 496	8 993 790 666
递延所得税资产	144 523 544	129 550 558.1	归属于母公司股东权益合计	25 326 868 056	22 190 215 546
其他非流动资产	554 496 049.4	574 771 261.1	少数股东权益	4 414 585 876	3 060 110 390
非流动资产合计	46 914 521 025	33 003 480 342	所有者权益合计	29 741 453 931	25 250 325 936
资产总计	61 971 008 797	43 767 787 266	负债和所有者权益总计	61 971 008 797	43 767 787 266

数据来源：上海证券交易所 http://www.sse.com.cn/

表 10-7 FF 医药利润表

编制时间：2017 年 12 月 31 日　　　　　　　　　　　　　　　　　　　　单位：元

项目	本年数	上年数
一、营业总收入	18 533 555 418	14 628 820 443
营业收入	18 533 555 418	14 628 820 443

续 表

项　目	本年数	上年数
二、营业总成本	16 988 959 634	13 367 106 291
营业成本	7 608 953 152	6 718 363 997
营业税金及附加	222 924 252.4	152 543 484.4
销售费用	5 790 535 638	3 704 056 390
管理费用	2 749 354 327	2 311 856 851
财务费用	554 784 714.4	400 940 311.8
资产减值损失	62 407 550.37	79 345 257.58
公允价值变动收益	44 071 694.43	12 301 174.02
投资收益	2 306 989 196	2 125 400 786
其中:对联营企业和合营企业的投资收益	0	1 342 807 938
汇兑收益	0	0
三、营业利润	4 074 893 732	3 399 416 112
加:营业外收入	13 482 523.05	195 112 995.4
减:营业外支出	26 659 731.71	22 980 280.59
其中:非流动资产处置损失	0	9 738 085.73
四、利润总额	4 061 716 524	3 571 548 826
减:所得税费用	476 457 580.1	350 207 030.7
五、净利润	3 585 258 944	3 221 341 796
归属于母公司所有者的净利润	3 124 499 549	2 805 837 071
少数股东损益	460 759 394.3	415 504 724.4
六、每股收益		
基本每股收益(元/股)	1.27	1.21
稀释每股收益(元/股)	1.27	1.2
七、其他综合收益	−465 968 587	−72 139 251.64
八、综合收益总额	3 119 290 357	3 149 202 544
归属于母公司所有者的综合收益总额	2 691 337 588	2 716 707 053
归属于少数股东的综合收益总额	427 952 768.8	432 495 490.9

数据来源:上海证券交易所 http://www.sse.com.cn/

思考题:

(1)对于 FF 医药的财务状况和经营成果进行综合分析,探讨核心指标净资产收益率变化的原因。

(2)沃尔比重分析法在医药行业中是如何运用的?

(3)在综合评分法的运用上,给予固定的权重,对 FF 医药公司进行分析。

(4)对比来说,2017 年一年的 FF 医药财务的综合实力如何?

10.3.2 浙江 ZZ 药业股份有限公司综合分析

作为肩负"辅佐人类身体健康,致力祖国医药发展"这一使命的浙江 ZZ 药业股份有限公司,正在不断加强管理,努力为股东创造更多的价值,为社会作出更大的贡献。本案例对于该公司整体进行分析,找出公司经营发展的问题以及优秀的地方为公司发展提供参考。

(1)公司介绍:浙江 ZZ 药业股份有限公司发起设立于 2000 年 1 月,是一家集科研、生产、销售于一体的国家高新技术制药企业。2011 年 2 月 22 日,公司成功登陆创业板,成为湖州市第一家创业板上市公司。

公司位于风景秀丽的莫干山麓,占地 260 余亩,建筑面积 13 万多平方米,拥有现代化的原料药、片剂、胶囊、颗粒和冻干粉针等生产流水线。公司研发中心是省级高新技术研究开发中心、浙江省企业技术中心、药用真菌制药技术国家地方联建工程实验室。

公司立足于药用真菌生物发酵技术生产中药产品,通过多年的研发、改进,实现了珍稀中药材——乌灵参的产业化生产,实现了传统中药材和现代生物技术的结合。乌灵参是生长在地下深处废弃白蚁巢内的一种药用真菌,具有很高的滋补功能和药用价值,极为珍稀。由于生长环境特殊,采获十分困难,且不易人工栽培。公司利用从天然乌灵参中分离获得的菌种,运用现代生物发酵技术,实现了乌灵参发酵菌粉(乌灵菌粉)的工厂化、规模化生产。乌灵菌粉和乌灵胶囊为国家中药一类新药。乌灵胶囊为国家医保目录品种、中药保护品种,具有"补肾健脑、养心安神"之功效,临床上主要用于治疗抑郁、焦虑状态和失眠。公司以市场为导向,不断加强对乌灵菌粉的深度研究,在中医药理论指导下,围绕乌灵菌粉开发系列复方制剂,用于治疗更年期综合征的灵莲花颗粒,以及用于治疗前列腺增生的灵泽片均已取得新药证书和生产批件。通过收购控股某药业有限公司,在药用真菌领域公司又成功拥有了冬虫夏草发酵制剂产品——百令片,百令片补肺肾、益精气,用于肺肾两虚引起的咳嗽、气喘、腰背酸痛以及慢性支气管炎的辅助治疗等。

(2)业绩:2016 年是"十三·五"规划的启动之年,这一年对于公司而言也是极具挑战的一年,医药行业环境发生变革,改革力度及进度超出预期。在这样的背景下,公司经营层紧紧围绕企业发展战略及经营目标,一方面,继续坚持围绕大健康领域进行产业布局,加强公司产业链的延伸,培育新的利润增长点。另一方面,公司继续通过加强营销团队建设、渠道拓展、品牌建设、研发创新等方面来提升公司核心竞争力,创造企业价值。报告期内,公司实现营业收入 84 003.79 万元,比上年同期增长 25.22%;实现利润总额 9 511.02 万元,比上年同期减少 9.80%;实现归属于上市公司股东的净利润 7 202.04 万元,比上年同期减少 15.04%。

公司净利润较以前年度略有下滑,主要原因是随着国家医疗体制改革的深入,医保控费力度加强,包括二次议价、药品零加成、药占比控制等政策以及营销团队的调整对公司产品的销售增长带来一定的压力,增速未达预期。同时,2014 年以来,为提升公司竞争力,公司围绕大健康上下游产业链延伸积极布局,投资增加带来的财务成本有所增加,投资项目对公司的业绩改善需要一定的时间来体现。未来一段时间公司将加强资源整合,发力内生增长,积极调整营销策略,自营和招商并重,强化医院终端及连锁大药房的覆盖,加强学术营销和品牌建设,促进业绩增长。

(3)战略发展:公司提出了"一体两翼"的发展思路。一体是指"中药制剂",是核心;两翼是指"中药饮片+中药配方颗粒"和"中医药健康养生+健康管理"。

中药制剂,主要是前面提到过的乌灵系列和百令片系列,是公司最具特色的产品和发展核心。乌灵胶囊是中药治疗睡眠和改善情绪的第一品牌,百令片是一个老百姓都吃得起的冬虫夏草制剂,是OTC品种,说明了其安全性和有效性。公司未来几年将加强科研投入,加大品牌宣传和市场拓展,让更多的老百姓能享受到乌灵系列产品和百令片在健康管理方面的价值。

"中药饮片和配方颗粒",是公司未来发展的另一个重点。15 000吨中药饮片生产线正在建设中,同时将打造一流的煎药煎膏服务中心和药食同源食品生产线。公司的中药配方颗粒已列入浙江省科研专项,可以在试点医院使用。公司从源头开始严把质量关,参与中药材基地建设,采用地道药材,规范炮制,生产供应优质中药饮片。参与配方颗粒大企业联盟,按国家出台的技术要求研究中药配方颗粒,力争成为国家标准起草者之一。

在中医药健康养生和健康管理方面,充分发挥莫干山青绿水的资源优势,以郡安里为平台,创建国家级中医药健康旅游示范基地。正在建设中的××医院,占地120多亩,在科室规划设计中我们将增强和提升中医药服务能力;另外,挖掘百年老字号"××堂",跟某中医药服务人员合作,打造一个开放的平台,探索发展中医诊疗业务,方便老百姓就医和养生。

(4)投资预测:公司2016年收入8.4亿元,同比增长25.22%,归母净利润7 202万元,同比下降15.04%,业绩低于预期。受资产处置等非经常性因素影响,已预告2017年Q1下滑57%~44%。考虑百令片高增长和百草中药饮片公司扭亏,预计2017—2019年盈利将逐步回升,下调2017—2018年EPS至0.12(-0.06)、0.16(-0.04)元,首次给予2019年EPS 0.19元。医药板块估值中枢下移。表10-8和表10-9为浙江ZZ药业股份有限公司2016年资产负债表和利润表。

表10-8 浙江ZZ药业股份有限公司资产负债表

编制时间:2016年12月31日　　　　　　　　　　　　　　　　　　　　　　　　　　　单位:元

项目	期末余额	期初余额	项目	期末余额	期初余额
流动资产:			流动负债:		
货币资金	330 219 107.9	450 215 405.2	短期借款	224 000 000	184 340 000
应收票据	58 556 238.65	39 425 724.19	应付票据	23 104 704	0
应收账款	227 792 865	183 747 591.6	应付账款	70 778 710.11	51 850 464.22
预付款项	7 015 644.8	5 319 878.85	预收款项	2 143 931.87	595 027.14
应收利息	72 587.5	2 070 172.41	应付职工薪酬	23 764 922.9	20 732 564.95
其他应收款	20 963 001	2 682 129.98	应交税费	10 868 592.36	27 338 964.52
存货	210 383 893.2	198 560 799	应付利息	509 495.31	326 699.92
一年内到期的非流动资产	0	0	其他应付款	35 516 398.97	34 887 549.9
其他流动资产	154 039 480.3	220 476 692.7	一年内到期的非流动负债	30 000 000	1 590 000
流动资产合计	1 009 042 818	1 102 498 394	流动负债合计	420 686 755.5	32 166 1270.7

续表

项目	期末余额	期初余额	项目	期末余额	期初余额
非流动资产：			非流动负债：		
可供出售金融资产	179 480 000	20 000 000	长期借款	121 000 000	68 000 000
长期股权投资	0	3 859 674.4	长期递延收益	24 311 083.96	25 281 331.89
固定资产净额	461 526 853.6	483 335 407.1	非流动负债合计	145 311 084	93 281 331.89
在建工程	122 769 889.9	3 626 554.91	负债合计	565 997 839.5	414 942 602.5
无形资产	75 381 267.95	45 672 105.55	所有者权益：		
商誉	161 000 413.9	161 000 413.9	实收资本（或股本）	608 624 848	608 624 848
长期待摊费用	23 410 953.47	24 660 733.81	资本公积	411 976 778.8	411 368 516.4
递延所得税资产	3 620 400.68	2 498 358.38	盈余公积	48 702 770.88	41 147 863.75
其他非流动资产	1 617 446	3 394 940.97	未分配利润	252 410 751.8	230 548 972.8
非流动资产合计	1 028 807 225	748 048 189	归属于母公司股东权益合计	1 321 715 149	1 291 690 201
			少数股东权益	150 137 054.8	143 913 779.4
			所有者权益合计	1 471 852 204	1 435 603 980
资产总计	2 037 850 044	1 850 546 583	负债和所有者权益（或股东权益）总计	2 037 850 044	1 850 546 583

数据来源：数据来源：http://www.zuoli.com/

表 10-9　浙江 ZZ 药业股份有限公司利润表

编制时间：2016 年 12 月 31 日　　　　　　　　　　　　　　　　　　　　　　　　　　单位：元

项目	期末余额	期初余额
一、营业总收入	840 037 943.4	670 857 129.5
营业收入	840 037 943.4	670 857 129.5
二、营业总成本	792 198 127.9	591 678 409.2
营业成本	340 076 849.3	210 341 372.7
营业税金及附加	9 682 529.12	6 588 884.12
销售费用	337 788 277.6	285 975 178.9
管理费用	85 704 303.39	79 213 849.05

续 表

项 目	期末余额	期初余额
财务费用	17 002 454.93	7 317 996.98
资产减值损失	1 943 713.6	2 241 127.41
投资收益	10 400 196.55	708 364.53
其中:对联营企业和合营企业的投资收益	0	5 625.54
三、营业利润	58 240 012	79 887 084.84
加:营业外收入	44 534 853.88	27 511 993.11
减:营业外支出	7 664 631.13	1 952 132.39
其中:非流动资产处置损失	6 799 037.05	1 549 926.14
四、利润总额	95 110 234.75	105 446 945.6
减:所得税费用	13 137 271.99	11 810 590.17
五、净利润	81 972 962.76	93 636 355.39
归属于母公司所有者的净利润	72 020 425.44	84 772 991.2
少数股东损益	9 952 537.32	8 863 364.19
六、每股收益		
基本每股收益(元/股)	0.12	0.15
稀释每股收益(元/股)	0.12	0.15
七、其他综合收益	0	0
八、综合收益总额	81 972 962.76	93 636 355.39
归属于母公司所有者的综合收益总额	72 020 425.44	84 772 991.2
归属于少数股东的综合收益总额	9 952 537.32	8 863 364.19

数据来源:http://www.zuoli.com/

思考题:

结合上述资料,对浙江ZZ药业股份有限公司整体的财务状况进行分析。

第11章 财务分析报告

不怕数字不识人,只怕人们不识数。

撰写财务分析报告是财务分析工作的最后一个环节,财务分析人员把经过比较、分析的会计报表资料加工整理形成书面文件,整个财务分析工作才结束。财务分析报告撰写质量的高低,直接关系到整个财务分析工作的成败。财务分析报告是会计报表使用者做出决策的重要依据,通过查阅财务分析报告,会计报表的使用者可以更好地了解公司的财务状况、经营成果及存在的问题,作出更加理性的决策。

11.1 财务分析报告概述

一、财务分析报告的含义

财务分析报告是反映公司财务状况和财务成果意见的报告性书面文件。具体而言,财务分析报告是公司依据会计报表、财务分析表及经营活动和财务活动所提供的丰富的、重要的信息及其内在联系,运用一定的科学分析方法,对公司的经营特征、利润实现及其分配情况,资金增减变动和周转利用情况,税金缴纳情况,存货、固定资产等主要财产物资的盘盈、盘亏、毁损等变动情况及对本期或下期财务状况将发生重大影响的事项做出客观、全面、系统的分析和评价,并进行必要的科学预测而形成的书面报告。

撰写财务分析会计报表的使用者报告,以便他们通过财务分析报告了解公司的财务状况、经营成果、发展前景及存在的问题,从而作出科学、合理的决策;同时财务分析报告也是财务分析人员分析工作的最终成果,其撰写质量的高低,直接反映出报表分析人员的业务能力和素质。可见,财务分析报告是会计报表使用者作出决策的依据,也是财务分析人员工作能力的最好体现,相关人员应予以足够的重视。

二、财务分析报告的作用

财务分析报告是投资者、债权人、经营者、政府有关部门及其他会计报表使用者客观地了解公司的财务状况和经营成果必不可少的资料,历年的财务分析报告也是公司进行财务管理的动态分析、科学预测和决策的依据。因此,财务分析报告对于各个会计报表使用者而言,都具有十分重要的作用。但因财务分析的主体不同,财务分析报告的作用也不同。

(一)公司的投资者

通过财务分析报告,公司的投资者可以总括地了解公司的盈利能力和经营风险,进而作出是否投资的决策。

在一般情况下，投资者并不参与公司的经营管理，但公司经营情况又关系到其切身利益，他们只能通过专门从事报表分析的人员提供的财务分析报告来了解公司的资产运营和盈利能力、公司财务分配政策、公司的财务结构、资产结构和财务分析，预测公司未来的发展趋势。如果公司的经营前景较好，投资者可以维持并追加投资，否则，就将转让股份以避免损失。

(二)公司的债权人

通过财务分析报告，公司的债权人可以总括地了解公司的盈利能力和偿债能力，并作出是否出借资金或提供商业信用的决策。

债权人最关心的是公司能否按时偿还债务本金和利息。由于获利能力对偿债能力的影响很大，债权人常通过对获利能力和偿债能力进行专题分析而撰写的财务分析报告，以获得公司短期和长期偿债能力和债权人本身所承担的违约风险程度等信息，从而作出出借资金的数额及条件、利率水平、限制性条款以及提供商业信用的条件等决策。

(三)公司的经营者

通过财务分析报告，公司经营者可以及时了解公司当前的财务状况、经营成果和营运状况，并能针对公司经营活动中存在的各种问题及时提出改进措施，加强公司的经营管理，提高公司的偿债能力、盈利能力、营运能力和公司资本周转能力。经营者还可以根据历年的财务分析报告对公司经营管理活动进行动态分析，并以此作为进行科学预测和决策的依据。

公司的经营者进行财务分析是为了了解公司资产的收益能力和流动能力、公司资产存量结构、权益结构，预测公司未来的收益能力和流动能力，进行财务筹资、投资决策，评价公司各项决策的执行情况。公司经营者进行财务分析是为了取得投资者和债权人的支持、改善财务决策，其所做财务分析涉及的内容最广泛，几乎包括内、外部会计报表使用者关心的所有问题，因此，其形成的财务分析报告最全面、最有代表性，也最有说服力。

(四)政府有关部门

通过财务分析报告，上级主管部门与财政、税务部门等政府部门要关注公司投资所产生的社会效应和经济效益，在谋求资本保全的前提下，期望能够同时带来稳定增长的财政收入。政府考核公司经营理财状况，不仅需要了解公司资金占用的使用效率、为国家纳税的情况、预测财务收入增长情况，有效地组织和调整社会资金资源的配置情况，还要借助财务会计报告分析检查公司是否存在违法违纪的问题，最后通过综合分析，对公司的发展后劲以及对社会的贡献程度进行分析考察。

三、财务分析报告的类型及其特点

了解财务分析报告的分类有助于掌握各类不同内容分析报告的特点，按不同的要求撰写财务分析报告。财务分析报告可按不同标准进行以下分类。

(一)财务分析报告按其分析的内容范围分类

公司一般都应根据公司财务通则和行业会计制度的规定，结合其业务的特点，既要对公司的财务活动进行综合分析，又要进行专题分析，有时根据具体需要进行简要分析，相应的财务分析报告也就分成综合分析报告、专题分析报告和简要分析报告，其各有不同的特点。

1. 综合分析报告

综合分析报告又称全面分析报告，是公司通过资产负债表、利润表、现金流量表、会计报表附表、会计报表附注及财务情况说明书、财务和经济活动所提供的信息及内在联系，运用一定的科学分析方法,对公司的业务经营情况、利润实现情况和分配情况,资金增减变动和周转利用情况,税金缴纳情况,存货、固定资产等主要财产的盘盈、盘亏、毁损变动情况及对本期或下期财务状况将发生重大影响的事项等作出客观、全面系统的分析和评价,并进行必要的科学预测和决策而形成的书面报告。一般在对年度或半年度分析时采用这种类型。

综合分析报告具有内容丰富、涉及面广,对会计报表使用者作出各项决策有深远影响的特点。它还具有以下两方面明显的作用。

(1)为当前公司财务管理及宏观上的重大财务决策提供科学依据。

由于综合分析报告几乎涵盖了对公司财务各项指标的对比、分析和评价,通过分析,能够对公司经营成果和财务状况一目了然,及时发现存在的问题。因此,综合分析报告给公司的经营管理者作出当前和今后的财务决策提供了科学依据,也为政府部门、公司主管部门、投资者、债权人提供了多方面的财务信息。

(2)作为今后公司进行财务管理动态分析等的重要历史参考资料。

综合分析报告要在进行半年度、年度财务分析时撰写,必须对分析的各项具体内容的轻重缓急作出合理安排,既要分析全面又要抓住重点,还要结合上级主管部门和财税部门的具体要求进行,切忌力量均等、事无巨细、面面俱到。一般说来,对某些当前公司管理及宏观决策等有直接、关键影响的问题作重点分析,对其他问题则可相对粗略些,甚至可一笔带过。

2. 简要分析报告

简要分析报告是指对一些主要经济指标或在一定时期内存在的比较突出的问题进行扼要的分析,以观察公司财务活动的基本趋势和经营管理的改进情况而形成的书面报告。

简要分析报告具有简明扼要、切中要害的特点。通过分析,能反映和说明公司在分析期内业务经营的基本情况、公司累计完成各项经济指标的情况,并预测今后发展趋势。简要分析报告主要适用于定期分析,可按月、按季等进行编制。

3. 专题分析报告

专题分析报告又称单项分析报告,是指针对某一时期公司经营中的某些关键问题重大经济措施或薄弱环节等,进行专门分析后形成的书面报告。一些投资项目的效益测算报告也属于这种形式。

专题分析报告具有不受时间限制、一事一议、易被经营者接受、收效快的特点。因此专题分析报告在公司经营工作中发挥着不可缺少的作用,主要体现在以下两方面。

(1)专题分析报告一般采用两种形式:一是涉及面虽小,但对公司财务管理和生产经营状况有着普遍或深远影响的事例进行专题分析,如银行降息对公司的影响等;二是涉及面宽,抓住其中的重点问题进行深入分析,如我国加入WTO后对公司影响的专题分析等。只要做到论据充分、分析有理,专题分析报告能不断总结经验,引起有关领导和业务部门重视,从而提高管理水平。

(2)专题分析报告有助于对宏观、微观财务管理问题的进一步研究,为提出更高层次的财务管理决策提供很有价值的思路。

专题分析的内容很多,比如关于公司清理积压库存、处理逾期应收账款方面的检验,公司对资金、成本、费用、利润等方面的预测分析。如何处理母公司与分公司、子公司各方面的关系等问题均可进行专题分析和论述,从而为各级领导作出决策提供现实的依据。专题分析不受时间约束,可根据经营管理的实际需要,不定期地进行,并形成专题分析报告,有利于总结经验、解决问题。

4. 典型分析报告

典型分析报告是指对某些典型事例或典型公司,采取解剖"麻雀"的方法,详细进行各方面分析,以点带面,推动全面工作。

5. 分列对比分析报告

分列对比分析报告是指对所属单位的主要财务指标采取分列对比的分析,以便找出差距,采取措施。

(二)财务分析报告按其分析的时间分类

1. 定期分析报告

定期分析报告一般是上级主管部门或公司内部规定的每隔一段相等时间给予编制和上报的财务分析报告,如目前由公司主管部门布置的半年度、年度编制和上报的综合财务分析报告及公司内部规定的每隔半年或一季度自行编制、供有关领导参阅的财务分析报告等,均属定期分析报告。

2. 不定期分析报告

不定期分析报告是从公司财务管理和业务经营的实际需要出发,编制和上报的时间不作统一规定的财务分析报告,如上述的专题分析报告就属于不定期分析报告。

11.2 财务分析报告的撰写

为了便于会计报表的使用者根据财务分析报告来了解公司财务状况、经营成果和资金变动情况,以便作出相应的决策,充分发挥财务分析报告的作用,公司应按半年、全年财务决策的要求撰写全面的分析报告。

一、财务分析报告撰写步骤

(一)撰写前的资料准备

完成财务分析报告必须做好撰写前的必要准备工作,具体分为收集资料阶段和整理、核实资料阶段两个步骤。

1. 收集资料阶段

收集资料阶段实质上是一个调查过程,深入全面地调查是科学分析的前提。但调查一定要有目的地进行,只有收集大量的、丰富的、生动活泼的财务会计有关数据资料,财务分析报告才不致成为"无源之水,无本之木"。

(1)财务分析报告资料内容。财务分析人员可以在日常工作中根据粗略制定的会计分析的内容要点,经常收集和积累有关资料。这些资料既包括间接的书面资料,又包括从直属公司取得的第一手资料。分析人员主要应该收集以下几方面的资料:

1)会计资料:主要是与分析报告内容有关的会计报表、账簿、凭证;与分析项目有关的历史资料,包括以前年度会计报表、账簿、历史统计台账、历史统计报表、历史文字总结、有关历史会议记录等。

编制年度财务分析报告时,其主要内容,如利润、成本、费用等的分析,都必须以公司历年会计报表所提供的正确、可靠的数据信息作基础,并参照历年财务分析报告的数据及内容,使财务分析实现历年资料的动态对比,反映公司经营成果、经营活动的发展过程及公司管理工作的水平,特别是集团化公司,由于各直属公司的财务分析报告记载其各自的财务信息和特征,内容具体生动,所以作为总公司或集团公司财务总部,参阅这些资料有助于重点、具体地分析某一问题,为财务分析报告起到锦上添花的作用。此外,如发现疑问或矛盾之处,也可对其会计报表进行必要的核查。

财务报表的编制者往往与报表使用者存在利益冲突,并由此产生粉饰业绩、歪曲报表数据的倾向,因此需要一个与任何一方均无利害关系的第三者对财务报表进行审计。按照我国现行规定,上市公司、国有公司、国有控股或占主导地位的公司的年度报表要经过注册会计师审计,对财务报表发表审计意见。报表使用者无法自己证实公司财务报告的可靠性,必须依赖审计人员的意见。

必须强调的是,审计的有用性依赖于它的独立性和能力性。审计的独立性是人们依赖审计人员的首要因素,但是被审计客户是审计人员服务费用的支付主体,与审计的独立性存在重大矛盾。审计的能力性,是人们依赖审计人员的第二位因素,但是谁也不能保证每一个审计人员都是能胜任的。因此,分析人员应当关注可能出现的欺诈、疏忽或不遵守审计准则的行为,始终对审计意见保持谨慎的态度。

2)业务资料:各类商品的货源、采购、销售、存储、运输以及经济合同、客户变化等业务经营管理方面的资料。

一般来说,公司的财务计划主要是由财务部门根据统计资料编制的,有的公司将会计、统计、财务工作"合三为一",统一由财务部门从事,因此获取有关的统计资料或年度财务计划资料就十分便利。公司应收集年度计划执行情况表,主要商品销售情况统计表,公司预算、计划、总结、规划的材料等资料,以利于本期实际与财务计划进行对比分析,从中发现问题,并对公司生产经营和未来展望进行评价。对于上市公司,还要特别关注公司股票市价及股票发行情况。

3)对比资料:本行业的平均数指标、典型公司的财务资料、有关部门对比分析所需的材料、与分析报告内容有关的计划及列入国家或上级考核的经济技术指标。掌握有关计划资料、历史资料和同行业的先进资料,可以全面深入地分析公司的财务状况、经营成果和现金流量。将所搜集的各项报表资料反映出的各项经济指标,同有关的计划、历史资料、同行业的先进资料进行对比,有利于找出差距和应深入分析的重点。

4)其他资料:与分析报告内容有关的文字资料,包括计划编制说明、有关会议记录、上期财务分析报告记录及反映公司所在系统重大事件的文件等方面的资料。

财务分析人员要善于发现公司所在系统的新情况和新事物,分析其发展趋势及其对本公司的影响。涉及本行业的重大事件,如资产重组、股份制改组、加入 WTO 等的有关文件均属于资料收集和积累的范围以及公司外部的资料,包括有关国家财经法律法规政策、技术经济标准、市场动态及变化趋势、同行业生产经济水平、公司效绩评价的计算公式及其他分析需要的计算公式等。

(2)财务分析报告的资料来源。以上财务分析需要的资料可以由以下的渠道取得:①财务分析服务机构、投资咨询服务机构,如标准普尔、穆迪等;②经济研究机构,如布鲁金斯学会等;③证券交易所;④网络,如万维网、金融街等网站;⑤行业性协会和财务专家;⑥全国电算会计数据库;⑦各种商业和金融业刊物;⑧各种媒体及记者;⑨政府出版的经济公报和年鉴;⑩公司的竞争者。

2. 整理、核实资料阶段

各种资料收集齐全后,要加以整理、核实,保证其合法性、正确性和真实性,同时根据所制定的财务分析报告的内容要点进行分类。整理、核实资料是整个财务分析的中间环节,起着承上启下的作用。

在整理资料过程中,应经常根据分析的内容要点做些摘记,这将对分析报告的编写十分有利。对于重点分析的内容,如准备分析本年度销售收入与效益的关系问题,则可以在此题目下记录所收集的销售收入、利润等重要数据和观点,并简要写上与此观点有关的各种类别内容的索引参考资料,以备在正式编制财务分析报告时能迅速查找到所需的资料。对于一般分析的内容,也可按其特点做好不同形式的摘记。有时会遇到一些资料同时适用于多项内容的情况,也只需在各内容项下的摘记中写清即可。总之,要遵循资料翔实、分类清楚、查找方便的原则。收集资料和整理、核实资料并非是决然分开的两个阶段,一般可以边收集,边核实、整理,相互交叉、相互结合进行,同时这项工作应贯穿在日常工作中进行,这样收集的资料才能涉及面广、内容丰富,才能在正式进行财务分析时胸有成竹、忙而不乱。切忌临近编制财务分析报告期时再去着手此项工作。

(二)财务分析报告的选题

由于财务分析报告的形式多种多样,因此报告的选题也没有统一标准和模式。一般可以根据报告所分析的内容和提供的信息来确定报告的选题。如"某月份简要财务分析""资产运用效率分析""存贷款利率的调整对公司损益影响分析""某年度会计报表综合分析"等都是较合适的选题。报告的选题应能准确地反映出报告的主题思想。报告的选题一旦确定,就可紧紧围绕所收集整理的资料进行分析并编制分析报告了。

(三)财务分析报告的起草

在收集整理了资料、确定了选题以后,就可以根据公司管理的需要进入财务分析报告的编制阶段,这一阶段的首要工作就是报告的起草。财务分析人员应当不偏不倚、客观公正、思维敏锐、文笔表述能力强、财务会计知识全面、业务能力强、懂财经法规、有较强的分析问题和解决问题的能力等,对公司的财务活动过程及公司的分公司或子公司的生产经营情况了如指掌,善于在日常的工作中寻找和发现问题,才能胜任编制财务分析报告这一重要工作。

报告的起草应围绕报告的选题并按报告的结构进行,特别是专题分析报告,应将问题分析透彻,真正地分析问题、解决问题。如对管理费用超计划(预算)情况进行分析,应从构成管理费用的各项目入手,分析各项目超支的绝对数或相对数,并逐一分析是什么原因造成的超支:是客观原因,还是主观原因;属于经营管理问题,还是违法乱纪问题等。从超支的各种原因中找出解决问题的途径,并提出切实可行的建议。对综合分析报告的起草最好先拟订报告的编写提纲,提纲必须能提纲挈领地反映综合分析报告的内容,然后只需在提纲框架的基础上,依据所收集、整理的资料选择恰当的分析方法,起草综合分析报告。

(四)财务分析报告的修改和审定

财务分析报告起草后形成的初稿,可交由财务分析报告的直接使用者审阅,并征求使用者的意见和建议,充实新的内容,使之更加完善,直至最后由直接使用者审定即可定稿,并加盖公章。

二、财务分析报告的结构

财务分析报告的结构根据分析内容不同可以有多种形式。财务分析报告评价要客观、全面、准确。一般来说,综合分析报告的结构一般包括以下九项。

(一)标题

标题是对财务分析报告最精炼的概括,它不仅要确切地体现分析报告的主体思想,而且用语要简洁、醒目。由于财务分析报告的内容不同,其标题也就没有统一标准和固定模式,应根据具体的分析内容而定。如"某月份简要会计报表分析报告""某年度综合财务分析报告""资产使用效率分析报告"等都是较合适的标题。

(二)报告目录

报告目录是告诉财务分析报告阅读者阅读本报告所分析的内容及所在页码。

(三)重要提示

重要提示主要是针对本期报告新增的内容或须加以重点关注的问题事先作出说明。

(四)报告摘要

报告摘要是概括公司综合情况,让财务报告接受者对财务分析说明有一个总括的认识,是对本期报告内容的高度浓缩,要求言简意赅、点到为止。各部分都要在其后标明具体分析所在页码,以便读者查阅相应分析内容。以上几部分的目的是让阅读者在最短的时间内获得对报告的整体性认识以及本期报告中将告知的重大事项。

(五)说明段

说明段是对公司运营及财务现状的介绍。该部分要求文字表述恰当、数据引用准确。对经济指标进行说明时可适当运用绝对数、比较数和复合指标数。特别要关注公司当前运作上的重心,对重要事项要单独反映。公司在不同阶段、不同月份的工作重点有所不同,所需要的财务分析重点也不同。如公司正进行新产品的投产、市场开发,则公司各阶层需要对新产品的成本、回款、利润数据进行分析的财务分析报告。

(六)分析段

分析段是对公司的经营情况进行分析研究。在说明问题的同时还要分析问题,寻找问题的原因和症结,以达到解决问题的目的。财务分析一定要有理有据,要细化分解各项指标,因为有些报表的数据是比较含糊和笼统的,要善于运用表格、图示来突出表达分析的内容。分析问题一定要善于抓住当前要点,多反映公司的经营焦点和易于忽视的问题。

(七)评价段

在作出财务说明和分析后,对于经营情况、财务状况、盈利业绩,应该从财务角度给予公正、客观的评价和预测。财务评价不能运用似是而非、可进可退、左右摇摆等不负责任的语言,评价要从正面和负面两方面进行,评价既可以单独分段进行,也可以将评价内容穿插在说明段部分和分析段部分。

有时为了使财务报表分析报告清晰明了,应编制财务分析报表,即根据分析报表的目的,将会计报表资料及有关经济活动资料经过科学再分类、再组合,适当补充资料,配以分析计算栏目,采用表格、柱状图等形式,简明扼要地表达资料各项间的内在联系。财务分析报表有助于层次清晰地显示各指标之间的差异及变动趋势,使论证的内容更形象,如编制主要财务指标情况表、盈亏情况分析表、流动资金分析表、主要销售收入情况表、费用明细表等。

(八)具体改进措施和建议部分

财务分析报告应根据公司的具体情况,有针对性地提出意见和建议。对公司经营管理中的成败和经验,应提出加以推广的建议;对财务分析过程中发现的矛盾和问题,应提出挖掘潜力,有建设性的改进措施、意见和建议。如果能对今后的发展提出预测性意见,则具有更大的作用。

(九)编制单位及编制日期

审定后的财务分析报告应写明编制单位和编制日期。

简要分析报告的结构与上述综合分析报告的结构大体一致,只是内容较综合分析报告简明扼要。专题分析报告一般一事一议,其结构可灵活多样,这里不再赘述。

第 12 章　上市公司财务粉饰行为

> 诚信为本、操守为重、坚持准则、不做假账。
> ——朱镕基

当前根据市场上表现的行为,我国上市公司财务舞弊案件不断出现。不管企业规模的大小、组织的形式、经营的模式、投资者来自境内还是境外,都普遍存在着会计报表粉饰现象。虽然我国社会各个方面发展都取得了不错的成绩,但是体制和制度还存在很多问题和弊端,为上市公司粉饰财务信息、制造和发布虚假信息欺瞒广大投资者等一系列卑劣的舞弊行为的滋生提供了合适的"土壤"。本章针对上市公司的财务报告粉饰行为动机和方法进行了阐述。

12.1　上市公司粉饰财务报表的动机

一、为获取上市资格或增发股票

(1)为了首次发行股票并获得上市资格。为了保护广大投资者的切身利益,中国证监会于 2006 年 5 月 17 日公布了《首次公开发行股票并上市管理办法》,以下简称"办法"。该"办法"规定公司首次公开发行股票除应当符合《公司法》第七十七条的规定外,作为拟上市公司,持续盈利能力和财务指标还应当符合其中几个条件:

1)发行人最近一个会计年度的营业收入或净利润对关联方或者存在重大不确定性的客户不存在重大依赖。

2)发行人最近一个会计年度的净利润主要来自合并财务报表范围以外的投资收益。

3)最近 3 个会计年度净利润均为整数且累计超过人民币 3 000 万元,净利润以扣除非经常性损益前后较低者为计算依据。

4)最近 3 个会计年度经营活动产生的现金流量净额累计超过人民币 5 000 万元或者最近 3 个会计年度营业收入累计超过人民币 3 亿元。

2007 年 8 月 14 日中国证监会颁布的《公司债券发行试点办法》规定,上市公司发行公司债券财务指标必须符合"最近 3 个会计年度实现的年均可分配利润不少于公司债券 1 年度的利息"的条件。

(2)为了增发股票。中国证监会于 2006 年 5 月 7 日公布并于次日实施的《上市公司证券发行管理办法》对上市公司增发股票做了相应规定。要求公司盈利指标必须符合其中几个条件:

1)上市公司最近 3 个会计年度连续盈利,扣除非经常性损益后的净利润前后,以低者为计算依据。

2)最近 24 个月内曾公开发行证券的,不存在发行当年营业利润比上年下降 50% 以上的情形。

3)最近3年以现金或股票方式累积分配的利润不少于最近3年实现的年均可分配利润的20%。

4)最近一个会计年度加权平均净资产收益率不低于6%,扣除非经常性损益前后,以低者为计算依据。

5)对于上市公司发行的可转换公司债券,公司最近3个会计年度实现的平均可分配利润不少于公司债券1年的利息。

6)对于上市公司发行的可转换公司债券,最近3个会计年度经营活动产生的现金流量净额平均不少于公司债券1年的利息。

二、避免被ST、PT或终止上市

根据我国《证券法》规定,上市公司最近3年连续亏损将被证券交易暂停交易。如果在其后一个会计年度未能恢复盈利,公司就将被终止上市交易。

资本市场作为融资最重要的渠道,被执行"暂停上市"和"终止上市"就宣告着企业资金来源的丧失。为了避免被贴上这样的"标签",死死拽牢紧缺的"壳资源",那些不符合证监会规定继续上市交易的,尤其是在连续两年亏损后的第一年还未能起死回生的公司,就需要虚假的利润这一"还魂药"让公司复活。因此公司管理层就必须想尽一切办法,美化财务报表上的数据,以免落得被停牌或摘牌的下场。

三、为了管理层的考核责任

当企业经营不理想时,管理层和国家干部为了自己的政绩,为了保住自己的政治资本,就会想尽各种办法去粉饰公司的财务报表,因而官场烙印似乎就成了这些虚假的财务报告上的一处"胎记"。所谓"数字出官,官出数字"正是时下"权钱结合"的真实写照。这也就是近年来频频被曝光的上市公司舞弊丑闻幕后总会看到那些大大小小的同谋者们身影的原因。

四、骗取银行授信等级和授信额度

资金是企业赖以生存的"血液",企业要生存,要发展壮大都离不开资金的支持。但是资本作为稀缺性资源,并不是每个企业都能拥有的,尤其是巨额资金。因此对上市公司来说,配股和向银行贷款是最重要的两种筹资方式。根据财务管理知识,我们知道权益性筹资尽管没有固定的到期日,所筹资本为公司的永久性资本,但相较于债权筹资资本成本较高,而且也会分散公司的控制权。而债权筹资尽管要负担固定的利息,但通过财务杠杆作用可降低筹资成本,同时还可以减轻所得税负担。

在金融环境日益复杂的今天,银行等金融机构为了最大限度降低自己的借贷风险,都要从资信能力、偿债能力、盈利能力三方面对申请贷款的企业进行全面的评估,而财务报告作为这些信息的载体,自然成了银行及其他金融机构重点测评的对象。因此,那些经营业绩欠佳,但又急需资金的企业就会想方设法将财务报表粉饰一番,以获取信贷机构的信任。

五、操控股价,伺机抛售获利

第一,粉饰报表可以在二级市场上树立良好的形象。证券市场的潜在投资者主要是通过财务报告这个传递上市公司经营状况信息的重要载体,来选择哪些股票是属于自己的投资对象的。所以那些业绩欠佳的公司,为了能在公众面前留下良好的形象,于是想尽一切办法来粉饰财务报表,如净资产收益率、股利支付率、每股净资产等。第二是在二级市场上更容易炒作。"在股票市场,赚钱的永远是少数",此话从目前我国不规范的二级市场买卖中来看,确实不假。在大多数情况下,上市公司会和庄家、大户勾结在一起,人为地让公司股票持续下跌,这样他们就可以非常低廉的价格"进仓",随后,他们就会向那些被蒙在鼓里的散户们释放出利好消息,当然这些好消息都是他们事先预谋好的,通过加工后的财务报告,股票价格会随着人们的积极购买,水涨船高,待到价格一路飙升到最高点时,这些躲在幕后的操控者们便大量抛售手中的股票,让自己满钵而归,留下那些可怜的中小投资者们为此买单。

六、为了减少纳税

所得税是在会计利润的基础上,通过纳税调整,将会计利润调整为应纳税所得额,再乘以适用的所得税率而得出的。因此,基于偷税、漏税、减少或推迟纳税等目的,企业往往对会计报表进行粉饰。当然,也有少数国有企业和上市公司,基于资金筹措和操纵股价的目的,有时甚至不惜虚构利润,多缴所得税,以"证明"其盈利能力。

12.2 会计报表粉饰手段

随着我国经济环境的不断变化,上市公司的盈余操作,财务报表的粉饰手段也不断推陈出新。对于粉饰手段,主要有以下几方面。

一、利用隐蔽核算

隐蔽核算的形式主要有两种:①采用"两套账"。一套属于正规核算账,用于应付国家财税、审计等有关部门的检查和监督;另一套账属于隐蔽核算账,用于记录其私留公款收入、绕过正规会计核算的灰色收入和违反财经法律法规、财会制度的支出。②采用"小金库"。在一些经济组织的内部,不单独设置会计机构的职能部门,对于截留的、应交正规会计核算和监管的各种收入,单独指定某人对其计量、核算和监管,以利于小集体进行隐蔽分配和违纪消费。

二、利用常规会计处理

利用常规会计处理主要有以下几种情况。
(一)利用虚拟资产挂账

虚拟资产是指公司实际已经发生的费用或损失,因权责发生制原则要求而暂作"资产"处理的有关项目,包括待摊费用、长期待摊费用、待处理财产损失等。这些项目不能在未来为公司提供实质性帮助,没有任何实际利用价值,而公司往往以权责发生制、配比原则等合法借口,通过不及时确认、少摊销或不摊销已经发生的费用或损失,用虚拟资产粉饰报表。如公司在经营过程发生的购买工具、用具、低值易耗品等数额较大的待摊费用,应该在一年内完全摊销,少数公司观察到其当年形势不好,为了扩大当年利润,该摊的费用人为不摊,该结清的费用转到下年,挂在账上,待摊费用项目实际上成了某些公司作假的"防空洞"。又如待处理性项目,待处理流动资产净损失、待处理固定资产净损失在"待处理财产损溢"里长期挂账,或对本应及时结转入"营业外支出"的"固定资产清理"账户长期挂账。一般说来,在会计报表编制日,这些项目的数额通常为零,如果它们的数额较大,则通常表明公司存在虚列资产、虚增利润或掩盖亏损之嫌。这些项目好比"不定时炸弹",一旦处理就会影响到公司年度的利润水平、总资产和净资产数额。

(二)利用不良资产挂账

某些公司存在一些不良资产,包括3年以上的应收账款、存货贬值和积压损失、投资损失和固定资产损失等。如果不良资产长期挂账,会导致资产虚计、利润虚增。有些公司还以应收账款为依据计提利息收入,一方面虚计资产,一方面多计收入。若公司不良资产接近公司的净资产,则说明公司的持续经营能力可能有问题,也可能表明公司在过去几年因人为夸大利润而形成"资产泡沫";若不良资产的增加额及增加幅度超过利润总额的增加额及增加幅度,则说明公司当期的利润有水分。

(三)利用利息资本化调节利润

根据现行会计制度的规定,公司为在建工程和固定资产等长期资产而支付的利息费用,在这些长期资产投入使用之前,可予以资本化,计入这些长期资产的成本。利息资本化本是出于收入与成本配比原则,区分资本性支出和经营性支出的要求。然而,在实际工作中,有不少国有公司和上市公司滥用利息资本化的规定,蓄意调节利润。

(四)利用长期投资和投资收益

根据公司会计准则对长期股权投资成本法与权益法的界定,若被投资公司发生亏损,且不分配利润,则公司采用成本法比权益法更有利于增加公司利润;而在被投资公司盈利的情况下,对增加投资公司利润而言,权益法更优于成本法。将长期投资收益核算方法由成本法改为权益法,即使实际上没有红利所得,投资公司也可以按照占被投资公司股权份额核算投资收益。同时,所得税法是根据投资公司从被投资公司实际分得的红利来征税的。因此,在被投资公司盈利的情况下,将投资收益核算方法由成本法改为权益法,一方面可以虚增当期利润,另一方面却无须为虚增利润缴纳所得税。因此,有些公司对盈利的被投资公司实行权益法核算,而对亏损的投资公司,即使股权比例超过20%,也仍用成本法核算。

(五)利用其他应收款和其他应付款调节利润

根据现行会计制度规定,其他应收款和其他应付款科目主要用于反映除应收账款、预付账款、应付账款、预收账款以外的其他款项。在正常情况下,其他应收款和其他应付款的期末余额不应过大。然而,我们在审计过程中发现,许多国有公司和上市公司的其他应收款和其他应付款期末余额巨大,往往与应收账款、预付账款、应付账款和预收账款的余额不相上下,甚至超过这些科目的余额。之所以出现这些异常现象,主要是因为许多国有公司和上市公司利用这两个科目调节利润。事实上,注册会计师界已经将这两个科目戏称为"垃圾筒"(因为其他应收款往往用于隐藏潜亏)和"聚宝盆"(因为其他应付款往往用于隐瞒利润)。

(六)提前确认费用

提前确认费用是指减少当期利润,相应增加以后各期利润。这种做法在以下两种情况下采用得较多:一种情况是当期利润水平较高,公司试图平滑各年利润水平;另一种情况是基于某种目的,加大当年亏损,将以后年度的损失考虑足够,减轻以后年度的费用负担,以使以后年度出现较高的盈利水平,它与推迟确认收入的做法有异曲同工之妙。在我国,当上市公司连续两年出现亏损时,为避免第三年继续亏损而导致被摘牌,公司可能会在第二年出现巨额损失,将以后期间可能发生的损失提前至当期确认,以提高以后年度的业绩。

(七) 操纵收入的行为

(1) 操纵收入的确认时点。通常是在业务发生之前或是在还未完全满足收入确认的条件下,就在账上确认为销售收入了。也有相反的做法,那就是延迟确认收入。公司延迟确认收入往往是因为管理层认为公司销售业绩的预期也许会不太理想,为了平滑营业利润,因此就将本该计入当期的收入延迟计入下期。

(2) 创造虚无的销售收入。虚构业务收入顾名思义就是将根本不存在的销售收入计入账面上。如果说提前或延后确认收入是"有中生变",那么虚构收入则是"无中生有"。此手法包括虚构主营业务收入和其他业务收入。在实际操作中,前者更为常见。比如有的上市公司为了达到销售业绩的指标,通常会在当期期末与销售对方事先约好,先将产品销售过去,在账上记一笔销售收入,等到来年,对方再把产品退回来,将收入冲减掉。当然,还有一些公司更不嫌麻烦,会采用"迂回战术"。母公司先指示子公司将产品销售给客户,顺便就把收入计入子公司的账上。在下一个会计年度,母公司又通过另一家子公司将销售出去的产品从客户手中购回,这样通过一个迂回的线路,合并报表中的收入和利润都大大增加了,财务报表也就更好看了。当然,虚构销售收入肯定离不开在会计资料生成环节上做手脚,那就是虚开增值税发票或其他专门骗取出口退税的发票。有的是为对方虚开,有的是让对方为自己虚开。

(八) 利用会计政策和会计估计变更

会计准则中关于减值准备等项目,存在一定程度的职业判断,而这些对职业判断的依赖也为财务报表粉饰留下了机会和空间。有些公司通过随意变更折旧政策、长期股权投资核算方法、合并政策、资产减值的估计方法等手段来调节公司利润。比如纯粹依靠主观判断来估计某项资产是否发生减值,比如随意更改存货的核算政策调节销售成本。

三、利用关联交易

(一) 关联购销商品

表现形式主要包括利用股东或者非控股子公司虚增销售、利用不同控股程度的子公司调节销售、溢价采购控股子公司的产品形成固定资产等。我们核查公司的关联购销商品时,应重点关注的事项是商品的质量、单价、金额、交易方式、支付方式、是否是形式重于实质的交易、是否有持续性等因素。

(二) 费用分担

由于许多公司与母公司之间存在接受劳务和提供劳务的关系,双方往往签订了有关协议,明确有关费用支付和分摊标准,但一些公司在利润水平不佳时,可能会改变费用分摊方式和标准,比如母公司调低公司承担的管理费用或是将其以前年度缴纳的有关费用退回等。

(三) 委托经营

具体表现形式包括:公司将不良资产委托给母公司经营,定额收取回报,以在避免不良资产亏损的同时,凭空获得一块利润;母公司将稳定、获利能力高的资产以较低的托管费用委托公司经营,以增加其经营业绩。

(四) 资金往来

资金往来包括以现金或者实物形式提供的贷款或权益类资金。我们应重点关注公司与关联方资金往来的金额、性质、是否有持续性,双方资金往来成本公允性等因素。

四、利用资本经营

资本经营作为一种全新的经营方式,涵盖了资产重组、财务重组、资本重组等方面的基本思想。它试图以价值管理为红线来通盘考虑公司的价值资源,通过兼并、租赁、收购、上市、托管等各种手段,最终达到资本不断增值、公司财富最大化的目的。目前公司利用资本经营"扭亏为盈"的实例屡见不鲜。

五、利用资产评估消除潜亏

按照会计制度的规定和谨慎原则,公司的潜亏应当依照法定程序,通过利润表予以体现。然而,许多公司,特别是国有公司,往往在股份制改组、对外投资、租赁、抵押时,通过资产评估,将坏账、滞销和毁损存货、长期投资损失、固定资产损失以及递延资产等潜亏确认为评估减值,冲抵"资本公积",从而达到粉饰会计报表,虚增利润的目的。

12.3 报表粉饰行为的识别

如何识别会计报表粉饰以评价公司的真实盈利能力是广大会计信息使用者所关心的。针对我国公司粉饰会计报表的惯用手段,采用以下 4 种方法将有助于发现会计报表粉饰。

一、不良资产剔除法

这里所说的不良资产,除包括待摊费用、待处理流动资产净损失、待处理固定资产净损失、开办费、长期待摊费用等虚拟资产项外,还包括可能产生潜亏的资产项目,如高龄应收账款、存货跌价和积压损失、投资损失、固定资产损失等。不良资产剔除法的运用,一是将不良资产总额与净资产比较,如果不良资产总额接近或超过净资产,既说明公司的持续经营能力可能有问题,也可能表明公司在过去几年因人为夸大利润而形成"资产泡沫";一是将当期不良资产的增加额和增减幅度与当期的利润总额和利润增中幅度比较,如果不良资产的增加额及增加幅度超过利润总额的增加额及增加幅度,说明公司当期的利润表有"水分"。

二、关联交易剔除法

关联交易剔除法是指将来自关联公司的营业收入和利润总额予以剔除,分析某一特定公司的盈利能力在多大程度上依赖于关联公司,以判断这一公司的盈利基础是否扎实、利润来源是否稳定。如果公司的营业收入和利润主要来源于关联公司,会计信息使用者就应当特别关注关联交易的定价政策,分析公司是否以不等价交换的方式与关联交易发生交易进行会计报表粉饰。

关联交易剔除法的延伸运用是将上市公司的会计报表与其母公司编制的合并会计报表进行对比分析。如果母公司合并会计报表的利润总额(应剔除上市公司的利润总额)大大低于上市公司的利润总额,就可能意味着母公司通过关联交易将利润"包装注入"上市公司。

三、异常利润剔除法

异常利润剔除法是指将其他业务利润、投资收益、补贴收入、营业外收入从公司的利润总额中剔除,以分析和评价公司利润来源的稳定性。当公司利用资产重组调节利润时,所产生的利润主要通过这些科目体现,此时,运用异常利润剔除法识别会计报表粉饰将特别有效。

四、现金流量分析法

现金流量分析法是指将经营活动产生的现金净流量、投资活动产生的现金净流量、现金净流量分别与主营业务利润、投资收益和净利润进行比较分析,以判断公司的主营业务利润、投资收益和净利润的质量。一般而言,没有相应现金净流量的利润,其质量是不可靠的。如果公司的现金净流量长期低于净利润,将意味着与已经确认为利润相对应的资产可能属于不能转化为现金流量的虚拟资产,表明公司可能存在着粉饰会计报表的现象。

关于财务报表的粉饰行为及财务造假的相关案例见本书附录内容。

各章思考题参考答案

建议课堂计划

案例作为课堂讨论,可以按照下列时间安排:
按照目前上课时间,大约控制在 110 分钟之内。
教师提前布置任务,对于财务报告的详细内容,要求学生课前去阅读,包括案例里面的一些公司信息,也要求学生课前了解。课堂教学计划见下表:

计　划	主要内容	时　间
课程导入	●布置课堂内容和要求,明确主题 ●抛出要讨论案例分析题	5～10 分钟
分组讨论	●各组讨论,准备发言内容	30 分钟
小组发言	●根据准备资料,各个小组发表各组讨论结果	每组 5～10 分钟,共 40 分钟
总结	●大家一起讨论,提出相关问题 ●进行课堂总结	30 分钟

1.2.1 参考答案

分析思路

教师可以根据自己的教学目标进行分析,下面思路仅供参考。
首先要学生去查阅相关资料,对于财务报表分析有个基本了解,完成上面基本的论题。
根据案例中的实践,找到相关的财务报表,对于出现问题的数据进行核对分析,从后往前推断,为以后学习知识奠定基础。

关键要点

本章案例分析主要是了解财务报表及财务报表分析的内容,让学生对于财务报表分析课程有一个基本的认识。通过该案例学习,可以让学生初步了解案例的学习方法,为后面学习打下基础。

具体分析

本案例的分析是按照思考题的顺序,分析的问题仅供参考,教师在教学过程中可以自行灵活运用,启发学生自由发挥探讨问题。

(1)什么是财务报表分析,在整个公司管理中,为什么财务报表分析起到如此重要的作用?财务报表分析的重要性有哪些?

财务报表分析是以公司财务报告反映的财务指标为主要依据,对公司的财务状况和经营成果进行分析、评价,并为进一步分析公司的发展趋势、经营前景提供重要财务信息的一种方法。它在财务管理环节中起着承上启下的重要作用。

同时对于不同的分析者,分析的目的不同,意义也不同。

(2)在进行具体财务报表分析时,会重点关注哪些方面?

1)偿债能力分析:

A. 短期偿债能力。短期偿债能力是指用企业的流动资产偿还流动负债的能力。最能反映短期偿债能力的指标有:流动比率、速动比率、现金比率和营运资本。营运资本是流动资产大于流动负债的差额。

B. 长期偿债能力。决定企业长期偿债能力的关键因素:资本结构与盈利能力。资本结构是指企业拥有的资产、负债和所有者权益各组成要素之间的比例关系。如果企业资本结构中债务的比例越高,表明大部分经营风险转移到了债权人身上,则企业无力偿还债务的可能性越大。良好的资本结构使企业在保持良好的盈利能力的同时,具有良好的财务风险抵御能力。盈利能力的影响比较直观。其一,企业每年赚取的利润应作为其偿还债务利息的直接保障;其二,盈利能力在长期中能反映出企业支付现金的能力。评价企业长期偿债能力的指标主要有资产负债率、产权比率等。

2)盈利能力分析。盈利结构是指构成企业利润的各种不同性质盈利的有机搭配和比例。如果从质的方面来看,可以表现为企业的利润是由哪些盈利项目组成的;而如果从量的方面来看,则表现为不同的盈利占总利润的比重。盈利结构分析,就是要认识不同的盈利项目对企业盈利能力影响的性质和程度。常用的反映盈利能力的比率指标主要有资产周转率、投资报酬率、净资产收益率。

3)营运能力分析。企业经营水平的高低,主要表现为对其所拥有控制的资金能否予以充分有效的运用。一般来说,资金的多少可以表明企业生产经营能力的大小,而资金周转快慢则反映企业生产经营能力是否得到了有效的利用。善于经营而能实现较多收入的企业,其资金周转较快,资金运用较好;反之,则未能有效运用资金。分析评价企业的营运能力,主要针对存货的周转情况和应收账款的收款情况。在财务上,通常采用存货周转率和应收账款周转率等指标来衡量企业的营业能力。

4)现金流量分析。现金流量是指公司一定时期的现金和现金等价物的流入和流出的数量。现金流量表是反映公司在一定会计期内有关现金和现金等价物的流入和流出信息的报表。在现金流量表中,将现金流量分为3大类:经营活动现金流量、投资活动现金流量和筹资活动现金流量。现金流量表的内容概括起来即回答3个问题:本期现金从何而来,用向何方,现金余额发生了什么变化。

通过现金流量分析,对公司获取现金的能力、偿债能力、收益的质量、投资活动和筹资活动作出评价。主要指标包括现金流量与当期债务比、每股经营现金流量等。

5)发展能力分析。发展能力是公司在生存的基础上,扩大规模、壮大实力的潜在能力。分析发展能力主要考察以下几项指标：营业收入增长率、资本保值增值率、资本积累率、营业利润增长率技术投入比率、营业收入 3 年平均增长率和资本平均增长率。

上述五方面是相互联系的。若一个公司偿债能力很差，收益能力也不会好；收益能力很差，偿债能力也不会好。提高资产运营效率有利于改善偿债能力和收益能力。偿债能力和收益能力下降，必然表现为现金流动状况恶化。

（3）公司是由不同的利益相关者构成，都有哪些人会重视财务报表，主要会关注哪些方面？

财务报表分析的不同主体由于利益倾向的差异，决定了在对公司进行财务分析时，必然有着不同的要求和不同的侧重点。

1）投资者要做出是否投资的决策，须分析公司的资产和盈利能力；要做出是否转让股份的决策，须分析公司盈利状况、股价变动和发展前景；要考查经营者的业绩，须分析公司资产的盈利能力、破产风险和竞争能力；要决定股利政策，须分析公司筹资状况等。

2）债权人要做出是否给予公司贷款的决策，须分析公司的资信状况和贷款风险；为了解公司的短期偿债能力，须分析公司的流动状况；为了解长期偿债能力，须分析公司的盈利状况；要做出是否出让债权的决策，须评价该债权的价值。

3）供应商通过财务分析可以了解购货公司的信用水平，以决定是否对其延长付款期、是否建立长期合作关系等。

4）政府机构通过财务分析可以了解公司应尽纳税义务的情况、遵纪守法和维护市场经济秩序的情况、职工就业和收入状况等。

5）中介机构可以通过财务分析发现问题、收集证据、确定审计重点，或者回避风险等。

6）职业经理人员为改善财务决策，提高经营业绩，分析的内容几乎涉及所有方面。

7）雇员和工会通过财务分析可以了解自身责任目标的完成情况，了解自己的收入、保险、福利与公司盈利之间是否适应等。

（4）财务报表分析很重要，对于要了解财务报表的相关者，如何保证分析地全面且具体？

财务报表分析的原则是指各类报表使用人在进行财务分析时应遵循的一般规范。这些原则不需要财务知识也能理解，它们看起来很简单，但却关系到财务报表分析的全局财务报表分析的原则可以概括为：目的明确原则、实事求是原则、全面分析原则、系统分析原则、动态分析原则、定量分析与定性分析结合原则以及成本效益原则等 7 项原则。

财务报表分析者要严格准守分析原则，同时要结合多种方法进行分析，尽可能的占有资料，保证分析准确。

（5）分析者在分析财务报表时，要注意哪些问题？

财务报表分析过程中，会遇到不同的问题，都会对于报表分析产生一定影响。

从分析者方面来说：运用自己知识进行分析，分析过程中尽量减少人为的因素影响。全面正确的整理资料，保证资料合法、真实、具有可比性，恰当地进行分析。抓主要矛盾和存在的问题。

从分析方法上来说：运用定量分析时，要透过数字本身，看见问题的本质；要综合运用绝对数和相对数。

制度上的差异也会造成分析结果的不同。经济和行业环境的影响也会影响对一个公司的评价。

1.2.2　参考答案

(1) YBT 公司造假的手段有哪些？运用什么方法才能快速发现问题？

(学生可根据调查结果分析)具体答案略。

(2) 财务报表分析很重要，只有真实反映财务信息，才能让投资者选择好的公司，通过 YBT 公司案例，探讨财务分析的重要性。

财务报表能够全面反映公司的财务状况、经营成果和现金流量情况，但是单纯从财务报表上的数据还不能直接或全面说明公司的财务状况，特别是不能说明公司经营状况的好坏和经营成果的高低，只有将公司的财务指标与有关的数据进行比较才能说明公司财务状况所处的地位，它在财务管理环节中起着承上启下的重要作用。

做好财务报表分析工作具有以下重要意义。

1) 评价公司财务状况的好坏，揭示公司财务活动中存在的矛盾，总结财务管理工作的经验教训，从而采取措施、改善经营管理，挖掘潜力，实现公司的理财目标。

2) 为投资者、债权人和其他有关部门和人员提供正确、完整的财务分析资料，便于他们更加深入地了解公司的财务状况、经营成果和现金流量情况，为他们做出经济决策提供依据；同时，可以检查财务法规、制度的执行情况，促进公司正确处理各方面的财务关系，维护各方面的合法权益。

3) 能够检查出公司内部各职能部门和单位对于分解落实的各项财务指标完成的情况，考核各职能部门和单位的业绩，以利于合理进行奖励，加强公司内部责任制。

(3) 上市公司造假，大多数是什么原因？

一般财务作假的动机不外乎以下几个原因。

1) 为了受托经营责任履行情况的考核。经理人为了完成自己的责任，达到考核目标，可能会利用自己的职务之便。

2) 为了新资本需求动机的满足。在股权或债权融资过程中，为了满足监管或者特定投资者的要求，比如净资产、连续三年盈利、净资产收益率、资产负债率等要求，公司可能进行财务造假。许多银行为了控制贷款风险，往往对借债方的某些财务指标提出限制要求，比如资产负债率或速动比率等，借债方为了满足这些要求，可能通过售后回租、以存款抵押获取等量贷款等手段进行财务粉饰。

3) 为了"壳资源"的保留。我国《证券法》规定，若上市公司连续 3 年发生亏损，公司股票就要被戴上"*ST""PT"的帽子，甚至可能会被退市。已出现亏损特别是已连续 2 年出现亏损的上市公司，为保留其上市主体资格，避免被"戴帽"，或是已经被"戴帽"的公司为了早日"摘帽"，可能会采取多种方法粉饰会计报表，力求"扭亏为盈"，保留所谓的"壳资源"。

4) 为了明确责任或推卸责任。比如公司核心领导人更换以后，新任领导人为了推卸责任，大刀阔斧地对陈年老账进行清理，甚至将本该在未来会计年度确认的成本费用提前确认。再比如，公司借会计制度变化、重大损失事项等对历史损失进行一次性计提，以洗脱管理层在应收账款及存款管理等方面的失职。

5) 为了政治任务的完成。比如国有企业领导人为了配合当地政府达成产值目标或税收目标，以获取各种名誉头衔或者奖励，通过关联交易甚至虚假交易扩大销售规模或者虚构交易以多重纳税。

6) 为了配合庄家炒作共同获利。

2.2.1 参考答案

(1) 单独观察财务报表,并不能看出一个公司的经营状况和财务成果优劣,只有通过一定的方法才能进行分析,利用财务报表分析的方法,简单判断一下 B 公司的经营情况和财务成果,并判断一下 B 公司未来的发展趋势。

1) 财务报表分析的方法比较多,常用的方法有比较分析方法、比率分析方法、趋势分析方法、因素分析方法等。

B 公司资产负债表资产项目分析

资 产	期初余额 2015.12.31	期末余额 2016.12.31	差 额	变动率
流动资产:				
货币资金	122 284.62	187 309.44	65 024.82	53.17%
应收票据	119 018.41	99 837.23	−19 181.18	−16.12%
应收账款	1 664 210.09	1 784 914.13	120 704.04	7.25%
预付账款	9 523.36	17 532.87	8 009.51	84.10%
应收股利	—	—	—	—
应收利息	1 514.16	1 064.54	−449.62	−29.69%
其他应收款	29 728.44	30 685.34	956.90	3.22%
存货	15 486.92	19 476.65	3 989.73	25.76%
其他流动资产	111 589.52	66 127.08	−45 462.44	−40.74%
影响流动资产其他科目	—	—	—	—
流动资产合计	2 073 355.53	2 206 947.27	133 591.74	6.44%
非流动资产:				
可供出售金融资产	211 862.20	270 662.20	58 800.00	27.75%
投资性房地产	216	192.17	−23.83	−11.03%
长期股权投资	—	72.09	—	—
固定资产	110 796.43	100 417	−10 379.43	−9.37%
在建工程	1 320.06	1 447.07	127.01	9.62%
无形资产	8 978.01	9 101.86	123.85	1.38%
商誉	38 169.81	40 776.14	2 606.33	6.83%
长期待摊费用	3 323.80	12 699.21	9 375.41	282.07%

续表

资产	期初余额 2015.12.31	期末余额 2016.12.31	差额	变动率
递延所得税资产	29 521.80	36 916.06	7 394.26	25.05%
其他非流动资产	2 944.96	3 020.48	75.52	2.56%
非流动资产合计	407 133.06	475 304.27	68 171.21	16.74%
资产总计	2 480 488.58	2 682 251.54	201 762.96	8.13%

B公司资产负债表资产项目结构分析

资产	期初占比	期末占比	差额率	变动率
流动资产：				
货币资金	4.93%	6.98%	2.05%	41.65%
应收票据	4.80%	3.72%	−1.08%	−22.43%
应收账款	67.09%	66.55%	−0.55%	−0.81%
预付账款	0.38%	0.65%	0.27%	70.26%
应收股利				
应收利息	0.06%	0.04%	−0.02%	−34.98%
其他应收款	1.20%	1.14%	−0.05%	−4.55%
存货	0.62%	0.73%	0.10%	16.30%
其他流动资产	4.50%	2.47%	−2.03%	−45.20%
影响流动资产其他科目	—	—	—	—
流动资产合计	83.59%	82.28%	−1.31%	−1.56%
非流动资产：				
可供出售金融资产	8.54%	10.09%	1.55%	18.14%
投资性房地产	0.01%	0.01%	0.00%	−17.72%
长期股权投资				
固定资产	4.47%	3.74%	−0.72%	−16.19%
在建工程	0.05%	0.05%	0.00%	1.38%
无形资产	0.36%	0.34%	−0.02%	−6.25%
商誉	1.54%	1.52%	−0.02%	−1.21%
长期待摊费用	0.13%	0.47%	0.34%	253.33%
递延所得税资产	1.19%	1.38%	0.19%	15.64%
其他非流动资产	0.12%	0.11%	−0.01%	−5.15%
非流动资产合计	16.41%	17.72%	1.31%	7.96%
资产总计	100.00%	100.00%	0.00%	0.00%

从资产变动方面分析:B公司2015—2016年末资产总额呈上升趋势。2016年比2015年总资产增长额为201 762.96元,增长率为8.13%;其中,2016年比2015年流动资产增长了133 591.74元,增长率为6.44%。2016年比2015年非流动资产增长了68 171.21元,增长率为16.74%。进一步具体分析发现:在流动资产中,2016年比2015年应收票据、应收利息还有其他流动资产在减少。其中,其他流动资产降低的最多,降低了45 462.44元,降低率为40.74%。2016年比2015年货币资金、应收账款、预付账款、其他应收款和存货增加。其中,应收账款增加的最多,增加了120 704.04元;在非流动资产中,2016年比2015年投资性房地产、固定资产在减少。其中固定资产降低的最多,降低了10 379.43元。固定资产是由于固定资产市价下跌、陈旧过时或者发生实体损坏等,导致部分固定资产可收回金额低于其账面价值。2016年比2015年可供出售金融资产、在建工程、无形资产、商誉、长期待摊费用、递延所得税资产、其他非流动资产在增加。其中,可供出售金融资产增加的最多,增加了58 800.00元。从整体上看,企业资产的流动性较强。从各项比重上看,货币资金相对较多,且逐年上升,说明企业有较充足的货币资金使用,对偿还短期债务有一定的保障。

从资产结构总体分析:B公司2016年比2015年流动资产总计增加了133 591.74元,该企业2015年到2016年两年流动资产占总资产比例变动不大,2015年流动资产占总资产比例83.59%,2016年流动资产占总资产的比例为82.28%,比例降低了1.31%。其中,应收账款的所占比例较大,2015年是67.09%,2016年比例是66.55%。2016年比2015年非流动资产总计增加了68 171.21元,该企业2015年非流动资产占总资产比例为16.41%,2016年非流动资产占总资产的比例是17.72%,比例增加了7.96%。其中,可供出售的金融资产比例最大,2015年比例是8.54%,2016年比例是10.09%。该企业流动资产占比较大,流动性相对较强,短期偿债能力较好,非流动资产比例较低,资产结构的灵活性较强。

B公司资产负债表资产项目分析

负债及所有者权益	期初余额 2015.12.31	期末余额 2016.12.31	差 额	变动率
流动负债				
短期借款	107 749.43	116 009.40	8259.97	7.67%
应付票据	73 906.57	63 014.65	−10891.92	−14.74%
应付账款	1 113 358.51	1 169 806.81	56 448.3	5.07%
预收账款	23 065.28	38 940.25	15 874.97	68.83%
应付职工薪酬	98 291.44	95 149.67	−3 141.77	−3.20%
应交税费	64 634.68	20 339.91	−44 294.77	−68.53%
应付利息	739.32	712.13	−27.19	−3.68%
应付股利	46 536 150.90	—		
其他应付款	5 903.93	8 182.34	2 278.41	38.59%
一年内到期的非流动负债	—	53 468.20		
其他流动负债	1 200.28	51 019.52	49 819.24	4 150.63%

续 表

负债及所有者权益	期初余额 2015.12.31	期末余额 2016.12.31	差 额	变动率
影响流动负债其他科目	57 705	—		
流动负债合计	1 551 208.05	1 666 642.86	115 434.81	7.44%
非流动负债			0	
长期借款	4 220.84	1 040.55	−3 180.29	−75.35%
应付债券	49 999.70	—		
递延所得税负债	379.03	347.8	−31.23	−8.24%
非流动负债合计	54 647.57	1 424.35	−53 223.22	−97.39%
负债合计	1 605 855.63	1 668 067.21	62 211.58	3.87%
所有者权益			0	
实收资本（或股本）	176 220.58	264 330.87	88 110.29	50.00%
资本公积金	15 882.98	15 882.98	0	0.00%
盈余公积金	68 128.10	82 816.19	14 688.09	21.56%
未分配利润	601 791.88	632 531.47	30 739.59	5.11%
归属于母公司股东权益合计	861 697.60	996 883.96	135 186.36	15.69%
所有者权益合计	874 632.96	1 014 184.33	139 551.37	15.96%
负债及所有者权益总计	2 480 488.58	2 682 251.54	201 762.96	8.13%

B公司资产负债表资产项目结构分析

负债及所有者权益	期初占比	期末占比	差额率	变动率
流动负债				
短期借款	6.71%	6.95%	0.24%	3.65%
应付票据	4.60%	3.78%	−0.82%	−17.92%
应付账款	69.33%	70.13%	0.80%	1.15%
预收账款	1.44%	2.33%	0.90%	62.53%
应付职工薪酬	6.12%	5.70%	−0.42%	−6.81%
应交税费	4.02%	1.22%	−2.81%	−69.70%
应付利息	0.05%	0.04%	0.00%	−7.27%
应付股利				
其他应付款	0.37%	0.49%	0.12%	33.42%
一年内到期的非流动负债		3.21%	3.21%	
其他流动负债	0.07%	3.06%	2.98%	3 992.10%

续 表

负债及所有者权益	期初余额 2015.12.31	期末余额 2016.12.31	差 额	变动率
影响流动负债其他科目	3.59%			
流动负债合计	96.60%	99.91%	3.32%	3.43%
非流动负债	0.00%	0.00%	0.00%	
长期借款	0.26%	0.06%	−0.20%	−76.27%
应付债券	3.11%			
递延所得税负债	0.02%	0.02%	0.00%	−11.66%
非流动负债合计	3.40%	0.09%	−3.32%	−97.49%
负债合计	100.00%	100.00%	0.00%	0.00%
所有者权益				
实收资本(或股本)	20.15%	26.06%	5.92%	29.36%
资本公积金	1.82%	1.57%	−0.25%	−13.76%
盈余公积金	7.79%	8.17%	0.38%	4.83%
未分配利润	68.81%	62.37%	−6.44%	−9.35%
归属于母公司股东权益合计	98.52%	98.29%	−0.23%	−0.23%
所有者权益合计	100.00%	100.00%	0.00%	0.00%
负债及所有者权益总计	100.00%	100.00%	0.00%	0.00%

从资本变动方面分析:B 公司 2016 年负债和所有者权益总额呈上升趋势。2016 年比 2015 年负债及所有者权益总额增长了 201 762.96 元,增长率为 8.13%。其中所有者权益大量增加,负债少量增加。2016 年比 2015 年所有者权益增加了 139 551.37 元,增加率为 15.96%。2016 年比 2015 年负债增加了 62 211.58,增加率为 3.87。其中,2016 年比 2015 年流动负债增加了 115 434.81 元,增加率为 7.44%;2016 年比 2015 年非流动负债减少了 53 223.22元,降低率为 97.39%。进一步分析发现:企业大量增加了股本以及应付账款,说明企业偿债能力增强。

从资本结构总体分析:B 公司 2016 年比 2015 年负债合计在增加,从负债内部各项目比例来看,该企业 2015 年流动负债占负债比例 96.60%,2016 年流动负债占负债比例 99.91%,比 2015 年上升了 3.43%。2015 年非流动负债占负债比例是 3.40%,2016 年比例是 0.09%,下降了 3.32%。尽管该企业流动负债占负债比例较大,但是主要是营业性流动负债,短期借款所占比例不大,说明该企业短期偿债能力相对好一些。2016 年较 2015 年所有者权益有较大增幅。其中,2015 年投入资本占所有者权益比例为 21.97%,2016 年投入资本占所有者权益比例为 27.63%,比 2015 年上升了 5.66%,而企业留存收益 2015 年占比例 76.60%,2016 年比例 70.54%,降低了 6.06%。在所有权益中,留存收益所占比例较大,说明企业盈利性较强。

利润总额与净利润增减变动

单位:万元

项　目	本年累计	上年同期	增减变动
利润总额	199 729.57	189 550.77	10 178.8
净利润	169 559.10	160 568.23	8 990.87

从利润表看,公司 2015 年和 2016 年均处于盈利状态,且相较 2015 年,2016 年盈利额有所增加。反映出公司近两年运营状况良好,盈利能力有所提升,公司发展整体处于上升阶段。

利润表各项目增减及占比变动

单位:万元

项　目	年初数 金额	年初数 比重/(%)	年末数 金额	年末数 比重/(%)	增减变动 金额	增减变动 变动率/(%)
一、营业总收入	1 865 409.26	100.00	1 960 065.54	100.00	94 656.28	5.07
营业收入	1 865 409.26	100.00	1 960 065.54	100.00	94 656.28	5.07
二、营业总成本	1 691 325.74	90.67	1 781 271.41	90.88	89 945.67	5.32
营业成本	1 533 226.56	82.19	1 635 770.47	83.45	102 543.91	6.69
营业税金及附加	48 676.65	2.61	21 605.95	1.10	−27 070.7	−55.61
销售费用	25 837.48	1.39	31 031.69	1.58	5 194.21	20.10
管理费用	44 690.26	2.40	47 548.07	2.43	2 857.81	6.39
财务费用	3 334.08	0.18	6 494.65	0.33	3 160.57	94.80
资产减值损失	35 560.71	1.91	38 820.57	1.98	3 259.86	9.17
三、其他经营收益	1 112.84	0.06	793.91	0.04	−318.93	−28.66
公允价值变动净收益	—	—	—	—	—	—
投资净收益	14 590.24	0.78	18 675.6	0.95	4 085.36	28.00
四、营业利润	188 673.76	10.11	197 469.73	10.07	8 795.97	4.66
营业外收入	978.67	0.05	2 431.83	0.12	1 453.16	148.48
营业外支出	101.66	0.01	171.99	0.01	70.33	69.18
非流动资产处置净损失	72.49	0.00	126.1	0.01	53.61	73.96
五、利润总额	189 550.77	10.16	199 729.57	10.19	10 178.8	5.37
所得税	28 982.54	1.55	30 170.47	1.54	1 187.93	4.10
六、净利润	160 568.23	8.61	169 559.1	8.65	8 990.87	5.60
少数股东损益	334.46	0.02	1 220.16	0.06	885.7	264.81

续表

项 目	年初数		年末数		增减变动	
	金额	比重/(%)	金额	比重/(%)	金额	变动率/(%)
归属于母公司股东的净利润	160 233.78	8.59	168 338.94	8.59	8 105.16	5.06
七、每股收益						
基本每股收益	0.91	0.00	0.64	0.00	−0.27	−29.67
稀释每股收益	0.91	0.00	0.64	0.00	−0.27	−29.67

从上表可以看出企业整体运营状况较好,处于稳定发展时期。首先,企业营业总收入较上年同期增加了 5.07 个百分点。营业总成本与之对应增加了 5.32 个百分点,且企业营业总成本占营业总收入的比重始终保持在 90% 附近,变动幅度不大。考虑到该公司属于建筑业,90% 的占比处在合理区间。在营业总成本中销售费用、管理费用、财务费用占营业总收入的比重均较低,其中除财务费用有较大幅度的增加,销售费用与管理费用变化不大。除此之外,2016 年企业营业外收入是 2015 年的 2.5 倍,营业外支出也有所增加,两者相互抵消使得企业利润总额较 2015 年增加了 5.37 个百分比,高于营业总收入的增长幅度。总体来看,2016 年企业的盈利能力有所提高,财务状况良好,处于较好的发展阶段。

(2)任何一种理论和方法都不是万能的,如何在财务报表分析时,克服财务分析中分析方法带来的弊端?

研究社会经济现象,既要研究其量的变化,又要研究其质的变化,而对于公司财务活动的分析则更是如此。我们一方面要克服偏重定性分析而忽视定量分析的倾向,另一方面也不要把定量分析搞成公式罗列、繁琐计算。应从实际需要出发,灵活地运用各种方法。根据以上认识,财务分析方法体系的组成特征应在时间上体现继承性、连续性,在空间上体现全面性、层次性,在整体上体现系统性、实用性。因此,我们在设计和运用财务分析方法体系时,应注意传统分析方法与现代分析方法相结合,因素分析方法与综合分析方法相结合,事后分析方法与事前、事中分析方法相结合,全面分析方法与重点分析方法相结合,定量分析方法与定性分析方法相结合,等等。可见,财务分析方法体系结构是多元化的。

2.2.2 参考答案

(1)根据上面报表,对比前面 B 公司,分析阐述 C 股份有限公司的财务状况?

B 建筑装饰股份有限公司与 C 股份有限公司均属于建筑装饰业,两公司有相同的行业特点,因此具有可比性。首先从两公司注册资本看,B 股份有限公司的注册资本为 264 331 万元,远高于 C 公司。

1)资产规模与结构对比。B 公司的资产总额处于上升趋势,而 C 公司的资产总额有所下降;B 股份有限公司的流动资产占比较大,流动资产中存货占比小,说明公司存货周转较快,短期偿债能力强,C 股份有限公司非流动资产占比过大,流动资产中存货占比较大,说明公司短期偿债能力较弱,生产周期较长。

2)资本规模与结构对比。2016年B股份有限公司的负债与所有者权益总额均有所增加,C股份有限公司的负债增加,所有者权益有所下降;从结构看,相较于B公司,C股份有限公司的所有者权益占比过大,此外,C公司留存收益在所有者权益总额中占比不足20%,远低于B公司的70%以上。

3)利润表的对比。B公司2015年与2016年连续两年盈利,营业总成本也保持在合理水平,C公司2015年和2016年营业利润、利润总额、净利润均大幅下降,且营业总成本过高。

通过以上三个方面的对比发现,B股份有限公司整体运营状况较好,资产负债规模与结构均处于合理区间且较为稳定;C股份有限公司2015年和2016年均处于亏损状态,营业成本有待降低,盈利能力和存货周转率有待提高。

(2)利用所学的方法,分析C股份有限公司2016年经营成果,并且简单介绍其发展趋势。

C公司资产负债表资产项目分析表

金额单位:元

资产	期初余额 2015.12.31	期末余额 2016.12.31	差额	变动率
流动资产				
货币资金	6 129.33	5 625.96	−503.37	−8.21%
应收票据	—	—		
应收账款	5 421.15	7 256.59	1 835.44	33.86%
预付账款	126.23	334.34	208.11	164.87%
应收股利	—	—		
应收利息	—	—		
其他应收款	2 959.84	1 320.73	−1 639.11	−55.38%
存货	10 565.30	7 828.57	−2 736.73	−25.90%
其他流动资产	2 984.32	3 272.23	287.91	9.65%
影响流动资产其他科目				
流动资产合计	28 969.65	25 638.42	−3 331.23	−11.50%
非流动资产				
可供出售金融资产	1 362.32	1 362.32	0.00	0.00%
投资性房地产	1 952.63	—		
长期股权投资	22 059.41	23 057.91	998.50	4.53%
固定资产	19 940.71	17 686.68	−2 254.03	−11.30%
在建工程	—	—		
无形资产	1 117.32	1 094.64	−22.68	−2.03%
商誉	—	—		

续表

资产	期初余额 2015.12.31	期末余额 2016.12.31	差 额	变动率
长期待摊费用	104.83	27.04	-77.79	-74.21%
递延所得税资产	—	—		
其他非流动资产	22 071.61	22 071.61	0.00	0.00%
非流动资产合计	68 608.84	65 300.19	-3 308.65	-4.82%
资产总计	97 578.49	90 938.62	-6 639.87	-6.80%

C公司资产负债表结构分析

资产	期初占比	期末占比	差额率	变动率
流动资产				
货币资金	6.28%	6.19%	-0.09%	-1.51%
应收票据				
应收账款	5.56%	7.98%	2.42%	43.63%
预付账款	0.13%	0.37%	0.24%	184.20%
应收股利				
应收利息				
其他应收款	3.03%	1.45%	-1.58%	-52.12%
存货	10.83%	8.61%	-2.22%	-20.49%
其他流动资产	3.06%	3.60%	0.54%	17.65%
影响流动资产其他科目				
流动资产合计	29.69%	28.19%	-1.50%	-5.04%
非流动资产				
可供出售金融资产	1.40%	1.50%	0.10%	7.30%
投资性房地产	2.00%			
长期股权投资	22.61%	25.36%	2.75%	12.16%
固定资产	20.44%	19.45%	-0.99%	-4.83%
在建工程				
无形资产	1.15%	1.20%	0.06%	5.12%
商誉				
长期待摊费用	0.11%	0.03%	-0.08%	-72.32%
递延所得税资产				
其他非流动资产	22.62%	24.27%	1.65%	7.30%

续表

资　　产	期初占比	期末占比	差额率	变动率
非流动资产合计	70.31%	71.81%	1.50%	2.13%
资产总计	100.00%	100.00%	0.00%	0.00%

从资产变动方面分析:C公司2015年到2016年末资产总额呈下降趋势。2016年比2015年总资产下降额为6 639.87元,下降率为6.80%。其中,2016年比2015年流动资产下降了3 331.23元,下降率为11.50%。2016年比2015年非流动资产下降了3 308.65元,下降率为4.82%。进一步具体分析发现:在流动资产中,应收账款、预付账款、其他流动资产在增加;货币资金、其他应收款、存货在下降。其中,存货下降的最多,下降了2 736.73元,降低率为25.90%。在非流动资产中,长期股权投资在增加;固定资产、无形资产、长期待摊费用在下降。其中,固定资产下降的最多,下降了2 254.03元,下降率为11.30%。企业流动资产与非流动资产相比较少,货币资金也在呈下降的趋势,说明企业的流动性在减弱,短期偿债压力大。

从资产结构总体分析:C公司2015年到2016年末流动资产占总资产比重较低,2015年流动资产占总资产比重是29.69%,2016年流动资产占总资产比重是28.19%,2016年较2015年流动资产比重在下降。非流动资产占总资产比重较高,2015年非流动资产占总资产比重是70.31%,2016年非流动资产占总资产比重是71.81%,2016年较2015年非流动资产占总资产比重在上升。说明该企业流动性较弱,进而影响企业的短期偿债能力,非流动资产比重较高,资产结构灵活性较弱。

C公司资产负债表资本项目分析

负债及所有者权益	期初余额 2015.12.31	期末余额 2016.12.31	差　　额	变动率
流动负债				
短期借款	—	—		
应付票据	—	—		
应付账款	8 158.61	9 384.02	1 225.41	15.02%
预收账款	2 400.64	2 700.83	300.19	12.50%
应付职工薪酬	120.88	174.78	53.9	44.59%
应交税费	3 636.03	2 460.10	−1 175.93	−32.34%
应付利息	—	—		
应付股利	968 247.79	463 926.85	−504 320.94	−52.09%
其他应付款	1 361.64	1 878.55	516.91	37.96%
一年内到期的非流动负债	—	—		
其他流动负债	—	—		
影响流动负债其他科目	—	—		

续 表

负债及所有者权益	期初余额 2015.12.31	期末余额 2016.12.31	差 额	变动率
流动负债合计	15 774.63	16 644.69	870.06	5.52%
非流动负债			0	
长期借款	—	—		
应付债券	—	—		
递延所得税负债	520.2	—		
非流动负债合计	520.2	—		
负债合计	16 294.83	16 644.69	349.86	2.15%
所有者权益				
实收资本(或股本)	43 901.12	43 901.12	0	0.00%
资本公积金	11 838.66	11 838.66	0	0.00%
盈余公积金	3 267.84	3 267.84	0	0.00%
未分配利润	12 076.56	7 406.93	−4 669.63	−38.67%
归属于母公司股东权益合计	72 144.89	66 414.54	−5 730.35	−7.94%
所有者权益合计	81 283.65	74 293.93	−6 989.72	−8.60%
负债及所有者权益总计	97 578.49	90 938.62	−6 639.87	−6.80%

C公司资产负债表资本项目结构分析

负债及所有者权益	期初占比	期末占比	差额率	变动率
流动负债:				
短期借款	—	—	—	—
应付票据	—	—	—	—
应付账款	50.07%	56.38%	6.31%	12.60%
预收账款	14.73%	16.23%	1.49%	10.14%
应付职工薪酬	0.74%	1.05%	0.31%	41.55%
应交税费	22.31%	14.78%	−7.53%	−33.76%
应付利息	—	—	—	—
应付股利	5 942.06%	2 787.24%	−3 154.82%	−53.09%
其他应付款	8.36%	11.29%	2.93%	35.06%
一年内到期的非流动负债	—	—	—	—
其他流动负债	—	—	—	—
影响流动负债其他科目	—	—	—	—

续表

负债及所有者权益	期初占比	期末占比	差额率	变动率
流动负债合计	96.81%	100.00%	3.19%	3.30%
非流动负债	0.00%	0.00%	0.00%	
长期借款	—	—		
应付债券	—	—		
递延所得税负债	3.19%			
非流动负债合计	3.19%			
负债合计	100.00%	100.00%	0.00%	0.00%
所有者权益				
实收资本(或股本)	54.01%	59.09%	5.08%	9.41%
资本公积金	14.56%	15.93%	1.37%	9.41%
盈余公积金	4.02%	4.40%	0.38%	9.41%
未分配利润	14.86%	9.97%	-4.89%	-32.90%
归属于母公司股东权益合计	88.76%	89.39%	0.64%	0.72%
所有者权益合计	100.00%	100.00%	0.00%	0.00%
负债及所有者权益总计	100.00%	100.00%	0.00%	0.00%

从资本变动方面分析：2015—2016年负债及所有者权益总计呈下降趋势。2016年比2015年降低了6 639.87元，下降率为6.80%。其中所有者权益大量下降，负债少量增加。2016年比2015年负债增加了349.86元，增长率为2.15%。其中，2016年较2015年流动负债增长了870.06元，增长率为5.52%。2016年比2015年所有者权益减少了6 989.72元，下降率为8.60%。其中未分配利润大幅下降，减少了4 669.63元，下降率为38.67%。综上，企业经营存在着一定的问题，存在短期、长期偿债风险和投资风险。

从资本结构总体分析：C公司2015年流动负债占负债比重为96.81%，2016年流动负债占负债比重为100%。2016年较2015年流动负债占负债比重上升了3.19%，该企业流动负债占总负债比重较高，且营业性负债较低，说明企业短期偿债能力较弱，企业偿债压力较大。2015年到2016年末投入资本金额没有变动。其中，2015年投入资本占所有者权益比例为54.01%，2016年投入资本占所有者权益比例为59.09%，2016年较2015年比例增加了5.08%。2015年留存收益占所有者比例为14.86%，2016年留存收益占所有者权益比例9.97%，2016年较2015年比例下降了4.89%。留存收益占比较少说明企业盈利能力较弱。

(3)对于该公司现状，提出个人建设性意见。

根据分析题(2)内容自行阐述。

3.2.1 参 考 答 案

根据表 3-1 中的数据,可以计算以下几个指标。

1) 权益资本构成比率:

年初:$\dfrac{\text{权益资本}}{\text{总资本}} = \dfrac{9\,989\,304.57}{9\,989\,304.57 + 47\,498\,595.04} \times 100\% = 17.38\%$;

年末:$\dfrac{\text{权益资本}}{\text{总资本}} = \dfrac{11\,304\,845.74}{11\,304\,845.74 + 66\,899\,764.26} \times 100\% = 14.46\%$。

2) 权益资本负责成比率:

年初:$\dfrac{\text{权益资本}}{\text{负债资本}} = \dfrac{9\,989\,304.57}{47\,498\,595.04} \times 100\% = 21.03\%$;

年末:$\dfrac{\text{权益资本}}{\text{负债资本}} = \dfrac{11\,304\,845.74}{66\,899\,764.26} \times 100\% = 16.90\%$。

3) 资本金构成比率:

年初:$\dfrac{\text{实收资本}}{\text{总资本}} = \dfrac{1\,105\,161.23}{9\,989\,304.57 + 47\,498\,595.04} \times 100\% = 1.92\%$;

年末:$\dfrac{\text{实收资本}}{\text{总资本}} = \dfrac{1\,103\,915.2}{11\,304\,845.74 + 66\,899\,764.26} \times 100\% = 1.41\%$。

4) 附加资本对资本金比率:

年初:$\dfrac{\text{附加资本}}{\text{实收资本}} = \dfrac{9\,989\,304.57 - 1\,105\,161.23}{1\,105\,161.23} \times 100\% = 803.88\%$;

年末:$\dfrac{\text{附加资本}}{\text{实收资本}} = \dfrac{11\,304\,845.74 - 1\,103\,915.2}{1\,103\,915.2} \times 100\% = 924.07\%$。

根据上述指标的计算结果,我们可以得出以下结论。

(1) 根据 D 公司股份有限公司的资料,阐述该公司权益资本构成是否合理。

从权益资本构成比率和权益资本负债比率来看,说明该公司权益资本数量较少,公司大部分资金来源于负债,无论从年初还是年末观察,权益资本都远远低于负债资本,如果从负债经营的角度看公司的发展,很大程度上都是在运用负债来经营。这样看来,对于公司来说,有很大的负债压力。

(2) 通过案例分析作为所有者投资资本的安全状况。

从资本金安全率角度看,公司资本金,或者说实收资本太低,在整个资本中占比都不到 2%,说明公司经营大部分不是靠投资者投入的资金。附加资本比例加大,说明公司能够在多年经营中不断产生积累,具有很高的发展前景,效益较好。

(3) 整体上分析 D 公司股份有限公司权益资金的状况。

从整体上观察,该公司的权益资本比率偏低,有很大的权益筹资空间,如果加以利用,可以合理资本结构。如果将年初各指标与年末各指标比较分析,除了附加资本对资本金比率增加,其他三个指标均出现下降趋势,尽管幅度不大,也应引起公司注意,以防患于未然。

3.3.1 参 考 答 案

根据表 3-2 中的资料,计算分析 D 公司的负债资金情况。

1)负债资本的构成比率。

期初:$\dfrac{负债资本}{总资本}=\dfrac{47\ 498\ 595.04}{47\ 498\ 595.04+9\ 989\ 304.57}\times 100\%=82.62\%;$

期末:$\dfrac{负债资本}{总资本}=\dfrac{66\ 899\ 764.26}{66\ 899\ 764.26+11\ 304\ 845.74}\times 100\%=85.54\%。$

2)负债资本比率。

期初:$\dfrac{负债资本}{权益资本}=\dfrac{47\ 498\ 595.04}{9\ 989\ 304.57}\times 100\%=475.49\%;$

期末:$\dfrac{负债资本}{权益资本}=\dfrac{66\ 899\ 764.26}{11\ 304\ 845.74}\times 100\%=591.78\%。$

3)负债资本安全率。

期初:$\dfrac{实收资本}{负债资本}=\dfrac{1\ 105\ 161.23}{47\ 498\ 595.04}\times 100\%=2.33\%;$

期末:$\dfrac{实收资本}{负债资本}=\dfrac{1\ 103\ 915.2}{66\ 899\ 764.26}\times 100\%=1.65\%。$

4)长期负债的构成分析。

期初:$\dfrac{长期负债}{总资本}=\dfrac{5\ 492\ 412.35}{47\ 498\ 595.04+9\ 989\ 304.57}\times 100\%=9.55\%;$

期末:$\dfrac{长期负债}{总资本}=\dfrac{8\ 899\ 915.72}{66\ 899\ 764.26+11\ 304\ 845.74}\times 100\%=11.38\%。$

5)长期负债对流动负债比率

期初:$\dfrac{长期负债}{流动负债}=\dfrac{5\ 492\ 412.35}{42\ 006\ 182.69}\times 100\%=13.08\%;$

期末:$\dfrac{长期负债}{流动负债}=\dfrac{8\ 899\ 915.72}{57\ 999\ 848.55}\times 100\%=15.34\%。$

6)长期负债对负债资本比率。

期初:$\dfrac{长期负债}{负债资本}=\dfrac{5\ 492\ 412.35}{47\ 498\ 595.04}\times 100\%=11.56\%;$

期末:$\dfrac{长期负债}{负债资本}=\dfrac{8\ 899\ 915.72}{66\ 899\ 764.26}\times 100\%=13.30\%。$

7)固定资产对长期负债比率。

期初:$\dfrac{固定资产}{长期负债}=\dfrac{491\ 747.92}{5\ 492\ 412.35}\times 100\%=8.95\%;$

期末:$\dfrac{固定资产}{长期负债}=\dfrac{681\ 079.31}{8\ 899\ 915.72}\times 100\%=7.65\%。$

8)流动负债的构成比率。

期初:$\dfrac{流动负债}{总资本}=\dfrac{42\ 006\ 182.69}{47\ 498\ 595.04+9\ 989\ 304.57}\times 100\%=73.07\%;$

期末：$\dfrac{流动负债}{总资本} = \dfrac{57\ 999\ 848.55}{66\ 899\ 764.26 + 11\ 304\ 845.74} \times 100\% = 74.16\%$。

9) 流动负债对长期负债的比率。

期初：$\dfrac{流动负债}{长期负债} = \dfrac{42\ 006\ 182.69}{5\ 492\ 412.35} \times 100\% = 764.80\%$；

期末：$\dfrac{流动负债}{长期负债} = \dfrac{657\ 999\ 848.55}{8\ 899\ 915.72} \times 100\% = 651.69\%$。

10) 流动负债对负债资本比率。

期初：$\dfrac{流动负债}{负债资本} = \dfrac{42\ 006\ 182.69}{47\ 498\ 595.04} \times 100\% = 88.44\%$；

期末：$\dfrac{流动负债}{负债资本} = \dfrac{57\ 999\ 848.55}{66\ 899\ 764.26} \times 100\% = 86.70\%$。

根据上述指标计算结果，初步进行如下分析。

(1) 根据 D 公司股份有限公司的资料，阐述公司负债资本构成是否合理。

从负债资本的构成来看，该公司的整体负债水平较高，年初为占总资本的 82.62%，年末为 85.54%，上升了 2.92%，负债资本比率也同时上升了 116.29%(591.78%－475.49%)。仅从数字变化情况分析，说明该公司的负债资本在增加，意味着公司风险程度在加大，应引起公司的注意。虽然结合其他有关情况分析，包括行业特点，说明负债资本较大是行业特点，但是对于该公司大量的负债资本，并且有增加的趋势，必须想办法降低负债比率。

(2) 通过案例分析负债资本的安全状况。

从负债资本安全程度角度观察，负债资本安全率比较低，同时该公司年初负债资本安全率为 2.33%，年末降至 1.65%，下降了 0.68%，下降幅度为 29.084%(0.68%÷2.33%)，应该说下降速度快了一些，这说明该公司负债资本的增长超过了资本金的增长，此种趋势如不加以必要控制，会对公司财务状况产生不良影响。

(3) 分析 D 公司长期负债的状况。

从长期负债角度分析，反映长期负债状况的指标，即长期负债构成比率，长期负债对流动负债比率，呈现上升趋势，但是总体上来说，长期负债比率较低，说明公司在筹措长期负债上遇到了困难。公司应该尽快扭转这种负债结构不尽合理的局面，或采取必要的措施加以补救。

从固定资产对长期负债比率指标来看，年末较年初变化不明显，这种趋势显然是比较理想的。但如果仅从长期负债安全性角度理解，固定资产与长期负债明显不合理，固定资产占用长期负债比率过低，需要参照长期资产的其他方面来观察这种趋势。

(4) 分析 D 公司流动负债状况。

最后从流动负债分析结果来看，反映流动负债状况的三个指标，流动负债所占的比重过大，可以说是对公司相当不利，可能会对公司的支付能力、周转状况产生一定的不良影响。这也间接地印证了该公司长期负债的变化存在着某些不合理因素。

(5) 整体上评价 D 公司负债筹资的合理性。

该公司负债资本的变动趋势应该说弊大于利，有过多的流动负债。尽管暂时我们还无法肯定这种现象会对公司产生哪些影响，但如果这种趋势长期保持下去，对公司的长远发展肯定是没有好处的。

3.3.2 参考答案

分析过程参照3.2.1和3.2.1,具体略。

4.1.1 参考答案

分析思路

教师可以根据自己的教学目标进行分析,下面思路仅供参考:

首先要学生去查阅相关资料,特别是2016年A股份有限公司的年度报告,加入财务报表附注,找到流动资产情况信息。

根据案例中的实践,找到同行业先进水平的指标进行对比分析,找到差距。

(1)通过A股份有限公司流动资产分析,判断该公司的流动资产构成情况是否合理。

按照内容通过定量分析的形式,分析出流动资产构成的五个比率关系,与合理的结构进行对比,判断流动资金够成是否得当。

(2)通过对比分析,判断A股份有限公司流动资产运用状况,初步判断趋势。

流动资产结构变动分析表

单位:万元

项目	2016年度		2015年度		结构变动		增减速度(%)
	金额	比重	金额	比重	金额	比重	
1	2	3	4	5	6=2-4	7=3-5	8=6/4
流动资产							
货币资金	1 040 961 492	14.26%	430 668 848.8	5.63%	610 292 643.2	8.62%	141.71%
应收票据	468 604 055.9	6.42%	405 950 097.7	5.31%	62 653 958.2	1.11%	15.43%
应收账款	1 163 837 010	15.94%	1 043 807 867	13.65%	120 029 143	2.29%	11.50%
预付款项	207 376 522.7	2.84%	147 495 531.7	1.93%	59 880 991	0.91%	40.60%
其他应收款	228 935 641.1	3.14%	440 693 819.1	5.76%	−211 758 178	−2.63%	−48.05%
存货	3 569 096 534	48.88%	3 955 810 285	51.73%	−386 713 751	−2.85%	−9.78%
划分为持有待售的资产	0	0.00%	30 130 818.74	0.39%	−30 130 818.74	−0.39%	−100.00%
其他流动资产	623 233 184.9	8.54%	1 193 213 179	15.60%	−569 979 994.1	−7.07%	−47.77%
流动资产合计	7 302 044 441	100.00%	7 647 770 447	100.00%	−345 726 006		−4.52%
营业收入	8 528 390 663		7 754 840 577		773 550 086		9.98%

(3)在A股份公司分析过程中是否出现特殊项目,对公司有哪些影响。

根据题(2)表中表明,该公司货币资金、应收票据、应收账款、预付款项等都在增加,特别是货币资金一项增加了141.71%。再结合后面营业收入的增加,可以看出,公司销售增加,导致货币资金和应收账款都快速增加。而里面的存货项目在减少,也说明公司在这一年中扩大经营销售,表明公司合理使用资金,加速资金周转的结果。

(4)总体来说,A股份有限公司流动资产的情况如何?

总体来看,公司流动资产构成中,存货占一半左右,其他资金处于合理范畴,但是由于货币资金增加迅速,要求公司要合理规划,否则会造成资源浪费;同时应收款项增加,需要对于应收款项进行合理管理,防止未来出现坏账情况。

关键要点

本章案例分析主要是了解财务报表中流动资产的内容,提高流动资产资金利用效果。案例分析中会涉及趋势分析和结构分析,在对比中,要加入销售收入的变化,学生事先要大量阅读资料,有财务会计及财务管理的基础知识。

4.2.1 参考答案

分析思路

教师可以根据自己的教学目标进行分析,下面思路仅供参考:

首先要学生去查阅相关资料,特别是2016年A股份有限公司的年度报告,加入财务报表附注,寻找长期资产情况信息。

根据案例中的实践,找到同行业先进水平的指标进行对比分析,寻找差距。

具体分析如下。

1)按照内容通过定量分析的形式,分析出固定资产构成比率,并且做简单判断,结合行业特点,最好在分析过程中去查询行业的平均水平。

2)固定资产投资规模分析,看固定资产投资规模变动。

3)学生可根据定量分析的结果,对于突出显示的项目作出评价。

4)通过对固定资产整体分析,提高固定资产的使用效率,提高投入产出效率,同时有利于公司快速产生经济价值。分析固定资产能够提高公司管理效率,整合内部资源,合理配置资源,保证公司财产的完整、安全,规避漏洞和固定资产流失等。

关键要点

本节案例分析主要是了解财务报表中长期资产,特别是固定资产的内容,提高固定资产的运营效率。案例分析中会涉及很多固定资产的相关知识,要求学生了解固定资产自身的特点,及计量和分析方法。

具体答案(略)。

4.2.2 参考答案

B铝业股份有限公司资产项目分析

项　　目	期末余额	期初余额	期末占总资产比例	期初占总资产比例	比重增减	
流动资产						
货币资金	394 300 998.9	41 856 886.53	23.27%	3.28%	19.99%	609.43%
应收票据	5 977 500	8 389 151.49	0.35%	0.66%	−0.30%	−46.34%
应收账款	131 036 046	89 806 494.6	7.73%	7.04%	0.70%	9.88%
预付款项	56 307 027.39	66 749 189.88	3.32%	5.23%	−1.91%	−36.47%
应收利息	1 915 471.02	652 155.83	0.11%	0.05%	0.06%	121.19%
其他应收款	3 439 660.53	6 246 589.48	0.20%	0.49%	−0.29%	−58.53%
存货	196 222 815	170 458 026.5	11.58%	13.36%	−1.78%	−13.31%
其他流动资产	15 273 084.36	9 448 100.08	0.90%	0.74%	0.16%	21.74%
流动资产合计	804 472 603.2	393 606 594.4	47.49%	30.85%	16.64%	53.92%
非流动资产						
可供出售金融资产	30 000 000	30 000 000	1.77%	2.35%	−0.58%	−24.69%
长期股权投资	40 783 061.92	41 792 468.48	2.41%	3.28%	−0.87%	−26.51%
固定资产净额	531 039 765	553 133 840.2	31.35%	43.35%	−12.01%	−27.70%
在建工程	98 012 152.99	63 207 887.53	5.79%	4.95%	0.83%	16.78%
无形资产	158 126 979.1	162 199 668.8	9.33%	12.71%	−3.38%	−26.58%
长期待摊费用	142 057.8	147 452.4	0.01%	0.01%	0.00%	−27.45%
递延所得税资产	12 918 891.04	12 677 642.02	0.76%	0.99%	−0.23%	−23.26%
其他非流动资产	18 629 906.7	19 071 425.62	1.10%	1.49%	−0.40%	−26.43%
非流动资产合计	889 652 814.5	882 230 385	52.51%	69.15%	−16.64%	−24.06%
资产总计	1 694 125 418	1 275 836 979				
所有者权益(或股东权益)合计	1 454 888 898	982 812 953.6				

(1)根据所学内容,对于B铝业的流动资产进行分析,衡量流动资产的合理性。

1)货币资金比较多的原因是本期通过发行新股筹集资金,偿还债务和项目融资后,还有剩余作为流动资金放在货币资金中。

2)应收账款变化是因为销售增加,同时减少了存货。

(2)结合相关资料,对于B铝业股份有限公司的固定资产进行分析,评价固定资产的运营情况。

B铝业股份有限公司固定资产分析

	2016	2015
固定资产对流动资产比率	66.01%	140.53%
固定比率	36.50%	56.28%
速动比率	35.90%	17.49%
固定资产增长比率	3.39%	
固定资产更新率	4.66%	
固定资产退废率	1.39%	
固定资产磨损率	33.80%	
固定资产净值率	66.19%	

固定资产的更新率和增长率大于退费率,并且净值率大约磨损率,说明固定资产较新。

(3)整体上看B铝业股份有限公司资产情况,找出拖累业绩的直接原因。

资产负债表按照流动性由强到弱排列,同时也是收益性从弱到强排列,该企业在一年中,流动资产的占比直线上升,而固定资产占比下降,严重影响收益。特别是货币资金基本上不产生利润。

5.3.1 参 考 答 案

分析思路

教师可以根据自己的教学目标进行分析,下面思路仅供参考:

首先要学生去查阅相关资料,了解公司在正常情况下资产负债表中筹资和投资结构会存在哪些结构,一一列举出来。

运用所学知识,从量的角度、风险的角度提出各种情况会遇到的风险。

根据案例的数据分析,案例中满足分析中的各种结构关系,保守型、稳健型、平衡型、风险型及危机型结构(见书中内容)。

关键要点

本章案例分析主要是了解财务报表中筹资和投资的对应关系,要通过计算分析数量的关系,再通过判断类型来分析所具备的风险及对公司财务状况的影响。

具体答案略。

5.3.2 参 考 答 案

具体答案略。

6.2.1 参 考 答 案

分析思路

可以根据自己的教学目标进行分析,下面思路仅供参考:

学生计算出偿债能力分析的各项指标,考虑期初与期末的结合,分析公司偿债能力现状及趋势。

查阅相关资料,了解还有哪些会影响偿债能力。

(1)A海运运输(集团)总公司(全球第二大综合性航运公司)长短期的偿债能力如何?

按照知识点中所列示的指标,计算期初和期末的各个指标:

A海运公司偿债能力指标

项 目	2015年	2016年
营运资金	1 570 498.83	1 186 185.35
流动比率	1.600 6	1.354 1
速动比率	1.544 5	1.307 4
现金比率	1.289 853	0.974 315
资产负债率	69.676 4	68.618 5
产权比率	185.698 6	167.125 1
股东权益比率	30.323 6	31.381 5
利息保障倍数	176.930 1	−373.046

(2)通过案例分析,说明长、短期偿债能力之间存在什么样的关系。

长、短期偿债能力分析之间既有联系,又有区别,财务分析人员既不要把二者割裂开来进行分析,也不能混为一谈。

1)长、短期偿债能力分析的联系。长、短期偿债能力分析的目的都是衡量公司偿还债务的能力。任何长期债务在到期当年都已经转化为短期债务,影响公司的短期偿债能力,有时候即使公司有很强的长期偿债能力,但如果其流动资产不足或变现能力差,也有可能无法偿付到期债务而陷入财务危机。

从公司长远的发展来看,长期偿债能力是短期偿债能力的基础,公司的长期偿债能力和盈利能力密切相关,良好的长期偿债能力能够说明公司的实力强、效益好,也是偿还短期债务的根本保障。所以,分析公司的短期偿债能力时应结合公司的长期偿债能力,综合把握公司的偿债能力。

2)长、短期偿债能力分析的区别。

A.分析的影响因素不同。流动负债是指一年内到期或在一个营业周期内到期的债务,必须由变现能力强的流动资产来偿还。所以,分析公司的短期偿债能力,主要是分析流动资产与流动负债之间的关系,核心问题是公司的现金流量分析。

偿还长期负债的资产,一般情况下不是固定资产和其他长期资产,因为固定资产和其他长期资产主要用于公司的生产经营活动。长期债务是由一年或若干年以后才需要以现金偿付的债务,因此盈利能力分析是分析公司长期偿债能力的前提。

B.分析的指标不同。短期偿债能力分析主要是利用公司资产负债表提供的数据,计算流动比率、速动比率、现金比率等指标,来考察公司偿还短期债务的能力和水平。

长期偿债能力分析要分别利用资产负债表和利润表提供的数据,计算资产负债率、利息保障倍数等指标,进而分析这些指标所反映的公司偿还长期债务的能力,同时结合公司的盈利能力,来全面综合地评价公司的长期偿债能力。

(3)除了上述分析的内容,公司还有哪些方面会影响公司的短期偿债能力?如何影响的?

上述变现能力指标的计算和分析中绝大多数数据资料是从会计报表中取得的。当然,还有一些会计报表资料中没有反映出来的因素也会影响公司的短期偿债能力,甚至影响力相当大。会计报表的使用者应多了解些这方面的情况,有利于做出正确的判断。

1)增强变现能力的因素。公司流动资产的实际变现能力可能比会计报表项目反映的变现能力要好一些。影响变现能力的其他因素主要有以下几个方面。

A.可动用的银行贷款指标。银行已同意、公司未办理贷款手续的银行贷款限额可以随时增加公司的现金、提高支付能力。这一数据不反映在报表中,必要时应在财务状况说明书中予以说明。

B.准备很快变现的长期资产。由于某种原因,公司可能将一些长期资产很快出售变为现金,增强短期偿债能力。公司出售长期资产,一般情况下都是要经过慎重考虑的,公司应根据近期利益和长期利益的辩证关系,正确做出是否出售长期资产的决策。

C.偿债能力的声誉。如果公司的长期偿债能力一贯很好,有一定的声誉,在短期偿债能力方面出现困难时,可以很快地通过发行债券和股票等办法解决资金的短缺问题,提高短期偿债能力。这个增强变现能力的因素取决于公司自身的信用声誉和当时的筹资环境。

2)削弱变现能力的因素。削弱公司流动资产变现能力的因素,未在会计报表中反映的主要有以下几方面。

A.未作记录的或有负债。或有负债是有可能发生的债务,对这些或有负债,按照我国《公司会计准则》规定并不作为负债登记入账,也不在报表中反映。只有已办贴现的商业承兑汇票,作为附注列示在资产负债表的下端,其他的或有负债,包括售出产品可能发生的质量事故赔偿、尚未解决的税额争议可能出现的不利后果、诉讼案件和经济纠纷案可能败诉并需赔偿等都没有在报表中反映。这些或有负债一旦成为事实上的负债,将会加大公司的偿债负担。

B.担保责任引起的负债。公司有可能以自己的一些流动资产为他人提供担保,为他人向金融机构提供担保、为他人购物担保或他人履行经济责任提供担保等。这种担保有可能成为公司的负债,增加偿债负担。

(4)除了上述分析的内容,公司还有哪些方面会影响公司的长期偿债能力?如何影响的?

1)资产价值。资产负债表上的资产价值主要是以历史成本为基础确认计量的,这些资产的账面价值与实际价值往往有一定的差距。

A.资产的价值可能被高估或低估。资产的账面价值是历史数据,而市场处于不断变化之中,某些资产的账面价值能完全反映其实际价值,如公司处于城市中心地段的厂房会发生大幅度增值,而一些技术落后的设备的账面价值又会大大低于市场价值。

B. 某些入账的资产毫无变现价值。这类项目包括短、长期待摊费用以及某些人为制造的应收账款、存货等,前者已作为费用支出,只是因为会计上的配比原则才作为资产保留在账面上,而后者是粉饰的结果。这类资产的流动性几乎等于零,对公司的偿债能力毫无意义。

C. 尚未全部入账的资产。按照现行会计制度,公司的资产并非全部在资产负债表中得到反映,一些非常重要的项目往往未被列作资产入账。如公司自行开发的、因成本较低而计入期间费用的商标权、专利权等,其商用价值是不容忽视的。又如,一些公司的衍生金融工具是以公允价值披露在财务报表附注中的,这种揭示有助于使用者分析与之相关的公司的重大盈利机会或重大潜在风险。

2)或有项目或承诺事项。或有项目是指在未来某事件发生或不发生的情况下,最终会带来收益、财产或损债和负债,但现在无法肯定的是目前状况、条件或因素,如票据贴现、附有条件的捐赠财产、产品售后服务责任、未决诉讼等。或有项目的特点是现存条件的最终结果不确定并且它的处理取决于未来的发展。由于或有项目是将来可能发生的,因而在公司财务报表中往往并不反映,但这些项目一旦发生便会改变公司的财务状况。所以,在进行长期偿债能力分析时,就必须考虑它们的潜在影响。

承诺事项指公司由具有法律效力的合同协议或协议的要求而引起义务的事项,例如,与贷款有关的承诺、信用证承诺、售后回购协议下的承诺。在未来的特定期间内,只要达到特定条件,公司将发生资产减少或负债增加。当公司参与合资时,通常要做出承诺,如要为合资公司的银行贷款提供担保,或者与合资公司签订长期的原材料购货合同。这类活动可能使得公司存在大量的不出现在资产负债表上的潜在负债或义务。这种潜在债务是所有合资公司,包括那些已经合并的公司都存在的。为了了解重要的潜在负债或承诺,应阅读与合资公司有关的附注,然后认真考虑这些因合资而使公司承担的负债或承诺的有关信息。无论是或有事项,还是承诺事项,均有可能减弱公司长期偿债能力,必须对此严加观察和分析,防患于未然。

3)长期租赁。当公司急需某种设备或资产而又缺乏足够的资金时,可以通过租赁的方式解决。财产租赁有两种形式:融资租赁和经营租赁。

融资租赁是出租赁公司垫付资金购买设备后租给承租人使用,承租人按合同规定支付租金(包括设备买价、利息、手续费)的租赁形式。一般情况下,承租方在付清最后一笔租金后,设备的所有权归承租方所有,实际上属于变相的分期付款购买固定资产。因此,在融资租赁形式下,租入的固定资产作为公司的固定资产入账进行管理,相应的租赁费用作为长期负债处理。这种资本化的租赁,在分析长期偿债能力时,已经包括在债务比率指标计算之书中、经营租赁是指以出租人向承租人提供设备等资产的短期使用权为特征的租赁形式,由于设备的所有权最终属于出租人,因此承租方无须对租赁设备计提折旧,无须在资产负债表上反映,只需将租金计入费用。当公司的经营租赁量比较大、期限比较长或具有经常性时,则构成了一种长期性筹资,这种长期性筹资虽然不包括在长期负债之内,但到期时必须支付租金,会对公司的偿债能力产生影响。因此,如果公司经常发生经营租赁业务,应考虑租赁费用对偿债能力的影响。

4)合资经营。合资经营就是指两个或两个以上公司为某一特定目的而建立的联合关系。某些合资经营可能采用合伙公司形式或其他非股份公司的公司形式。另外一类合资经营则是采用由两个或多个公司共同拥有的股份公司的形式。

由于合资公司有多种形式,其会计处理适用的会计原则是很灵活的,即把合资公司看作是投资还是应合并公司是关键问题。一些合资公司对母公司来说非常重要,这就有个问题,即母公司对其有控制能力还是仅仅有重要影响。当母公司有控制能力时通常要按持股比例与合资公司合并,而其他合资公司通常用权益法核算并在投资账户中反映。这两种情况都需要在附注中作为重要的信息揭示出来。

此外,国家信贷政策的调整、全球性或区域性经济发展状况等对长期偿债能力均有影响。只是这些影响大都难以进行准确的定量分析,其分析的准确性较多依赖于分析人员的专业判断。

关键要点:

本章案例分析主要是了解一个公司的偿债能力,计算准确。

6.2.2 参考答案

A 海运公司偿债能力分析

形　式	项　目	2016 年	2015 年
长期	资产负债率	69.68%	68.62%
	产权比率	229.7%	218.66%
	股东权益比率	30.32%	31.38%
	利息保障倍数	1.7693	−3.730 460 096
	息税前利润总额	403 814.29	−677 288.01
短期	流动比率	1.35	1.60
	速动比率	1.31	1.54
	现金比率	0.970 5	1.02

B 能源运输公司偿债能力指标分析

形　式	项　目	2016 年	2015 年
长期	资产负债率	41.55%	45.69%
	产权比率	71.09%	84.14%
	股东权益比率	58.45%	54.31%
	利息保障倍数	13.667 304 79	12.259 184 54
	息税前利润总额	224 604.66	245 846.79
短期	流动比率	2.06	2.09
	速动比率	1.87	1.92
	现金比率	1.44	0.98

B 能源运输公司流动比率在 2 以上,其偿还短期债务的能力较强。速动比率 1.87,该指标的国际公认标准为 1。速动比率过高,又说明公司因拥有过多的货币性资产而可能失去一

些有利的投资和获利机会。现金比率1左右,表明公司的短期偿债能力较强。

资产负债率41.55%,公司资产对负债的保障程度较低。产权比率71.09%,较高,是高风险、高报酬的资本结构。股东权益比率与资产负债率之和按同口径计算应等于1,股东权益比率小,公司的财务风险也就大。从长期看,利息保障倍数至少应当大于1,现在是13,公司长期偿债能力较强。

对比6.2.1案例中的A海运公司,无论是长期还是短期偿债能力,都是B能源运输股份有限公司较强。

7.2.1 参 考 答 案

分析思路

可以根据自己的教学目标进行分析,下面思路仅供参考:

在分析各个问题之前,要对公司的盈利能力指标进行整理,准备好公司盈利能力涉及的相关资料,除了给出的资产负债表和利润表,还应该查阅公司两年的财务报告,加上财务报告的附注,对于分析指标进行理解。

上市公司披露的相关分析信息,作为分析的参考。

(1)一个公司盈利能力的强弱,需要依赖哪些指标来体现,如果是上市公司呢?

盈利能力表

项 目	2015年	2016年
毛利润	214 110.98	244 925.20
毛利率	10.06%	10.94%
营业利润率	10.78%	11.83%
营业净利率	8.09%	9.09%
成本费用利润率	12.08%	13.40%
总资产利润率	7.60%	8.09%
总资产报酬率	15.12%	7.96%
总资产净利率	11.31%	6.16%
股东权益报酬率	15.18%	9.09%
每股收益	1.54	1.85
市盈率	18.61	11.46
每股股利	5.23	6.48
每股净资产	11.45	12.91
市净率	2.50	1.64

根据知识点,计算分析各种投入和产出之间的利润率关系。反映公司盈利能力的指标有

很多,通常使用的主要有以下几点。

1)以销售收入作为基础的:销售毛利率(销售毛利/销售收入净额),销售净利率(净利润/销售收入净额),营业利润率(息税前利润/销售收入净额)。

2)以资产为基础:总资产收益率(收益总额/平均资产总额),流动资产收益率(净利润/流动资产总值),固定资产收益率(净利润/固定资产总值),投资收益率(投资净收益/平均对外投资余额),长期资本收益率(收益总额/长期负债+所有者权益)。

3)成本费用利润率。一般来说,反映盈利能力的指标越大,该公司的盈利能力就越好。销售毛利率指标越大,说明公司的主要业务或主要产品盈利状况越好。销售净利率比率越大,说明公司的总体盈利能力越强。成本费用利润率指标越大,说明公司的成本和费用的耗费越有价值。总资产报酬率越大,说明公司利用资产盈利的能力越高。

反映上市公司盈利能力的指标有很多,通常使用的主要有以下几点。

1)生产经营业务获利能力分析。该指标反映每实现百元销售额所取得的利润有多少。它是通过销售利润率(利润总额÷销售收入净额),根据反映层次要求的不同,还可计算销售毛利率、营业利润率指标。计算时分母不变,依次将分子换成销售毛利额、营业利润额。该指标是衡量资产报酬率、资本回报率的基础。

2)资产获利能力分析。这种分析在于衡量企业资产的运用效益,从总体上反映投资效果,该指标只有高于社会平均利润率,公司的发展才算处于有利地位。这一分析所采用的指标有:

总资产报酬率(%)=(利润总额+利息支出)÷平均资产总额×100%,该指标是从企业所得与所占角度进行分析;

销售成本费用利润率(%)=利润总额÷产品销售成本及费用×100%。这一指标是从所得与所费角度进行分析;

净资产收益率(%)=当年实现的净利润÷年初净资产和年末净资产的平均值×100%。

净资产收益率的一个指标,如果是超过15%,这就是一个很好的企业了,如果是低于10%的话,就建议您不要考虑了。

(2)A旅游股份有限公司作为上市公司,如果作为普通股民想要投资,主要考虑哪些方面?

对于上市公司而言,首先看每股收益率,之后要观察市盈率,来考虑现在的相对价格是否合理。因为投资面向未来,最好能够分析未来几年的预计盈利发展情况。同时在分析中,对于股票价格影响的其他因素也要加以考虑。

1)由于债务融资的存在,资产报酬率高并不意味着所有者投资收益高,只有所有者投资收益高才能吸引投资者继续投资或追加投资。

该分析主要从资本金利润率(利润总额÷资本金总额×100%)、市盈率(每股收益÷普通股每股市价×100%)指标进行。

2)在对旅游股的投资要注意两方面。

一是注意选择景点旅游股。旅游板块分为三类:一是景点旅游,A旅游就是景点旅游类;二是旅游服务类;三是酒店类。其中,景点类旅游股最具有良好发展空间,因为景点旅游股,拥有垄断资源,具备自主定价能力;而且经营成本较低,利润却较高。

二是注意选择低价旅游股。从旅游股的强势品种分析,大多是从低价股开始启动的,如旅游龙头股张家界在7月份启动时,最低价仅有1.78元,因此,投资者要更多的关注有较大上升空间的低价旅游股。

(3)为什么对于一个公司来说,净资产报酬率十分必要?

净资产报酬率是综合性最强的指标,也是最具有代表性的财务比率,反映公司的财务目标、筹资、投资及各种经营活动的综合效益。

1)上市公司往往在刚刚上市的几年中都有不错的净资产收益率表现,但之后这个指标会明显下滑。这是因为,当一家企业随着规模的不断扩大、净资产的不断增加,必须开拓新的产品、新的市场并辅之以新的管理模式,以保证净利润与净资产同步增长。但这对于企业来说是一个很大的挑战,这主要是在考验一个企业领导者对行业发展的预测、对新的利润增长点的判断以及他的管理能力能否不断提升。

有时候,一家上市公司看上去赚钱能力还不错,主要是因为其领导者熟悉某一种产品、某一项技术、某一种营销方式,或者是适合于某一种规模的人员、资金管理。但当企业的发展对他提出更高要求的时候,他可能就捉襟见肘、力不从心了。因此,当一家上市公司随着规模的扩大,仍能长期保持较好的净资产收益率,说明这家公司的领导者具备了带领这家企业从一个胜利走向另一个胜利的能力。对于这样的企业家所管理的上市公司,可以给予更高的估值。

2)不能比利率低。上市公司的净资产收益率多少才合适呢?一般来说,上不封顶,越高越好,但下限还是有的,就是不能低于银行利率。如果一家上市公司的净资产收益率低于银行利率,就说明这家公司经营得很一般,赚钱的效率很低,不太值得投资者关注。

可以说,高于银行利率的净资产收益率是上市公司经营的及格线,偶然一年低于银行利率或许还可原谅,但如果长年低于银行利率,这家公司上市的意义就不存在了。正是因为这个原因,证监会特别关注上市公司的净资产收益率,证监会明确规定,上市公司在公开增发时,三年的加权平均净资产收益率平均不得低于6%。

3)看一眼负债率。虽然从一般意义上讲,上市公司的净资产收益率越高越好,但有时候,过高的净资产收益率也蕴含着风险。比如说,个别上市公司虽然净资产收益率很高,但负债率却超过了80%(一般来说,负债占总资产比率超过80%,被认为经营风险过高),这个时候就得小心。这样的公司虽然盈利能力强,运营效率也很高,但这是建立在高负债基础上的,一旦市场有什么波动,或者银行抽紧银根,不仅净资产收益率会大幅下降,公司自身也可能会出现亏损。

对上市公司来说,适当的负债经营是非常有利于提高资金使用效率的,能够提高净资产收益率。但如果以高负债为代价,片面追求高净资产收益率,虽然一时看上去风光,但风险也不可小觑。

4)与市盈率相配合。以价廉物美比照市盈率与净资产收益率,其实这也说明净资产收益率与市盈率两个指标相配合,可以较好地判断一家上市公司是否价廉物美,是否具有投资价值。

分析一家上市公司是不是值得投资时,一般可以先看看它的净资产收益率,从国内上市公司多年来的表现看,如果净资产收益率能够常年保持在15%以上,基本上就是一家绩优公司了。这个时候再看看其市盈率如何,如果其市盈率低于市场平均水平,或者低于同行业公司的水平,我们就可以将这只股票列入高度关注的范围。

(4)有人把负债经营作为一把"双刃剑",对于这个说法,你是怎么理解的?

对于负债经营,通常考虑如果总资产报酬率大于负债成本率,那么负债越多,给公司带来的收益越大。但是如果总资产报酬率低于负债成本率,公司就会承担很大的财务风险,负债越多,风险越大。

企业负债经营的优点有以下几点。

1)负债经营可以快速弥补企业内部资金不足,增强企业经济实力。企业在生产经营过程中必然需要资金,而单靠企业内部积累的自有资金,不仅在时间上不允许,而且在数目上也难以适应其发展的需要。所以,企业在资金不足的情况下,通过负债经营可以运用更大的资金力量扩大企业规模和经济实力,提高企业的运行效率和竞争力。一个企业不仅在资金不足时需要负债经营,就是在资金比较充裕时负债经营也是十分必要的。因为一个企业只靠内部自有资金的积累和运用,其资金数量总是有限的。企业通过负债可以有效地取得和支配更多的资金量,迅速扩大生产。

2)负债经营在一定程度上降低了综合资金成本。一方面,企业借入资金,不论盈亏均应按期偿还本息,对债权人来说投资风险较小,因此其要求的报酬率也较低;另一方面对筹资者来说,其资金成本降低了。由于债务的利息支出是税前支付,负债经营可以从减税效应中获益,可使企业少交纳所得税。

3)负债经营可以发挥财务杠杆作用,增加企业潜在收益。在长期资金总额不变的条件下,企业从营业利润中支付的债务成本是固定的,当营业利润增多或减少时,营业利润所负担的债务成本就会相应地减少或增大,从而给每股普通股带来更大幅度的额外收益或损失。企业能否获益于财务杠杆作用取决于债务资本利润率和负债利率的大小。

企业负债经营的弊端有以下几点。

1)无力偿付债务的风险。由于负债融资是属于有偿使用资金,企业负有到期偿还本金的法定责任。如果企业用负债进行的投资项目出现问题,会使企业面临无力偿债的风险。其结果不仅导致企业资金紧张,还会严重影响企业信誉。

2)财务杠杆对企业的负面效应。财务杠杆效应能有效地提高权益资本收益率,但风险与收益是一对孪生兄弟,杠杆效应同样可能带来权益资本收益率的大幅度下滑。

3)过度负债引起的再筹资风险。由于负债经营使企业的负债率增大,对债权人的债权保证程度降低,这就在很大程度上限制了以后增加负债筹资的能力,使未来筹资成本增加,筹资难度加大。另一方面,企业负债规模过大,必然是权益资本投入过小。当企业负债超过一定限度时,则不能为债权人所接受,债权人将做出提前收回贷款、转移债权或不再提供贷款的决策,这就导致了企业资金短缺,后续贷款为难,不仅会影响企业的信誉,更主要的是影响了企业的再融资功能。

4)负债经营有可能引起股东和债权人之间的代理冲突。在现实的经济活动中,股东往往喜欢投资于高风险的项目,因为如果项目成功,债权人只能获得固定的利息和本金,剩余的高额收益均归股东所有,另外,股东发行新的债券也会损害原债权人的利益。因为股东为了获得新的资金,往往会给新债权人更优先的索偿权。

总之,在我国企业目前普遍高负债的境况下,企业需要负债经营。但要把握住债务规模,控制好负债结构,强化资金管理与合理调度,化风险为利益,最终实现企业核裂变式的快速发展,创造更多的经济效益,在竞争中处于领先地位。

一个公司建立之初,就是为了最终能够获得利润。那么本节案例分析过程中,就可以从经营过程中的盈利能力、资产的盈利能力和资本的盈利能力几个方面入手。一是可以分析出公司经营创造的盈利;二是可以分析出公司资产优化过程中获利能力;三是筹措资金投入资本的保值增值情况。

7.2.2 参考答案

(1)根据 TB 商业服务集团股份有限公司的基本资料,对于公司盈利状况进行分析。

TB 国际商业服务集团股份有限公司盈利指标

项　目	2015 年	2016 年
营业毛利率	34.14%	41.13%
营业利润率	30.93%	18.77%
营业净利率	23.83%	15.26%
成本费用利润率	30.24%	23.40%
总资产利润率	7.57%	6.17%
总资产报酬率	4.70%	7.96%
总资产净利率	5.80%	4.88%
股东权益报酬率	11.63%	12.40%
每股收益	0.270 0	0.330 0
市盈率	107.78	48.9
每股股利	1.157 2	2.871 6
每股净资产	2.490 6	2.871 6
市净率	11.68	5.62

由表 7-1 资产负债表来看,与 2015 年相比 2016 年负债有所增加由 184 546.27 加至 300 158.04,增加了 62.64%,在资产增加的额度中占比较所有者权益的增加比更大,资产的增加主要源于负债的增加。即使营业利润、净利润等都有小幅度增长但由于低于资产的增加幅度所以营业利润率、营业净利率均下降,总资产利润率、总资产净利率下降,同时库存股减少,使得股东权益报酬率、每股收益、市盈率、每股股利等有所增加。

(2)如果你是公司的未来投资者,看到这个信息,你会不会投入资金。

答案略。

8.2.1 参考答案

A 集团公司运营能力指标分析

项目周转率		项目周转期/天	
存货周转率	10.289 07	周转天数	35.47
应收账款周转率	30.757 85	周转天数	11.87
流动资产周转率	1.833 019	周转天数	199.13
固定资产周转率	3.367 25	周转天数	108.40
总资产周转率	0.961 908	周转天数	379.45

(1) 根据案例,分析 A 集团流动资产流动性对于公司业绩、偿债能力和运营能力的影响。

从总体分析的资产流动性对公司业绩影响来看,提高速动比率、现金流量利息保障倍数、债务保障率和总资产周转率有利于公司业绩的显著提高。资产的流动性越强,企业的短期偿债能力越强,同时资产运营能力的提高能够保证企业资产的保值增值,保障债务及时足额偿还,对企业的长期偿债能力也有重要影响,企业的财务风险越小。企业资金周转越快,流动性越高,企业的偿债能力越强,资产获取利润的速度就越快,营运能力越强。

(2) 固定资产的周转情况分析,评价 A 集团固定资产运营效率。

固定资产周转率越高,表明企业固定资产利用越充分,说明企业固定资产投资得当,固定资产结构分布合理,能够较充分地发挥固定资产的使用效率,企业的经营活动越有效;反之,则表明固定资产使用效率不高,提供的生产经营成果不多,企业固定资产的营运能力较差。

(3) 在运用运营能力指标分析时,如何识别公司资产运营效率?

答案略。

(4) 对于一个公司,影响其运营能力的因素有哪些?A 集团呢?

答案略。

8.2.2 参 考 答 案

分析思路

可以根据自己的教学目标进行分析,下面思路仅供参考。

在分析流动资产运营能力时候,需要对其内部的主要构成内容进行分析,单项的分析更能说明其问题所在。在固定资产分析的时候,尽量使用固定资产原值,这是因为固定资产虽然通过折旧使得其价值减少,但没有那么大差异。在分析运营能力时候,要有对比,只有对比才能知道优劣。

根据知识点,计算分析流动资产运营能力,同时也要分析存货、应收账款等主要构成内容的运营情况,才能得到比较细致的结果。

以上对于固定资产分析,注意固定资产分析时候原值使用及前后一致性,减少人为风险。同时固定资产分析时候,也要结合流动资产投资规模,周转额等分析。

在分析资产运营能力时,没有对比就没有办法知道优劣情况,这个对比的参照标准,可以是历史水平、可以是行业标准水平。

营运能力的各项财务比率指标不仅反映了各项资产的运用效率和管理效果而且对资产报酬率有着非常重要的影响。当销售利润率一定时,资产报酬率的高低直接取决于资产周转率的快慢。因此,为了提高营运能力,加速资产周转,增强资产的管理效果,进而提高公司的偿债能力和盈利能力,我们首先应弄清影响营运能力的因素,以便更深入地认识营运能力,从而有针对性地改善营运能力。

影响营运能力的因素包括表层因素和深层因素两个层面。

(1) 影响营运能力的表层因素。由于各项营运能力的财务比率指标可见,影响营运能力的表层因素是营业收入,各营运资产占用额。当资产占用额一定时,营运能力的好坏取决于营业收入的多少。所实现的营业收入越多,则营运能力越好;所实现的营业收入越少,则营运能力越差。当营业收入一定时,营运能力的好坏则取决于资产占用额的多少。所占用的资产额越少,营运能力越好;占用的资产额越多,营运能力越差。因此提高营运能力,首先应该从增加营业收入和降低资产占用额两方面同时入手。

(2)影响营运能力的深层因素。通过对公司经营的进一步了解可知,影响资产运用效率的深层因素包括公司所处行业及其经营背景、公司经营周期的长短、公司资产构成及其质量、资产管理水平以及公司财务政策等。

1)公司所处行业及其经营背景。公司所处行业及其经营背景不同,则公司资产营运能力不同。不同的行业的资产占用,如制造业可能需要占用大量的原材料、在产品、产成品、机器、设备、厂房等,其资产占用量越大,资产周转相对越慢。而 IT 行业,尤其是劳动密集型或知识型的 IT 服务业,公司除了人力资源,其他资产很少。按照当前的会计制度,人力资源未作资产处理,因此这类行业的总资产占用非常少且资产周转相对就较快。公司的经营背景不同,其资产周转也会呈现不同趋势,越是落后、传统的经营和管理,其资产周转可能相对越慢;相反,在现代经营和下,各种先进的技术手段和理念的运用,比如通过 IT 系统,可有效地能力,加速资产周转。

2)公司经营周期。公司经营周期长短不同,会导致不同的营运能力。所谓经营周期,即营业周期,它是指从取得存货开始到销售存货并收回现金为止的时期。如上所述,营业周期的长短可以通过应收账款周转天数和存货周转天数近似地反映出来,因此,我们可由应收账款周转天数和存货周转天数之和简化计算营业周期。总之,营业周期长短对公司资产周转率具有重要影响,营业周期越短,资产的流动性相对越强,在同样时期内实现的销售次数越多,销售收入的累积额相对越大,资产周转相对越快;反之,资产周转越慢。

3)公司资产构成及其质量。公司资产构成及其质量不同,也将导致不同的营运能力。我们知道,资产按变现速度及价值转移形式不同,分为流动资产和长期资产两大类。流动资于指变现速度较快、价值一次性转移的资产,流动资产只是在短期内占用或只在到期内保持其现有占用形态的资产。长期资产则是指变现速度慢,价值分次或多次转移的资产,长期资产是在较长时期内占用或需要在较长时期内保持其现有占用形态的资产。在实务中,由于主观或客观的原因,某些流动资产长时间无法改变其占用形态,比如超龄应收账款、超储积压存货等,这些资产不再具有较强的流动性,已转化为实质上的长期资产。公司在一定时点上的资产总量是公司取得收入和利润的基础。然而,当公司的长期资产占用过多或出现有问题资产、资产质量不高时,就会导致资金积压,资产流动性低下,甚至营运资金不足。另一方面,流动资产的数量和质量通常决定着公司变现能力的强弱,而长期资产的数量和质量则通常决定着公司的生产经营能力和长期增长能力。在资产总量一定的情况下,长期资产和非流动资产所占的比重越大,公司所实现的周转价值越小,资产的周转速度也就越慢;反之,资产的周转速度越快。

资产管理水平与公司财务政策。资产管理水平与公司采用的财务政策不同,也将导致不同的资产运用效率资产管理水平不同,会有较大的资产构成和资产质量差异,将导致完全不同的资产周转率。资产管理水平越高,拥有越合理的资产结构和越优良的资产质量,资产周转率越快,反之资产周转率越慢。公司所采用的财务政策,决定着公司资产的账面占用总量,如折旧政策决定固定资产的账面净值,信用政策决定应收账款的占用量等,因此,它自然也会影响资产周转率。当公司其他资产不变时,采用快速折旧政策可减少固定资产账面净值,从而提高资产周转率。信用政策的影响则是,越是宽松的信用政策,导致应收账款的占用越多,尤其是当它对销售的促进作用减弱时,资产的周转速度就越慢。

总之,营运能力受诸多因素的影响。依据对这些因素的分析,我们可以通过加大资产的管理力度,合理安排资产结构,不断提高资产质量,选择有利的财务政策来提高营运能力,加速资产周转。另一方面,我们也应注意到,不同行业、不同经营性质和经营背景的公司,其营运能力不能比较,或者说比较的意义。

关键要点

本章案例分析过程中,除了要求对于公司运营能力指标在计算分析过程中,最好能够结合多个年份,进行对比,才能得出趋势和发展。同时在分析中要剔除偶然因素。

9.2.1 参 考 答 案

分析思路

可以根据自己的教学目标进行分析,下面思路仅供参考:

先判断公司各个增长能力方面,再进行综合分析,也就是整体上的成长能力,考虑相关的影响因数,防止片面分析的不到位地方。

S集团增长指标分析

分析内容	分析指标	2015年	2016年
股东权益增长	股权资本增长率=当期股东权益增加额/期初额	14.01%	11.46%
	三年资本平均增长率	—	13.28%
资产增长	资产增长率	23.32%	15.44%
销售增长	销售增长率	-10.11%	-15.07%
收益增长	营业利润增长率	-0.38%	-2.09%
	利润总额增长率	-2.80%	-3.22%
	净利润增长率	-6.97%	-5.78%
	三年利润平均增长率	—	-4.30%

(1)为什么说一个不稳定的增长对于公司而言也是有危害的?

一个公司需要可持续、稳定的增长,才能是公司能够持续经营的基础,好的公司是长期的繁荣,而不是昙花一现。不断地增长,不断地积累,才能不断增加公司价值。

(2)判断公司增长能力时,资产规模增加十分必要,但是为什么要正确分析资产增长的原因呢?

增加负债或者增加所有者权益,在其他条件不变的情况下,都有可能让资产增加,但是如果资产中出现虚假资产,不良资产,增加再多,也不会对企业产生主要的效益。

(3)一个公司销售增长的价值在哪里?案例中,销售增长能力如何?

销售增长是公司发展的源泉,销售增长对于利润的贡献是最直接的,在计算指标时候,注意一下相关的偶然因素。

(4)对于案例中的公司,销售利润增长率、营业利润增长率和净利润增长率不同,各代表着什么?

营业利润比销售利润考虑多了期间费用等,净利润又加入了营业外收支情况,在分析中看利润指标的构成。

关键要点

公司增长能力通常是指公司未来生产经营活动的发展趋势和发展潜能,也可以称之为发展能力。从形成看,公司的增长能力主要是通过自身生产经营活动的不断扩大积累而形成的,主要依托于不断增长的销售收入、不断增加的资金投入和不断创造的利润等。从结果看,一个增长能力强的公司,能够不断为股东创造财富,能够不断增加公司价值。

公司能否持续增长对股东、潜在投资者、经营者及其他相关利益团体至关重要,因此有必要对公司的增长能力进形深入分析。

与盈利能力一样,公司增长能力的大小同样是一个相对的概念,即分析期的股东权益、收益、销售收入和资产相对于上一期的股东权益、收益、销售收入和资产的变化程度。仅仅利用增长额只能说明公司某一方面的增减额度,无法反映公司在某一个方面的增减幅度,既不利于不同规模公司之间的横向对比,也不能准确反映公司的增长能力,因此在实践中通常是使用增长率来进行公司增长能力分析。当然,公司不同方面的增长率之间存在相互作用、相互影响的关系,因此只有将各方面的增长率加以比较,才能全面分析公司的整体增长能力。

公司价值要获得增长,就必须依赖于股东权益、收益、销售收入和资产等方面的不断增长。公司单项增长能力分析就是通过计算和分析股东权益增长率、收益增长率、销售增长率、资产增长率等指标,分别衡量公司在股东权益、收益、销售收入、资产等方面所具有的增长能力,并对其在股东权益、收益、销售收入、资产等方面所具有的发展趋势进行评估除了对公司增长能力进行单项分析以外,还需要分析公司的整体增长能力。其原因在于:其一,股东权益增长率、收益增长率、销售增长率和资产增长率等指标,只是从股东权益、收益、销售收入和资产等不同的侧面考察了公司的增长能力,不足以涵盖公司增长能力的全部;其二,股东权益增长率、收益增长率销售增长率和资产增长率等指标之间相互作用、相互影响,不能截然分开。因此,在实际运用时,只有把四种类型的增长率指标相互联系起来进行综合分析,才能正确评价一个公司的整体增长能力。

公司整体增长能力分析就是通过对股东权益增长率、收益增长率、销售增长率、资产增长率等指标进行相互比较与全面分析,综合判断企业的整体增长力。运用整体增长能力分析能够比较全面地分析企业发展的影响,因从能比较全面地评价企业的增长能力,但对于各因素的增长与企业发展的关系无法从数量上进行确定。

9.2.2 参考答案

Y 轿车公司增长能力指标

分析内容	分析指标	2015	2016
股东权益增长	股权资本增长率＝当期股东权益增加额/期初额	－0.77％	－12.25％
	三年资本平均增长率	—	－46.82％
资产增长	资产增长率	－13.84％	5.60％
销售增长	销售增长率	－12.35％	－21.20％
收益增长	营业利润增长率	1 528.19％	－186.66％
	利润总额增长率	1 360.13％	－183.06％
	净利润增长率	653.81％	－172.84％
	三年利润平均增长率	—	－45.36％

分析略。

10.3.1 参考答案

分析思路

可以根据自己的教学目标进行分析，下面思路仅供参考。

首先，了解分析公司所在的行业及行业特点。其次，要针对 FF 医药公司，运用几种综合方法分别加以计算分析。最后，可以进行对比分析，可以结合前一年的资料进行分析。

参考答案

(1)对于 FF 医药的财务状况和经营成果进行综合分析，探讨核心指标净资产收益率变化的原因。

下图是用杜邦分析法对 FF 医药 2017 年的财务数据进行分析后得出的分析结果，括号内数据为 2016 年的比较数据：

从图中可以看出，净资产收益率较 2016 年下降了 0.3 个百分点，造成净资产收益率下降的主要原因是总资产收益率下降了 1.08 个百分点。同期权益乘数增加。

造成总资产收益率下降的主要原因是销售净利率下降了 2.32 个百分点，总资产周转率下降了 0.01。且从绝对数来看，该企业的总资产周转率较低。销售净利率是反映企业营业盈利能力的指标，它的减少给净资产收益率带来了负面影响。因此，需要进一步探寻导致销售净利率下降的原因，并采取有效措施，遏制营业盈利能力的下降。总资产周转率是反映营运能力的财务指标，较低的总资产周转率同样对净资产收益率产生负面影响，需要公司采取有效措施，改善资产利用效率。

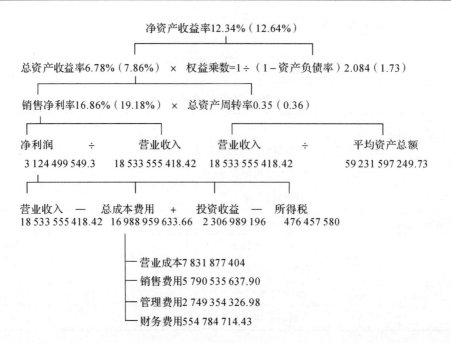

通过上述分析可知,FF医药2016年净资产收益率的下降,主要源于其资本的变化,而其盈利能力在各个方面均比上年有所下降。企业应当关注盈利能力,而不是仅依赖于资本结构的调整来提高净资产收益率。

(2)沃尔比重分析法在医药行业中是如何运用的?

FF医药沃尔评分表

财务比率	沃尔比重	标准比率 2/(%)	实际比率 3/(%)	相对比率 4=3÷2/(%)	评分 5=1×4/(%)
流动比率	25	2.00	0.907	0.453 5	11.337 5
净资产÷负债	25	1.50	0.922 8	0.615 2	15.38
资产÷固定资产	15	2.50	9.452 6	3.781 04	56.715 6
销售成本÷存货	10	8.00	2.766 4	0.345 8	3.458
销售额÷应收账款	10	6.00	5.707	0.951 166 667	9.511 666 667
销售额÷固定资产	10	4.00	2.827	0.706 75	7.067 5
销售额÷净资产	5	3.00	0.623 2	0.207 733 333	1.038 67
合计	100				104.508 9

(3)在综合评分法的运用上,给予固定的权重,对FF医药公司进行分析。

下面针对医药行业制定评分标准,并分析该行业中FF医药的综合评分,在选择财务比率时,选择了盈利能力、偿债能力、成长能力三类,权数划分为5∶3.2∶1.8,盈利能力方面选择了销售净利率、总资产报酬率和所有权益报酬率,并将它们的权数分别定为20分、20分、10分;偿债能力方面选择流动比率、存货周转率、应收账款周转率和自有资本比率四个指标,并将它们的权数分别定为 8 分、8 分、8 分、8 分;成长能力方面选择销售增长率、净利增长率和总资产增长率三个指标,并将它们的权数分别定为 6 分、6 分、6 分。具体评分标准如下表所示。

FF 医药综合评分标准

指 标	权 数	得分上限	得分下限	标准比率/(%)	行业最高值/(%)	每分比率的差/(%)
盈利能力						
销售净利率	20	30	10	15	55	4
总资产报酬率	20	30	10	10	30	2
所有者权益报酬率	10	15	5	15	35	4
偿债能力						
自有资本比率	8	12	4	60	85	6.25
流动比率	8	12	4	150	350	50
存货周转率	8	12	4	200	1 000	200
应收账款周转率	8	12	4	2 000	5 000	750
成长能力						
销售增长率	6	9	3	20	50	10
净利增长率	6	9	3	50	90	13.3
总资产增长率	6	9	3	15	30	5
合计	100	150	50			

注:权数根据指标的重要性确定标准比率以每个比率的行业平均水平为基础,通过适当修正得到。得分上限=权数×1.5;得分下限=权数×0.5;每分比率的差=(行业最高值－标准比率)÷(得分上限－权数)。

行业评分标准是以该行业数为基础,剔除了异常数据并进行适当修正后得到。FF 医药公司 2017 年的实际比率综合评分如下表所示。

FF 医药公司 2017 年的实际比率综合评分

指 标	实际比率 (1)	标准比率 (2)	差异 (3)=(1)-(2)	每分比率 的差(4)	调整分 (5)=(3)-(4)	权数 (6)	得分 (7)=(5)+(6)
盈利能力							
销售净利率(%)	5.79	10	-4.21	2.00	-2.11	20	17.89
总资产报酬率(%)	19.34	15	4.34	4.00	1.09	20	21.09
所有者权益报酬率(%)	12.05	15	-2.95	4.00	-0.74	10	9.26
偿债能力							
自有资本比率(%)	47.99	60	-12.01	6.25	-1.92	8	6.08
流动比率(%)	90.69	150	-59.31	50.00	-1.19	8	6.81
应收账款周转率(%)	570.69	2 000	-1 429.31	750.00	-1.91	8	6.09
存货周转率(%)	487.16	200	287.16	200.00	1.44	8	9.44

续表

指　标	实际比率 (1)	标准比率 (2)	差异 (3)=(1)-(2)	每分比率 的差(4)	调整分 (5)=(3)-(4)	权数 (6)	得分 (7)=(5)+(6)
成长能力							
销售增长率(%)	26.69	20	6.69	10.00	0.67	6	6.67
净利增长率(%)	11.29	50	-38.71	13.30	-2.91	6	3.09
总资产增长率(%)	41.59	15	26.59	5.00	5.32	6	11.32
合计						100	97.74

从以上分析可知,FF医药公司在行业中的综合评分97.74分,低于100分,说明企业整体的财务状况比较差,在整个行业总处于中下水平。

(4)对比来说,2017年一年的复兴医药财务的综合实力如何?

结合前三个问题,得出结论,具体分析略。

关键要点

在分析过程中,选择比重和对比分析的标准不好把握。只有在分析前能够选取恰当的比重,才能保证结果的准确性。

10.3.2　参考答案

具体参照10.3.1案例分析,答案略。

附 录

案例一：B重型矿山机器

一、A集团与B股份公司重大资产重组的情况

A集团与B股份公司重大资产重组的交易方案包括重大资产置换、发行股份购买资产和发行股份募集配套资金。方案的具体内容如下。

(1)重大资产置换。B股份公司以截至评估基准日合法拥有的除2.29亿元货币资金之外的全部资产和负债(置出资产)，与郭某某、杜某某、张某、北京××创业投资中心(有限合伙)、北京××成长创业投资中心(有限合伙)、浙江××现代服务业创业投资有限公司、浙江××创业投资有限公司、杭州××创业投资合伙企业(有限合伙)、江阴××股权投资企业(有限合伙)、北京××投资有限公司、宁波市××股权投资基金合伙企业(有限合伙)、大丰××现代服务产业投资基金合伙企业(有限合伙)合计持有的A集团100%股权(置入资产，2015年12月31日作价37.1亿)中等值部分进行置换。

(2)发行股份购买资产。上述重大资产置换差额部分由B股份公司发行股份购买。

(3)发行股份募集配套资金。B股份公司拟采用锁价方式向8家投资公司以及自然人崔某等9名特定对象非公开发行股票募集配套资金，募集配套资金总额不超过17亿元，不超过本次拟购买资产交易价格的100%。

B股份公司2015年度经审计的合并财务报表期末资产总额为8.5亿元，归属于母公司股东权益为7.6亿元，本次交易的置入资产交易作价为37.1亿元，占B股份公司最近一个会计年度经审计的合并财务报表期末净资产额的比例达到50%以上，且超过5 000万元人民币；本次交易的置出资产为B股份公司，截至评估基准日合法拥有的除2.29亿元货币资金之外的全部资产及负债，占B股份公司最近一个会计年度经审计的合并财务报表期末净资产额的比例达到50%以上，且超过5 000万元人民币。根据《上市公司重大资产重组管理办法》(以下简称《重组办法》)第十二条的规定，本次交易构成重大资产重组。

同时，本次交易中置入资产为A集团100%股权。截至2015年12月31日A集团100%股权的交易作价为37.1亿元，高于上市公司控制权发生变更的前一个会计年度(2015年度)经审计的期末资产总额。本次交易完成后，上市公司实际控制人将变更为郭某某、杜某某夫妇。按照《重组办法》第十三条的规定，本次交易构成借壳上市。

2015年4月7日，B股份公司开始停牌筹划重大资产重组，2016年4月22日，B股份公司董事会通过重组方案，并于次日披露董事会决议及重组方案。2016年5月11日，B股份公司向证监会报送《B股份有限公司发行股份购买资产核准》行政许可申请材料。

二、A集团及B股份公司信息披露违法的情况

2013年至2015年，A集团通过各种手段虚增服务费收入264 897 668.7元，虚增2015年贸易收入574 786.32元。虚构银行存款3亿元、未披露3亿元借款及银行存款质押。A集团向B股份公司提供含有上述虚假信息的财务报表。B股份公司于2016年4月23日披露了含有虚假内容的《A集团有限公司审计报告(2013年至2015年)》。同日，B股份公司公告了《重大资产重组报告书》，其中披露了重组对象A集团最近三年主要财务数据，包括资产负债表主要数据、利润表主要数据、现金流量表主要数据。

A集团的财务造假行为导致A集团、B股份公司所披露的信息虚假记载、重大遗漏；导致郭某某、杜某某及其一致行动人公开披露的《B股份有限公司收购报告书摘要》虚假记载、重大遗漏。具体造假行为列举如下。

(一)A集团虚增服务费收入的基本情况

平台服务费收入和贸易收入是A集团收入的两大重要来源。根据A集团提供的服务费计算方法及会计政策，结合现场检查，向A集团账面记载的供应商、客户走访，与高管人员核实等方法，认定A集团存在虚增业务收入的情形。A集团2013年至2015年通过虚构业务、改变业务性质等多种方式虚增服务费收入共计264 897 668.7元，其中2013年虚增服务费收入17 269 096.11元，2014年虚增服务费收入87 556 646.91元，2015年虚增服务费收入160 071 925.68元。具体如下。

1. 与供应商核实确认的虚增服务费收入金额

经核实，有125家供应商单位或个人均通过不同方式确认与A集团无真实业务往来或者资金往来无真实业务背景，A集团通过这些供应商三年累计虚增服务费收入191 524 278.2元；其中，2013年虚增金额为10 354 349.06元，2014年虚增金额为55 694 997.98元，2015年虚增金额为125 474 931.16元。

2. 与客户核实确认的虚增服务费收入金额

经对A集团84家供应商对应的46家客户进行实地走访核实，均确认自身与A集团业务台账所显示供应商无业务往来，或双方之间的业务与A集团无关。A集团通过这84家供应商虚增服务费收入50 991 653.19元，其中2013年虚增金额4 570 747.05元，2014年虚增金额26 151 552.62元，2015年虚增金额20 269 353.52元。

上述虚增服务费金额的确认，充分依据A集团公开披露的服务费结算模式和收入确认会计政策，确定了以下认定标准：供应商在A集团的平台销售额剔除经客户确认的虚假平台交易后，剩余销售额未达到承诺销售额50%的，A集团确认的对该供应商的进场费和推广费收入全部不能确认收入，虚增的托管服务费金额按照虚假基础交易金额和提成比例计算；供应商在A集团的平台销售额剔除经客户确认的虚假平台交易后，剩余销售额超过承诺销售额的50%的，A集团对该供应商的虚增服务费金额仅为按照虚假基础交易金额和提成比例计算托管服务费。

3. 经过A集团员工核实并且通过资金循环证据印证的虚增服务费收入金额

经向A集团相关员工核实，A集团存在帮助供应商套取资金并充当捐客的灰色业务模式，此类业务模式并不在A集团的经营范围内，但A集团通过和供应商签订虚假业务合同来确认服务费收入，A集团与19家供应商之间的业务均属于此类性质。经查，A集团收到这些

供应商支付的服务费款项,均通过其控制使用的个人银行账户循环退回至供应商法定代表人或其指定银行账户。无论是从会计准则规定的收入确认条件来看,还是从此类业务的法律形式和经济实质来看,上述业务往来均不应确认为服务费收入。A集团通过这19家供应商虚增2013年服务费金额2 344 000元,虚增2014年服务费金额5 710 096.31元,虚增2015年服务费金额14 327 641元。

(二)A集团虚增贸易收入的基本情况

杭州某某信息技术有限公司(以下简称"某某信息")与A集团之间存在资金循环。经向该信息公司法定代表人刘某某核实,双方的业务模式是杭州某某信息公司向A集团采购货物,2015年该公司向A集团采购的货物未收货,支付的货款已退回。A集团在财务处理上仍然确认该公司574 786.32元的销售收入及应收账款收回,虚增2015年销售收入574 786.32元。

(三)A集团各事项的相关事实

A集团审计报告中披露的2015年12月31日合并资产负债表显示,2015年末货币资金余额为531 226 736.82元。经查,其中3亿元银行存款系由A集团通过借款形成,且在披露时处于质押状态,A集团未披露该借款及存款质押事项。具体事实如下。

1. A集团虚构3亿元银行存款

2015年1月,A集团在账面虚构1.7亿元其他应收款收回,虚构银行存款转入47 702 412.00元,同时转出1亿元资金不入账,账面形成虚假资金317 702 412.00元。

为掩饰上述虚假账面资金,A集团在账面虚假记载2015年3月31日317 702 412.00元资金并从A集团平安银行账户划转至A集团上海银行账户。此外,A集团还在上海银行账户虚构郭某某3月26日退回购房款1 170万元,虚假账面资金扩大至329 402 412.00元。

2015年3月31日,杭州某某实业有限公司(以下简称"某某实业")向A集团上海银行账户转入资金1.6亿元(共两笔,分别为4495万元、1.1505亿元)。A集团在账面虚假记载收到A集团上海公司等单位其他应收款138 009 025.38元;经过三次红字冲销后,虚假记载收到A集团上海公司等单位其他应收款130 597 588.00元,少计收回29 402 412.00元。至此,A集团在账面仍然存在3亿元虚假资金。

2. A集团为掩饰虚构的3亿元银行存款而借款3亿元并进行存单质押,且借款和质押行为未对外披露

A集团从2015年3月开始通过外部借款购买理财产品或定期存单,于借款当日或次日通过将理财产品或定期存单为借款方关联公司质押担保,并通过承兑汇票贴现的方式将资金归还借款方,从而在账面形成并持续维持3亿元银行存款的假象。

2015年3月24日和25日,A集团通过杭州某某实业、杭州某某科技有限公司(以下简称"某某科技")及郭某某向杭州某某出口贸易有限公司(以下简称"某某贸易")两次借款1.5亿元(合计3亿元),再由某某实业公司、某某科技公司及郭某某账户转入A集团上海银行账户,然后用此资金两次购买期限为182天的上海银行"赢家公司客户人民币封闭式理财产品"1.5亿元(合计3亿元)。2015年3月25日,A集团以其3亿元理财产品为某公司提供担保,某某贸易开具银行承兑汇票3亿元(两张承兑汇票,每张金额1.5亿元)并随即贴现,贴现款直接归还某某贸易。贴票利息1 253 850.00元,由杜某某代替A集团向某某贸易支付。2015年9月,上述3亿元银行理财产品到期后,上海银行将理财产品资金解付直接归还银行存兑汇票。

2015年9月22日,A集团又在杭州某某互联网金融服务有限公司(以下简称"某互联网")的安排下,向宁波某某投资管理合伙企业(有限合伙,以下简称"某投资")借款1.5亿元转入A集团兴业银行账户。当日,A集团把1.5亿元活期存款转化为半年期定期存单(期限为2015年9月22日至2016年3月21日),并以该存单为质押物与兴业银行杭州分行签订质押合同,为杭州S贸易有限公司(以下简称"S贸易")当日开具的1.5亿元银行承兑汇票提供担保,兴业银行当日将该存单入库保管。当日,该票据贴现后资金还回宁波某投资。2015年9月23日,A集团再次重复上述过程,在兴业银行形成1.5亿元定期存款(期限为2015年9月23日至2016年3月22日),并继续以存单质押、票据贴现的方式将借款于当日还回宁波某投资。在上述操作过程中,A集团通过杜某某账户向某下属股份有限公司支付现金流服务费18万元,向宁波某投资支付"利息、融资服务费"12万元。2016年3月,A集团3亿元银行存单到期后,被兴业银行直接解付承兑汇票。A集团随即再次采用上述操作方式形成3亿元银行存款。

综上,A集团于2015年1月虚构3亿元银行存款行为,2015年9月22日和23日通过借款形成3亿元银行定期存单,截至2015年12月31日上述3亿元银行存单处于质押状态,但A集团在公开披露的《审计报告》附注及《重大资产重组报告书》均未披露上述3亿元借款及3亿元定期存单质押事项。

资料来源:中国证监会 http://www.csrc.gov.cn/

思考题:

(1)分析该公司财务造假的动机。
(2)分析该公司账务造假的手段。

案例二:C电气公司造假事件

自证监会宣布对C电气公司启动强制退市程序以来,C电气公司就一直备受各界关注。公司从撒下第一个谎成功骗取上市开始,就一直不断地撒谎、圆谎,如今谎言被拆穿,公司成为创业板退市第一股,投资者巨亏,公司也将面临破产,结局让人唏嘘不已。

一、造假手段高明,以假乱真迷人眼

2011年3月,C电气公司申请在创业板上市被否决,原因是2010年4月,该公司收购辽宁某某公司66KV及以上油浸式变压器业务相关资产,收购后该项业务收入大幅下降,同期辽宁某某公司出现经营亏损,对公司持续盈利能力构成重大不利影响。

但是C电气公司"越挫越勇",同年6月C电气公司就更换保荐机构为兴业证券,准备再度冲关。

为实现发行上市的目的,解决C电气公司应收账款余额过大问题,C电气公司总会计师刘某某向公司董事长、实际控制人温某某建议在会计期末以外部借款减少应收账款,并于下期初再还款冲回。

从此,C电气公司走上了欺诈上市、财务造假的不归路。C电气公司首次公开发行股票并

在创业板上市招股说明书。

(一)左手倒右手,个人借款成公司回款

"C电气公司—供应商—客户—C电气公司",经过这么一倒,自己的钱没少一分,却让应收账款大大降低,这让C电气公司的财务报表好看了不少。

除了公司自有资金外,温某某本人向第三方公司和朋友进行了大量借款,甚至不经过客户的账户就实现了资金的兜兜转。一种手法是温某某向他人借款,出纳人员在银行柜台同时办理现金提取和现金交款,但在填写现金交款单时,在付款人一栏直接填写客户公司名称,算作客户支付给C电气公司的应收账款。报告期过后,出纳再去银行办理现金提取和现金交款,钱又从C电气公司还给了借款人。

另一种手法是温某某向外部第三方公司借款,通过银行汇票来走账。简单地说,就是由温某某借款的第三方公司开具银行汇票,经过客户盖章背书给C电气公司,算作收回的应收账款。待到报告期过后,再由C电气公司开具银行汇票,通过客户盖章背书,转给第三方公司。由此,资金实现了原路转回。

为了隐蔽,C电气公司尽量把造假部分分散到不同的客户,每单的金额不同,且有零有整,真假混合。记者获得的一份材料显示,2012年6月,温某某向丹东一家企业借款9 000万元,后由该公司分数十笔给C电气公司的51家客户开具银行汇票,再转给C电气公司。C电气公司的账上就收回了9 000万元应收账款。过了报告期之后,到当年7月份,C电气公司开具银行汇票给51家客户,再转回给借款企业,资金由此实现闭环。

(二)造假难停步 银行单据也能"自制"

造假需要成本,温某某的每一笔借款都要支付利息。通过汇票倒账的成本压力越来越大,温某某也很难及时借到钱。从2013年开始,公司开始自制银行进账单和付款单。

在调查中,公司相关人员讲述的账单"制作"流程似乎十分简单,先在电脑上制作银行单据的格式,填入相应的客户名称、金额等信息,直接打印出来就可以了。

随后,这些"自制"账单会交给出纳带到银行补盖章。"因为公司业务较多,出现遗漏单据情况也多,公司和银行关系好,银行一般会配合盖章。"

事实上,C电气公司在制作假单据时颇费"心思"。"所涉及客户都与公司有业务往来,假里有真,真里有假,对冲金额有大有小,最小的也就几万元,有些假数据甚至精细到小数点后面几位,看起来很像真的。"

(三)少记材料成本以虚增利润

根据招股书显示,该公司2010年硅钢片的采购平均单价为14 905.8元/吨,采购量为6 310.00吨,金额为9 405.56万元。而来自中国联合钢铁网的数据显示,2010年硅钢片的最高价超过21 000元/吨,最低价也高于17 000元/吨,并且前6个月的价钱都超过19 000元/吨。

即使是按照每吨19 000元来算,C电气公司的硅钢片采购价每吨比市场价低出4 000多元,C电气公司2010年硅钢片的采购金额至少应为12 000万元左右,比其招股书中数据增加了2 500多万元,这也意味着C电气公司2010年的净利润将至少减少2 500万元。

招股说明书显示C电气公司2010年净利润为5 903万元,C电气公司涉嫌虚增利润约为其报表显示的净利润的40%以上。

(四)税收优惠对利润的贡献不小

C电气公司净利润中的五分之一为税收优惠所贡献,存在业绩"虚旺"的情况。招股书称,该公司为福利企业和高新技术企业,依据相关政策文件享受福利企业增值税、企业所得税、房产税、土地使用税等税收优惠,同时按15%的税率缴纳企业所得税。报告期内,公司所享受税收优惠占历年净利润比例分别为25.49%、22.85%和24.26%,2009年至2011年的税收优惠合计为1 071.33万元、1 348.79万元、1 360.18万元。

就2010年而言,C电气公司若剔除涉嫌虚增的利润和税收优惠,其利润或为1 971.2万元,盈利能力显然并不强。如果C电气公司未来不再享受相关的税收优惠和政府补助政策,那么对公司业绩也势必会造成不小的影响。

C电气公司截至2011年12月31日,虚构收回应收账款10 156万元,少计提坏账准备659万元;虚增经营活动产生的现金流净额10 156万元。截至2012年12月31日,虚减应收账款12 062万元,虚减其他应收款3 384万元,少计提坏账726万元;虚增经营活动产生的现金流净额5 290万元。截至2013年6月30日,虚减应收账款15 840万元,虚减其他应收款5 324万元,少计提坏账准备313万元;虚增应付账款2 421万元;虚减预付账款500万元;虚增货币资金21 232万元,虚增经营活动产生的现金流净额8 638万元。

二、IPO造假认定

C电气公司上市后披露的定期报告中存在虚假记载和重大遗漏。

(1)《C电气公司:2013年年度报告》《2014年半年度报告》《2014年年度报告》中存在虚假记载 2013年12月至2014年12月,C电气公司在上市后继续通过外部借款或者伪造银行单据的方式虚构应收账款的收回,在年末、半年末等会计期末冲减应收款项(大部分在下一会计期初冲回),导致其披露的相关年度和半年度报告财务数据存在虚假记载。

其中《C电气公司:2013年年度报告》虚减应收账款19 940万元,虚减其他应收款6 224万元,少计提坏账准备1 240万元,虚增应付账款1 521万元;虚增货币资金20 632万元;虚增经营活动产生的现金流净额12 238万元。

《2014年半年度报告》虚减应收账款9 974万元,虚减其他应收款6 994万元;少计提坏账准备272万元;虚增应付账款1 521万元,虚减其他应付款770万元;虚增货币资金14 767万元;虚减经营活动产生的现金流净额9 965万元。

《2014年年度报告》虚减应收账款7 262万元,虚减其他应收款7 478万元,少计提坏账准备363万元,虚减经营活动产生的现金流净额12 944万元。

(2)《2014年年度报告》中存在重大遗漏。C电气公司实际控制人温某某以员工名义从公司借款供其个人使用,截至2014年12月31日,占用C电气公司6 388万元。C电气公司在《2014年年度报告》中未披露该关联交易事项,导致《2014年年度报告》存在重大遗漏。

C电气公司披露的2013年年度报告、2014年半年度报告、2014年年度报告存在虚假记载及2014年年度报告存在重大遗漏的行为,违反了《证券法》第六十三条有关"发行人、上市公司依法披露的信息,必须真实、准确、完整,不得有虚假记载、误导性陈述或者重大遗漏"的规定,构成《证券法》第一百九十三条所述"发行人、上市公司或者其他信息披露义务人未按照规定披露信息,或者披露的信息有虚假记载、误导性陈述或者重大遗漏"的行为。

资料来源:https://wenku.baidu.com/

思考题：

C电气公司财务造假手段有哪些，具体如何识别？

案例三：云南D公司会计造假

一、背景简介

云南D生物生科技股份有限公司创建于1996年，2001年完成股份制改造，2006年11月申请深交所上市失败。时隔一年，公司股票在深交所成功上市，成为国内绿化行业第一家上市公司。公司主要从事云南独有珍稀花卉苗木培植，城市园林绿化工程业务。2004年至2009年间，D公司不具备首次公开发行股票并上市的情况下，未达到在深圳证券交易所发行股票并上市的目的，经过一系列精心策划，登记注册了一批由D公司实际控制或者掌握银行账户的关联公司，并利用相关银行账户操控资金流转，采用伪造合同、发票、工商登记资料等手段，少付多列，将款项支付给其控制的公司组成人员，虚构交易业务、虚增资产、虚增收入。

二、会计造假手段简析

(一) 虚增资产

2004年2月，D公司购买某县一村委会土地960亩，金额为955.20万元，虚增土地成本900.20万元。2005年4月，云南D公司在某乡购买土地3 500亩，支付了3 360万元的土地款，此宗土地交易，虚增交易成本3 190余万元；2007年一季度，某乡基地土壤改良又虚增价值2 124万元；同年六月，D公司在某乡基地灌溉系统、灌溉管网等项目价值虚增797.20万元。2007年，D公司会计报告披露，对某乡基地实施的土壤改良，合计投入2 529.13万元，经鉴定确认某乡基地土壤改良价值虚增2 124.00万元。2010年一季度，固定资产虚增5 983.67万元。

(二) 虚增收入

通过虚增上市的D公司上市后通过伪造合同等方式虚增业绩。2007至2009年间，D公司通过伪造合同和会计资料，虚增M地9 000亩荒山土地使用权、M基地土壤改良及灌溉系统工程、××县12 380亩林业用地土地使用权资产共计2.88亿元。

云南D公司2004年到2007年上半年累计营业收入为6.26亿元，公司虚增营业收入29 610.29万元，公司前5名大客户对营业收入与利润增加贡献巨大，但公司上市后大客户却陆续注销。2007年D公司营业收入2.57亿元，虚增营业收入0.97亿元；2008年，D公司会计报告披露的购买马龙县月望乡900亩土地使用权8 370.00万元；2008年，D公司会计报告披露，构建M基地灌溉系统4 270.00万元，经鉴定虚增构建M基地灌溉系统3 438.02万元。同年，D公司会计报告披露的M基地土壤改良投入4 527.30万元，经鉴定虚增价值4 527.30万元。2009年，D公司会计报告披露购置××林地使用权价值11 011.05万元，虚增林地使用权价值10 407.06万元。经认定，D公司在2007年上市后，至2009年累计虚增收入2.51亿元。

(三)虚增数据

2009年下半年,D公司资金链条逐渐紧绷,自救方式则采取了定向增发。根据D公司在当年8月份的增发方案,公司拟定向增发2 500万股,价格不低于18.64元,融资4.66亿元。为使这次增发成功,D公司通过编造假账的手法,将花了600多万元购买的××林地使用权,虚增至1亿元。但这次,证监局不但驳回了D公司的增发申请,更提出了严厉的整改意见。

(四)现金流量异动频繁

云南D公司2010年度1~3月合并现金流量表项目出现26项差错,数千万元与数亿元的差错分别为8项和12项。2010年4月云南D公司对2008年销售退回实施差错更正,追溯调整减少2008年母公司及集团合并营业收入、营业成本分别为2 348.52万元和1 194.74万元,追溯调整增加2008年母公司及集团合并应付账款1 153.78万元,调减母公司及集团合并年初未分配利润、年初盈余公积分别为1 038.40万元、115.38万元。

三、造成的后果

公司公告的2010年业绩实现扭亏,实现净利润1 447.79万元。然而,2011年4月30日晚间D公司同时公布的2011年一季报中,2011年前三个月中累计实现净利润-1732.99万元,同比减少212.57%。另外,预计2011年1~6月净利润亏损900万~1 400万元。云南D生物科技股份有限公司因财务混乱被证监会立案调查面临退市风险。

四、由会计造假引发的相关思考

由过去的"银广夏""蓝田"会计造假,再到近来发生的"云南D公司"会计造假,其实都有相近的地方,如都为农业领域,特点是都以土地作为生产要素,而农业资源的扩张要以土地资源作为约束,不像工业企业那样能够实现公司规模的高度扩张。但股市的投资者希望公司能够高度扩张,若不能实现这个目标,则公司必然是不受欢迎的,股票的估值也会受到很大影响。因而,也就会产生了"银广夏"事件利用沙漠和"蓝田"事件利用洪湖水的荒谬事件。自然资源的缺陷,决定了农业企业很难满足资本市场业绩迅速扩张的需求,造假也就成了他们迎合投资者需要的选择。同时,农业企业造假也具有相应优势,因为农产品的交易很多为零散的现金交易,给做假账创造了良好的条件。

从资本市场的制度设计来看,让会计师、律师、投资银行家参与股票发行的目的,是希望专业人士能够通过专业知识甄别公司的好坏,将真正优秀的公司输送到市场中。而实际上却是中介结构与上市公司串通起来蒙骗监管者及投资者,原因就在于犯罪的成本与收益不对称,与上市公司串通可以获得很多好处,而一旦被发现,处罚却很有限。

因而,解决中介机构的诚信问题,就要加大对中介机构的监管力度,并且在监管体制上作重大改革。我国现行上市公司监管主要是中国证监会及其派出机构,上市公司发展迅速,监管部门的人员数量受到限制,监管体制效率低下,应创造条件使投资者成为监督上市公司的主要力量,可以让中小投资者有足够的手段和渠道维护自己的利益,同时吸收国外资本市场的监管经验,引进集体诉讼制度,使得上市公司和中介机构的违规成本加大。

资料来源:中国证监会

思考题:

D公司造假的动机、手段及引发的问题是什么?

案例四：E股份有限公司造假事件

一、背景介绍

E股份有限公司（简称"E公司"）是湖南省常德市的一家农产品加工企业，主营稻米精深加工系列产品的研发、生产和销售，于2011年9月27日在创业板上市。2012年9月14日，公司发布公告称因涉嫌违反相关证券法律法规而被证监会湖南监管局立案调查。9月18日，E股份有限公司发布公告称证监会决定对公司进行立案调查，其股票从第二天开始停牌。10月25日，E公司发布《关于重要信息披露的补充和2012年中报更正的公告》（简称《补充更正公告》），承认其在2012年半年度报告中虚增营业收入1.88亿元、虚增营业成本1.46亿元、虚增净利润4 023.16万元，进而使得公司2012年上半年利润总额由盈利2 874.01万元变为亏损1 117.37万元，减少了138.88%，此外还未披露公司上半年停产事项。2013年3月2日，E公司发布自查公告，承认财务造假。至此，E公司成为创业板造假第一股。

二、财务造假分析

(1)虚增营业利润。未更正前，E股份有限公司2012年半年报显示公司在上半年实现营业收入26 976.02万元，比上年同期增长16.17%；净利润2 655.32万元，比上年同期减少14.84%。对此，E股份有限公司的解释是受到原材料价格的上涨及资产减值损失的计提等因素的影响。然而仔细分析其主要产品的利润后，不难发现其中有不少异常之处。

部分上市公司同类产品2012年半年报中的毛利率。以淀粉、淀粉糖为例，市场上其他上市公司同类产品的毛利率均只有微利。E股份有限公司并非市场上的标杆企业，其产品在湖南省内的销售也并非龙头，却可以获得高达两位数的毛利率，这一异常现象足以引起投资者的重点关注。

2011年10月25日，E股份有限公司承认造假，并在《补充更正公告》中还原出真实的销售情况。

变更后的半年报显示，E股份有限公司大多数产品的销售均有不同程度的减少，毛利率也大幅缩水。但即便如此，各主要产品仍然有正向的毛利率。在扣减掉巨额期间费用后，最终使得E股份有限公司半年报的真实收益由正转负。此外，E股份有限公司所提供的《补充更正公告》仍未完全打消投资者的疑虑。比如，《补充更正公告》显示的"主要产品"中突然出现一个"其他"项目。在"其他"一项中仅收到65.18万元的收入，却结转了170.58万元的成本。E股份有限公司究竟在"其他"项目中销售了哪些产品，其并未作出进一步的说明。

E股份有限公司在虚增营业收入的同时，相应虚增应收账款与预收账款。最后根据事先设定的"销售商品、提供劳务收到的现金"，倒算出其他应收款的减少金额。

(2)虚增在建工程。不少造假公司在虚增利润的同时，选择虚增应收账款来平衡报表，但是虚增的应收账款始终需要对方公司进行偿付。为此，E股份有限公司除虚增一定的应收账款以外，更主要的是选择了在建工程来消化虚增的利润。

在将2011年年报附注与未更正的2012年半年报附注进行对比后，不难发现E股份有限公司采用的主要手段是提高大部分在建工程的预算，将报表上虚增的利润以在建工程的形式注入企业资产。

具体来说，E股份有限公司主要采用了两类造假措施：一是扩建即将完工的工程，二是大幅提高预算数。这样一来，E股份有限公司一方面可以"名正言顺"地增加在建工程的账面价值，另一方面也为以后报告年度再次虚增在建工程做好准备。比如，在2011年年末已完工90%的淀粉糖扩改工程，在修改预算数并追加2 600万元投资后，变成了完工仅30%的工程；精油生产线工程虽然未增加投资，但在修改预算数字后，完工程度由50%降至6%；而污水处理工程虽然完工程度仍然为50%，但实际上在2012年上半年已增加了4 000万元的投资。

此外，对于已经完工并应立即转入固定资产的在建工程，E股份有限公司也是尽量拖延。比如，锅炉改造工程、四期扩改下水道工程和新厂区围墙等在上半年未继续投资的情况下，仅凭修改预算就将已完工的工程一直挂在在建工程的明细账中。

上市公司发现原先设计的在建工程难以满足未来的经营发展需要，从而对已施工的在建工程进行追加投资，这在实际当中确有所闻。但像E股份有限公司这样，修改绝大部分在建工程的施工预算，如此做法实在少见。原先预算方案是如何经由董事会通过的？追加预算后，在建工程是否真能在未来转为固定资产投入生产运营？这些问题都值得投资者质疑。

(3) 重大遗漏。在2012年半年报中，E股份有限公司披露公司募投项目建设有序，普米、精米、麦芽糖浆生产线已基本扩改完工并投入生产。然而，E股份有限公司最严重的漏报是其未在2012年中报里披露该募投项目的真实情况。正如其在《补充更正公告》中承认的，公司募投项目——循环经济型稻米精深加工生产线项目上半年因技改停产，其中普米生产线于2012年1月12日至6月30日累计停产123天，精米生产线于2012年1月1日至2012年6月30日累计停产81天，淀粉糖生产线于2012年3月17日至2012年5月23日累计停产68天。截止到2012年6月30日，循环经济型稻米精深加工生产线已基本完成，进入调试阶段。

笔者对常德地区的天气进行了统计，发现2012年前五个月的降雨天数相比2011年多了二十余天，这也是E股份有限公司解释其技改工期延长的原因。然而，E股份有限公司隐瞒停工的真实原因是其生产线所需原料出现断粮危机。

E股份有限公司在其招股说明书中称原材料来源于本地湖南稻谷。但是，随着媒体调查的不断深入，上述说法显然不尽真实。事实上，E股份有限公司的原料大部分来自东北。而近几年东北地区大米停产、稻米加工业产能过剩，这才引起远在湖南的E股份有限公司出现断粮危机，最终导致了其重点宣传的循环经济型稻米精深加工生产线不得不停工。原料来源不稳是当年整个稻米加工业普遍存在的问题，E股份有限公司的最大过错是其未披露该事项对公司的影响，毕竟该重大遗漏是导致公司2012年上半年业绩"变脸"的重要因素之一。

资料来源：https://wenku.baidu.com

思考题：

E股份有限公司的财务造假手段及识别方法是什么？

案例五：*ST 某船舶公司财务造假

2016年4月19日，*ST 某船舶公司收到中国证监会《行政处罚及市场禁入事先告知书》（下称"告知书"）：关于该公司涉嫌信息披露违法一案已调查完毕，责令该公司改正，给予警告，并处以 60 万元罚款；对时任董事长王某某给予警告，采取终身证券市场禁入措施，并处以 30 万元罚款；对时任董秘兼财务总监曹某某给予警告，采取 5 年证券市场禁入措施，罚款 30 万元；对其他当事人给予警告，并处以 5~20 万元罚款。

事实上，*ST 某船舶公司自 2014 年 8 月前董事长王某某离任以后就风波不断。更换会计师事务所后，年报被出具非标意见、披星戴帽、合作方 MD 重工破产清算、仲裁诉讼、违约纷沓而至，最终该公司于 2 月 16 日正式进入破产重整程序，目前第一次司法拍卖已经流拍，尚未披露重大资产重组预案。而证监会在告知书中透露，MD 重工实际受王某某控制，与 *ST 某船舶公司构成关联关系。

一、业绩造假始末

某船舶公司 2011 年 8 月 10 日登陆深交所中小板，IPO 募资总额为 7.85 亿元，其上市之初就饱受"IPO 被疑暗藏腐败""募资项目会否过剩"等质疑，上市一年后，该公司发行了 7.8 亿元的公司债，票面利率 6.6%。

记者注意到，*ST 某船舶公司 IPO 募集资金承诺投资的 5 个项目均在 2012 年年底完成，但均未达到预计收益，*ST 某船舶公司对此解释为"为应对低迷的船舶市场，公司主动降低了船舶产能"。而在另一边，"为提高公司自有资金使用效率，合理利用自有闲置资金"，*ST 某船舶公司在放贷市场"豪掷千金"。

2012 年 5 月 16 日，舜天船舶通过广州银行南京分行向全椒某某贷款 4 500 万元，期限不超过 12 个月，年利率为 19.2%；同年 9 月 21 日，某船舶发布三笔委托贷款公告，分别为：对某某房地产有限公司委托贷款 2 800 万元，贷款期限 12 个月，年利率 18%；向江苏某某建设有限公司贷款 8 500 万元，贷款期限 12 个月，贷款年利率 18%；向南京某某托贷款 9 000 万元，贷款期限 18 个月，贷款年利率 18%。

经统计，上述 4 笔委托贷款共涉及金额 2.48 亿元，而利息都在 18%~19.2%，当时就有市场人士质疑："一边低成本发债融资，一边又委托高息放贷，而且利率堪比高利贷。"

事实上，根据此前深交所公开谴责的调查结果，*ST 某船舶公司还有多笔利息更高的委托贷款并未对投资者披露。

2013 年 7 月 5 日、7 月 16 日、8 月 28 日，该公司委托公司职员张某某作为名义上的出借人，分别与昌某某、芜湖某某地产开发有限公司、南京某某科技有限公司签订了总计 1.22 亿元借款合同，并于 2013 年 7 月至 2014 年 1 月间对外支付了上述借款。根据借款合同约定，借款人按每月 2% 的利率按季支付利息，借款期限 6~12 个月不等，这些对外贷款到期后都未按期归还。

而根据告知书，*ST 某船舶公司对外提供财务资助的资金并未入账，而且 *ST 某船舶公司还以票据贴现、加价销售等方式实现利息的回收，导致 2013~2014 年共计虚增收入 10.69

亿元,虚增成本9.07亿元,虚增财务费用7 918.48万元,虚增利润6 211.95万元。

此前江苏证监局也查出,＊ST某船舶公司将2013年前已取消采购订单、不符合预付账款性质的长账龄预付进口设备款挂列预付账款,将2013年及以前年度不符合销售确认条件的船舶确认为销售收入,应追溯调减2013年净利润2 745.9万元、年初未分配利润6 810.63万元、年末净资产9 556.53万元。

"2015年4月28日晚间披露的《关于对以前年度会计差错更正及追溯调整的公告》中显示,该公司存在财务舞弊的问题,瞬间的追溯调整给该公司来了财务大洗澡,而是否可以洗得干净却不是那么简单的事情。"上海市东方剑桥律师事务所吴某某律师认为,由于该公司正在破产重整,案件比较复杂,股民索赔方案正在研究中。

二、王某某实控MD重工

与江苏证监局此前认定的"重大会计差错,财务数据失实"不同,证监会在调查后认定＊ST某船舶公司的行为违反了《中华人民共和国证券法》第六十三条的规定,构成《证券法》第一百九十三条所述情形。

《证券法》第六十三条规定,发行人、上市公司依法披露的信息,必须真实、准确、完整,不得有虚假记载、误导性陈述或者重大遗漏。而证券法第193条是对发行人、上市公司或者其他信息披露义务人未按照规定披露信息和报送有关报告,或者所披露的信息和报送的报告有虚假记载、误导性陈述或者重大遗漏行为应承担的法律责任的规定。

4月21日,＊ST某船舶公司管理人表示,证监会的处罚是否会造成该公司被暂停上市或者影响重大资产重组,现在还没有结论,"如果对后面上市有影响的话,我们会在收到正式处罚书的公告里进行披露。"

证监会认为,王某某时任董事长直接组织和领导上述违法行为,情节特别严重;曹某某为董秘和财务总监具体实施上述违法行为,情节较为严重。此外记者注意到,去年9月徐州市人民检察院决定依法对＊ST某船舶公司董事长王某某(正处级)及纪委书记曹某某(副处级)涉嫌挪用公款罪立案侦查。

"这些违法行为我们之前都不知道,应该是王某某和曹某某他们那些高层暗地捣鼓的。"＊ST某船舶公司一位中层干部对王某某实际控制MD重工的事情表示诧异,"我们一直以为MD重工只是个公司合作的对象而已。"

MD重工其实算是引爆＊ST某船舶公司财务危机的导火索。MD重工的破产重整不仅导致＊ST某船舶公司计提大额减值准备、2014年全年大额亏损,还导致会计师事务所对＊ST某船舶公司2014年年报出具了非标意见,＊ST某船舶公司直接披星戴帽。此后,＊ST某船舶公司出现了贷款逾期、诉讼、财产保全等,资金链进一步紧张,而MD重工的破产清算给了＊ST某船舶公司最后一击,＊ST某船舶公司最终在去年12月被申请破产重整。

告知书显示,＊ST某船舶公司未披露与MD重工构成关联关系、未披露与MD重工的关联交易以及与MD重工重大合同进展情况。而MD重工在资金上依赖＊ST某船舶公司,在业务、财务、人员等方面实际受＊ST某船舶公司时任董事长王某某控制。

而被挖出王某某时期"黑历史"的＊ST某船舶公司目前情况也不容乐观。

根据业绩快报,＊ST某船舶公司截至去年年底的总资产为31.6亿元,目前已经资不抵债。截止到2016年4月14日,已有157家债权人向＊ST某船舶公司管理人申报债权,申报金额总计 90.5 亿元。2015 年实现的营业收入为 9.67 亿元,实现的归母净利润为亏损 53.4 亿元。而 *ST 某船舶公司在淘宝上第一次司法拍卖除货币资金外的总体资产已经流拍,当时拍卖价为 21.56 亿元。第二次拍卖将在 4 月 25 日开始,起拍价为 17.25 亿。

"如果第三次拍卖也流拍,会找一个资产承接方将该公司资产承接掉。"管理人对此表示:"资产重组方案和重整是两个事情,重组最近可能就会有新消息公布。重整暂时没什么消息,要等待开第二次债权人会议开后才会有新方案的披露。"

资料来源:华夏时报

思考题:

*ST 某船舶公司财务造假的动机、手段是什么?

案例六:F 股份有限公司财务造假案

一、案例背景介绍

F 股份有限公司(以下简称"F 公司")于 1994 年 2 月在上海证券交易所上市。公司控股股东为上海某某总公司,属于物资流通类行业。2004 年 8 月,公司控股股东变更为 BL 集团。公司主营业务为:金属材料、汽车、燃料、矿产品(不含铁矿石)、化轻原料、建材、木材、机电设备、仓储等。作为全国最大的物贸中心,经过近二十年的发展,F 股份有限公司形成了现货、期货两大市场格局,成为上海市名副其实的龙头企业,财务状况也一直较好,但是 2013 年 1 月 26 日,G 公司发布的《F 股份有限公司 2012 年年度业绩预亏公告》称,经公司财务部门初步测算,预计 2012 年度经营业绩将出现亏损,实现归属于上市公司股东的净利润为 -55 000 万元左右,然而上年同期这一数据为 10 627.47 万元,两年盈亏差距巨大。在随后的 2013 年 7 月到 9 月之间,F 股份有限公司发布了 6 次股票交易异常波动公告。2013 年 10 月 11 日 F 股份有限公司收到上海证监局《行政监管措施决定书》和中国证监会的《调查通知书》,中国证监会决定对 F 股份有限公司立案调查。2014 年 12 月 12 日 F 股份有限公司发布《F 股份有限公司股票存在被实施退市风险警示及暂停上市风险的提示公告》。目前,公司收到上海证监局下发的《行政处罚事先告知书》,F 股份有限公司涉嫌信息披露违法违规案已由上海证监局调查、审理完毕,上海证监局拟对公司及相关人员作出行政处罚。

二、F 股份有限公司财务造假手段简析

经上海证监会调查,F 股份有限公司其实是利用财务技巧虚增利润,将四年亏损挪到一年财务报表中。在 2008 年至 2011 年期间,F 股份有限公司全资子公司(某燃料公司有限公司)为虚增利润、隐藏账面亏损,采用多种方法少结转成本、虚增年末库存,导致 F 股份有限公司 2008 年至 2011 年年报(合并)中资产和利润总额虚增,成本虚减。

F 股份有限公司 2008 年至 2011 年年报(合并)虚增资产各为 32 757 527.73 元、148 419 905.81 元、55 313 207.20 元、30 307 583.67 元,虚减营业成本各为 32 757 527.73 元、148 419 905.81 元、55 313 207.20 元、30 307 583.67 元,虚增利润总额各为 32 757 527.73 元、

148 419 905.81元、55 313 207.20元、30 307 583.67元。然而F股份有限公司在2012年年报中未对2008年至2011年虚假记载情况进行追溯调整,而是将2008年至2011年隐瞒的所有亏损全部体现在2012年年报中,使得2012年出现巨亏现象。同时,F股份有限公司在2013年1月发现某燃料公司发生上述重大亏损时,也未按照《上市公司信息披露管理办法》第三十三条的规定及时履行信息披露义务。F股份有限公司的财务造假主要在以下几个方面。

(1)通过月末存货暂估和存货入账时间调节销售成本。

1)随意暂估月末存货来调节各月销售成本。某燃料公司通过在月末人为对部分存货的数量和金额进行随意暂估的方式,来影响存货发出时加权平均计价金额,从而达到在各月间调节销售成本的目的,导致相关期间财务数据严重背离实际情况。

2)延后材料采购转库存商品入账时间来调节各月销售成本。某燃料公司通过延后记录当月库存商品入库数量、少计入库金额的方式,人为降低当月库存商品入库成本,来影响存货发出时加权平均计价金额,从而达到在各月间调节销售成本的目的。

(2)少计和跨期列支管道运输费和仓储保管费,调节各月销售费用。某燃料公司未按合同约定、未详细划分受益期,通过少计和跨期列支管道运输费和仓储保管费的方式,达到人为调节各月间销售费用的目的。

(3)某燃料公司未按公司统一制订的《关于提取资产减值准备及核销的规定》,在每半年末对价格波动较大的存货进行减值测试并计提存货跌价准备。

(4)某燃料公司未按规定在期末对外币报表项目进行汇率测试、未测试并计提应收账款坏账准备、未按规定的固定资产折旧年限和残值率计提累计折旧、未按规定对存货质量事故和报亏损失及时入账处理等。

资料来源:http://finance.china.com.cn/

思考题:

F股份有限公司财务造假的手段及识别方法有哪些?

案例七:G集团股份有限公司造假案

一、公司简介

G集团股份有限公司成立于1993年3月2日,注册资本22 333万元,1996年1月19日在深圳证券交易所挂牌上市。目前,主要生产经营的产品为"古汉养生精"系列产品以及中西成药、保健饮料、保健药品等。

二、案情介绍

2009年8月28日,G公司披露了因涉嫌违反证券法律法规而被湖南证监局立案稽查的事项。时隔3年半后,公司终于披露了违法的具体事实。G公司在2005年至2008年连续四年财务造假,利用虚增营业收入和营业成本、虚减费用等多种方式,仅利润一项便累计虚增164万元,而同期公司对外披露的累计利润不过933万元,只有不到13%的真实率。另外,

2005年G公司未经董事会授权就与湖南某某生物工程有限公司签订《合资协议之补充协议》，承接了某某制药8 480万元的不良资产和8 480万元负债，随后通过代某某制药偿还债务的方式隐性执行了该协议，不仅未及时披露，还在2008年签订虚假协议冲销形成的应收某某制药往来款余额隐瞒该协议实际执行的事实。为此，公司遭证监会警告并处50万元罚款，前董事长郭某某等7名时任高管被证监会警告并处累计39万元罚款。

G公司自上市以来一直聘请TZ国际会计师事务所为财务审计机构，TZ国际已连审多年，但在2005至2008这四年的审计结果中，只有2005年出具了保留意见的审计报告，系审计人员受审计条件限制，无法对公司发出商品期末余额432 943万元实施满意的审计程序以证实其真实性。

三、财务舞弊分析

（一）虚增收入和成本，虚减费用

G公司连续四年财务造假的方式具体表现为：2005年虚增主营业务收入3 669万元，虚增主营业务成本67万元，虚减营业费用76万元；2006年虚增主营业务收入1 122万元，虚增主营业务成本446万元；2007年虚增主营业务收入34万元，虚减财务费用88万元；2008年虚减财务费用116万元。除此之外，G公司的下属子公司衡阳某公司2007～2008年分别存在账外发货含税额1 898万元、1 293万元；2007年衡阳某公司向职工借款783万元及2008年G公司从郑州某某公司拆借1 200万元均未在报表中反映。

四年间，G公司分别虚增利润370万元、676万元、622万元、116万元。而公司财务报表显示，这4年的净利润分别为429万元、464万元、2 082万元、2 037万元。扣除造假部分，公司实际净利润应为－3 321万元、－212万元、1 460万元和1 921万元。由此可见，公司实际上在2005年、2006年已两年连亏，将被特别处理并可能面临退市的风险，故铤而走险造假粉饰业绩。2007年之后的连续造假，可能是因为前期造假造成一些财务科目不好处理，不得不继续假下去。至于大量的账外资金，可能是为了填补前面的"窟窿"，也可能是为了替某某制药支付债务。

虚增主营业务收入和成本及虚减费用是上市公司虚增利润常用的手段。G公司通过虚开普通销售发票确认销售收入，即便没有违反销售收入的确认条件，但这种行为本身就是一个无中生有的错误。对于此类高估业绩的行为，注册会计师通常采用逆查的方式，由明细账查至原始凭证。而销售发票作为内部审计证据不充分也不适当，审计人员应搜集更多其他有力证据来证明业务的真实性。

（二）关联交易

我们从前述内容可知，G公司实际在2005—2006年两年连亏，而在2005—2009年这五年，就2005—2007年发生了重大关联交易，并简单披露是以产业链关系为由，按市场价采用现金结算方式。对于关联交易是否有交易的必要，我们可以通过了解公司生产经营状况并询问管理当局得以验证。虽然公司披露了是以市场价交易，但其采用的现金结算使审计工作缺乏了验证该交易真实性的有力证据。证监会对上市公司的摘牌有一些硬性指标规定，G公司很明显是为了达到"保牌"的目的，利用关联交易操纵经营利润。

2005—2007年，某某药业一直处于第一大客户的位置，G公司分别与该参股40%的关联公司发生关联交易4 996万元、7 990万元、9 098万元，分别占年销售收入的1 843%、

2 786％、4 376％。在200年G公司虚构的营业收入中,与该参股公司虚构的关联交易额就占了370％,之后两年这种行为愈加猖狂。关联交易是可以降低交易成本,加强企业间的合作,有助于公司的规模经济效益,但G公司不该利用这种方式操纵利润。公司与关联公司之间发生大量的经营业务,会很大程度上限制其经营自主权,弱化市场主体功能,产生极大的不利影响,更何况是虚假的关联交易。这不仅背离公司利益,也损害了广大投资者的利益。关联交易中各类问题的产生,很大程度与关联交易信息披露的不透明性有关。从财务报表上,我们很难看出公司交易价格是否偏离正常水平,是否利用虚假销售粉饰企业利润。因此,那些对公司经营业绩产生重大影响的关联交易应加强监管力度,详细披露相关信息及其影响程度。关联交易信息披露对投资者尤为重要,因为企业可能通过非经常性的关联交易收入扭亏为盈,从而导致投资者做出错误的判断,其投资风险也会因关联交易受到重大蒙蔽而加大。

(三)十余年未更换会计师事务所

G公司自上市以来一直聘请TZ国际会计师事务所担任其审计工作,有长达十几年的合作关系。按理说TZ国际应该能在第一时间审出G公司报表中的问题,但对G公司未及时披露《合资协议之补充协议》相关信息及2005—2008年的财务造假,只有2005年出具了保留意见的审计报告,其余三年均为标准无保留意见的审计报告,这不免让我们对事务所执业人员的工作态度及其长期合作关系产生质疑。正常情况下,一个事务所的客户源相对稳定,对一些长期客户往往会忽略在业务承接环节的管理。但在激烈地市场竞争中,老客户的情况无时不在变化,如果对其省略了和承接新客户一样的程序,可能加大审计风险。故TZ国际对G公司定期进行再评价是有必要的,应根据评价结果决定是否继续承接。但是,由于上市公司能够左右会计师事务所的饭碗,实务界对注册会计师过失程度的大小没有特别严格的界定,在利益的诱惑和驱使下,对于造假企业,注册会计师很有可能铤而走险。

人们习惯称审计人员为"经济警察"实际上夸大了外部独立审计的作用。审计人员易受审计条件的约束,没有司法或行政权力,可能无法获得与行政或司法机构并肩的信息,因而制约了其出具极为公正的审计结果。但审计师若缺乏应有的职业谨慎和良好的职业操守,就可能成为问题公司粉饰其经营业绩的"挡箭牌"。反观审计行业的现状,部分审计人员知情而不据实发表意见和预警信息,易使社会公众对审计行业产生不信任感,这不仅损害了投资者的利益,也损害了事务所和国家的长远利益。

资料来源:第一财经日报

思考题:

分析G公司财务造假的方法和动机是什么。

案例八:L农业股份公司财务造假案

2014年8月22日,浙江M服饰股份有限公司(以下简称"M股份公司")公告资产重组预案,拟通过重大资产置换、资产出售、发行股份购买资产、发行股份募集配套资金等一系列交易,实现广西L农业股份公司股份有限公司(以下简称"L农业股份公司")借壳上市。重组预案披露,L农业股份公司100％股份交易价格为41.7亿元,该公司成立于2008年,是一家从事优质稻等农产品种植及销售的企业。目前以优质水稻、制种、有机稻和反季节马铃薯种植为主,是广西最大的生态农业种植公司。

一、案件介绍

L农业股份公司2014年1至4月,L农业股份公司营业收入为9 331万元,净利润为5 009万元,净利润率达54%。重组预案公布后,L农业股份公司的财务数据及相关信息引起媒体质疑。2014年8月25日,和讯网发布《和讯博客独家爆料:关于L农业股份公司借壳M股份公司造假手法的揭露》。2014年9月15日,新京报发表文章《L农业股份公司13万亩"流转土地"调查》对L农业股份公司公布的13.25万亩"流转土地"数据存在疑问。2014年10月27日,M股份公司发布公告称,公司于当天收到《中国证监会行政许可项目审查一次反馈意见通知书》,证监会要求M股份公司就相关问题进行书面说明和解释,并在30个工作日内提交书面回复意见。2014年11月27日,M股份公司宣布终止上述资产重组,理由是在重组过程中,M集团与L农业股份公司及股东产生分歧。2015年5月14日,L农业股份公司发布公告称,公司于5月12日接到中国证监会调查通知书,因涉嫌违反证券法律法规,根据有关规定,证监会决定对公司并购L农业股份公司事项立案调查。2015年10月8日,M股份公司发布公告称,公司2015年9月29日收到中国证监会《行政处罚事先告知书》,证监会认定L农业股份公司财务数据虚假且M股份公司信息披露存在虚假记载行为。证监会就此拟对M股份公司处以30万元罚款。2016年3月1日,M股份公司发布公告称,公司近日收到了中国证监会《行政处罚决定书》,证监会决定,责令M股份公司改正,给予警告,并处以30万元罚款;对王某某给予警告,并处以5万元罚款;对寿某某给予警告,并处以3万元罚款;对吴某某、马某某、陈某某、王某、潘某某、蒋某某、章某给予警告。证监会的行政处罚决定日期恰好为2016年2月14日,也算是证监会给L农业股份公司和M股份公司公司及相关人员送了一份情人节大礼。

本次资产重组信息披露过程中,立信会计师事务所(特殊普通合伙)先后出具了L农业股份公司2011年1月1日至2014年4月30日止财务报表审计报告、L农业股份公司内部控制鉴证报告、M股份公司备考财务报表审计报告、M股份公司备考盈利预测审核报告、M股份公司2014年1~4月财务报表审计报告。N有限公司资产评估有限公司对涉及的广西L农业股份公司股份有限公司股东全部权益价值评估项目出具评估报告。证监会对审计机构和评估机构是否采取处罚措施,目前尚不得而知。

本案中,L农业股份公司2011年财务报表虚增资产204 451 195.14元,占L农业股份公司披露当期总资产的47.54%;2012年财务报表虚增资产339 713 667.53元,占L农业股份公司披露当期总资产的53.91%;2013年财务报表虚增资产470 469 226.00元,占L农业股份公司披露当期总资产的52.87%;2014年1月1日至2014年4月30日财务报表虚增资产503 309 782.17元,占L农业股份公司披露当期总资产的53.00%。L农业股份公司2011年财务报表虚增营业收入147 524 498.58元,占L农业股份公司当期披露营业收入的34.89%;2012年财务报表虚增营业收入183 114 299.70元,占L农业股份公司当期披露营业收入的36.90%;2013年财务报表虚增营业收入238 408 819.30元,占L农业股份公司当期披露营业收入的42.62%;2014年1月1日至2014年4月30日财务报表虚增营业收入41 289 583.20元,占L农业股份公司当期披露营业收入的44.25%。本案造假金额和比例惊人,有关L农业股份公司财务舞弊案的具体情况,可通过下面的两份证监会行政处罚决定书了解详情。

二、L 农业股份公司与浙江 M 服饰股份有限公司重大资产重组情况

2014 年 5 月 3 日,浙江 M 服饰股份有限公司(以下简称"M 股份公司")及 M 集团有限公司(截至 2015 年 3 月 31 日持有 M 股份公司 59.55％股权,以下简称"M 股份集团")召开会议,作出重大资产重组的决定。5 月 5 日,M 股份公司停牌。5 月 6 日,M 股份公司发布《关于筹划重大事项停牌公告》。

2014 年 5 月 14 日,M 股份公司开始与 L 农业股份公司董事长兼总经理李某接触,协商与 L 农业股份公司重组事宜。5 月 29 日,M 股份公司与李某签订《浙江 M 服饰股份有限公司与广西 L 农业股份有限公司股东资产置换及发行股份购买资产的意向协议》。8 月 20 日,M 股份公司第三届董事会第二十四次会议,审议通过《关于公司进行重大资产重组的议案》等 19 项议案。

2014 年 8 月 22 日,M 股份公司复牌。同日,M 股份公司公告了《浙江 M 服饰股份有限公司重大资产置换和资产出售及发行股份购买资产并募集配套资金暨关联交易报告书(草案)》(以下简称《重大资产重组报告书(草案)》),披露了本次重大资产置换、资产出售、发行股份购买资产和发行股份募集配套资金等事项。

2014 年 9 月 9 日,M 股份公司 2014 年第二次临时股东大会,审议通过了《关于公司进行重大资产重组的议案》等 19 项议案,同意公司筹划重大资产重组事项。9 月 12 日,M 股份公司报送重组申请材料。

2014 年 11 月 19 日至 21 日,李某到 M 集团沟通商议并达成终止本次重大资产重组的协议。后 M 股份公司董事会和临时股东大会审议通过了《关于终止重大资产重组事项的议案》等相关议案并进行了公开披露。2015 年 3 月 4 日,相关部门决定终止对 M 股份公司重大资产重组申请许可的审查。

三、L 农业股份公司披露的财务信息存在虚假记载

L 农业股份公司在与 M 股份公司重大资产重组过程中,于 2014 年 8 月 22 日将其主要财务数据在《重大资产重组报告书(草案)》中公开披露,并通过 M 股份公司披露了《广西 L 农业股份有限公司审计报告及财务报表(2011 年 1 月 1 日至 2014 年 4 月 30 日止)》。《重大资产报告书(草案)》中 L 农业股份公司主要财务数据和上述审计报告及财务报表中存在虚假记载。

(一) L 农业股份公司虚增资产

L 农业股份公司 2011 年财务报表虚增资产 204 451 195.14 元,占 L 农业股份公司披露当期总资产的 47.54％;2012 年财务报表虚增资产 339 713 667.53 元,占 L 农业股份公司披露当期总资产的 53.91％;2013 年财务报表虚增资产 470 469 226.00 元,占 L 农业股份公司披露当期总资产的 52.87％;2014 年 1 月 1 日至 2014 年 4 月 30 日财务报表虚增资产 503 309 782.17 元,占 L 农业股份公司披露当期总资产的 53.00％。具体情况如下。

1. L 农业股份公司虚增银行存款

L 农业股份公司银行存款余额真实情况为:2011 年 12 月 31 日余额 665 799.21 元,2012 年 12 月 31 日余额 1 224 830.36 元,2013 年 12 月 31 日余额 2 471 400.47 元,2014 年 4 月 30 日余额 542 971.71 元。

L农业股份公司披露的银行存款余额数据为：2011年12月31日余额164 614 733.71元，2012年12月31日余额310 929 797.69元，2013年12月31日余额421 070 391.27元，2014年4月30日余额498 577 875.88元。

2. L农业股份公司虚增应收账款

L农业股份公司虚构与LY米业有限公司（以下简称"LY米业"）、P粮油有限公司（以下简称"P粮油"）、P米业加工厂（普通合伙）（以下简称"P失业"）、Q米业有限公司（以下简称"Q米业"）、P种业有限公司（以下简称"P种业"）、S种业有限公司（以下简称"S种业"）、T粮油食品有限公司（以下简称"T粮油食品"）、U粮食储备加工公司（以下简称"U粮食"）等8个客户间的应收账款，虚增应收账款余额。

L农业股份公司虚构其对LY米业应收账款，其中2011年虚构应收账款4 550 208.73元，2012年虚构应收账款6 124 962.60元，2013年虚构应收账款17 898 872.20元，2014年4月30日时点虚构应收账款2 454 208.00元。

L农业股份公司虚构其对P粮油有限公司应收账款，其中2011年虚构应收账款6 373 113.98元，2012年虚构应收账款7 933 519.90元，2013年虚构应收账款6 308 573.60元。

L农业股份公司虚构其对P米业应收账款，其中2011年虚构应收账款9 514 421.60元，2012年虚构应收账款2 124 140.00元，2013年虚构应收账款6 221 305.00元，2014年4月30日时点虚构应收账款1 124 800.00元。

L农业股份公司虚构其对Q米业应收账款，其中2011年虚构应收账款3 900 226.30元，2012年虚构应收账款1 108 765.60元，2013年虚构应收账款1 829 307.60元，2014年4月30日时点虚构应收账款638 000.00元。

L农业股份公司虚构其对P种业应收账款，其中2012年虚构应收账款1 762 182.00元，2013年虚构应收账款2 007 900.00元。

L农业股份公司虚构其对S种业应收账款，其中2012年虚构应收账款889 915.00元，2013年虚构应收账款776 000.00元。

L农业股份公司虚构其对T粮主食品应收账款，其中2011年虚构应收账款9 158 982.97元，2012年虚构应收账款5 785 320.20元，2013年虚构应收账款11 799 168.00元。

L农业股份公司虚构其对U粮食应收账款，其中2011年虚构应收账款7 005 307.06元，2012年虚构应收账款4 279 894.90元，2013年虚构应收账款5 029 108.80元，2014年4月30日时点虚构应收账款1 057 870.00元。

(二) L农业股份公司虚增营业收入

L农业股份公司2011年财务报表虚增营业收入147 524 498.58元，占L农业股份公司当期披露营业收入的34.89%；2012年财务报表虚增营业收入183 114 299.70元，占L农业股份公司当期披露营业收入的36.90%；2013年财务报表虚增营业收入238 408 819.30元，占L农业股份公司当期披露营业收入的42.62%；2014年1月1日至2014年4月30日财务报表虚增营业收入41 289 583.20元，占L农业股份公司当期披露营业收入的44.25%。具体情况如下。

L农业股份公司虚构与P米业、P粮油、V粮油食品有限公司（以下简称"V粮油"）、P米业、Q米业、S种业、U粮食等7个客户的销售业务，虚增营业收入。

L农业股份公司虚构其对绿苑米业的营业收入,其中 2011 年虚构营业收入 25 227 098.30元,2012 年虚构营业收入 44 857 394.40 元,2013 年虚构营业收入 57 188 392.60元,2014 年 1 月 1 日至 2014 年 4 月 30 日期间虚构营业收入 6 480 240.00 元。

L农业股份公司虚构其对 P 粮油的营业收入,其中 2011 年虚构营业收入 35 669 222.14元,2012 年虚构营业收入 41 470 725.30 元,2013 年虚构营业收入 33 125 229.60 元。

L农业股份公司虚构其对 V 粮油的营业收入,2014 年 1 月 1 日至 2014 年 4 月 30 日期间虚构营业收入 5 673 081.20 元。

L农业股份公司虚构其对 P 米业的营业收入,其中 2011 年虚构营业收入 37 520 729.44元,2012 年虚构营业收入 30 755 344.10 元,2013 年虚构营业收入 49 562 591.60 元,2014 年 1 月 1 日至 2014 年 4 月 30 日期间虚构营业收入 4 464 000.00 元。

L农业股份公司虚构其对 Q 米业的营业收入,其中 2011 年虚构营业收入 12 583 505.90元,2012 年虚构营业收入 15 427 894.50 元,2013 年虚构营业收入 30 864 445.90 元,2014 年 1 月 1 日至 2014 年 4 月 30 日期间虚构营业收入 7 023 760.00 元。

L农业股份公司虚构其对 S 种业的营业收入,其中 2011 年虚构营业收入 12 068 133.00元,2012 年虚构营业收入 12 008 957.80 元,2013 年虚构营业收入 12 203 897.00 元,2014 年 1 月 1 日至 2014 年 4 月 30 日期间虚构营业收入 9 579 332.00 元。

L农业股份公司虚构其对 U 粮食的营业收入,其中 2011 年虚构营业收入 24 455 809.80元,2012 年虚构营业收入 38 593 983.60 元,2013 年虚构营业收入 55 464 262.60 元,2014 年 1 月 1 日至 2014 年 4 月 30 日期间虚构营业收入 8 069 170.00 元。

资料来源:http://finance.sina.com.cn/

思考题:

分析 L 农业股份公司财务造假的方法及识别是什么。

案例九:SY 公司——新三板财务造假第一案

利润=收入-费用。这是编制利润表时,所依据的最基本的会计公式。因此要达到增加利润的目的,需要在收入和费用这两个要素上做文章,增加收入或者减少费用。从证监会行政处罚决定书中认定的事实来看,SY 公司是通过少计成本和虚增收入两种手段虚增了 1.29 亿余元的利润。

(1)2013 年 SY 公司少计成本 55 382 210 元,导致虚增利润 55 382 210 元。SY 公司在 2013 年与仲某 JY 山货庄签订多份人参抚育协议,支付金额 55 382 210 元,但上述款项的实际用途为购买由仲某 JY 山货庄联系货源的野山参。其中,由仲某联系购买的野山参整参 80 064 支,每支 400 元;碎参 4 708.75 斤,每斤 1 000 元,共计 36 734 350 元。由 JY 山货庄联系购买的野山参整参 46 016 支,每支 390 元;碎参 701.62 斤,每斤 1 000 元,共计 18 647 860 元。两者合计整参 126 080 支,碎参 5 410.37 斤,金额 55 382 210 元。

SY 公司通过虚构协议,将上述外购野山参的成本 55 382 210 元以支付人参抚育费的名义支付给 SY 公司和仲某等人,计入了"管理费用",后该笔"管理费用"被调整至"生产性生物资产"科目。最终销售时,SY公司未对外购野山参的成本进行结转,少计成本55 382 210元,虚增利润55 382 210元。

(2)2013年SY公司虚增收入73 729 327元,导致虚增利润73 729 327元。SY公司与辽宁SY酒业有限公司(以下简称"SY酒业")于2012年12月15日签订购销协议,就SY公司长期向SY酒业供应野山参达成3年有效期协议,明确了人参数量、单价等。该合同签订之时,SY公司和SY酒业同受北京BS投资有限公司(以下简称"BS投资")控制,两公司的法定代表人同为于某某,于某某还是BS投资的董事长。2013年7月1日,BS投资持有的SY酒业股份由100%变为49%(某医院集团有限公司持股51%),SY公司总经理由BS投资实际控制人于成波担任,依旧对SY酒业施加重大影响。2014年11月1日BS公司恢复持有SY酒业的100%股份。

根据《企业会计准则第36号——关联方披露》的第三条"两方或两方以上同受一方控制、共同控制或重大影响的,构成关联方"和第四条"(十)该企业主要投资者个人、关键管理人员或与其关系密切的家庭成员控制、共同控制或施加重大影响的其他企业"的规定,2013年SY公司与SY酒业构成关联方,两者之间的交易构成关联交易。

2013年SY公司向SY酒业销售的野山参绝大部分是外购的野山参,SY公司按照整参每支800元,碎参每斤2 000元的价格确认了对SY酒业的销售收入,销售价格高于其从上述独立第三方的采购成本近一倍,销售价格虚高、不公允。

根据《企业会计准则第14号——收入》第五条第一款"企业应当按照从购货方已收或应收的合同或协议价款确定销售商品收入金额,但已收或应收的合同或协议价款不公允的除外"的规定,SY公司价格不公允部分的收入不应被确认为收入。

SY公司《公开转让说明书》中2013年度财务报告显示:该公司2013年主营业务收入197 698 264.28元,主营业务成本55 010 532.41元。其中,野山参销售收入为141 582 800元,成本11 236 681.71元。根据销售明细,销售给SY酒业的野山参收入为141 568 800元。所有被销售的野山参来源均显示为自产人参,实际上绝大部分为前文所述的外购野山参。依照SY公司采购野山参的市场价计算,其销售给SY酒业的野山参合计可确认收入实际为67 839 473元,SY公司虚增收入73 729 327元,导致虚增利润73 729 327元。

综上,2013年SY公司通过少计成本的方式虚增利润55 382 210元,通过不公允的价格关联交易虚增收入从而虚增利润73 729 327元,合计虚增利润129 111 537元。2014年12月8日,SY公司在全国中小企业股份转让系统挂牌,其在《公开转让说明书》中披露了虚增的2013年利润。

SY公司的上述行为违反《非上市公众公司监督管理办法》(以下简称《管理办法》)第二十条"公司及其他信息披露义务人应当按照法律、行政法规和中国证监会的规定,真实、准确、完整、及时地披露信息,不得有虚假记载、误导性陈述或者重大遗漏。公司及其他信息披露义务人应当向所有投资者同时公开披露信息"的规定,构成了《管理办法》第六十条"公司及其他信息披露义务人未按照规定披露信息,或者披露的信息有虚假记载、误导性陈述或者重大遗漏的,依照《中华人民共和国证券法》第一百九十三条的规定进行处罚"所述情形。

对SY公司的上述违法行为,时任公司董事长于某和时任总经理李某某是直接负责的主管人员,时任财务总监赵某某、董事肖某、吴某某、蒋某是其他直接责任人员。

根据当事人违法行为的事实、性质、情节与社会危害程度,依照《证券法》第一百九十三条第一款的规定,给予相关人一定处罚。

资料来源:http://blog.sina.com.cn/s/blog_4ae7d4ff0102z52p.html

思考题:

分析 SY 公司财务造假的手段及识别的方法。

案例十:BD 公司农业造假案

依据《中华人民共和国证券法》(以下简称《证券法》)的有关规定,我会对 BD 公司虚假陈述行为进行了立案调查、审理,依法向当事人告知了作出行政处罚的事实、理由、依据及当事人依法享有的权利。

经查明,BD 公司存在以下违法事实。

(1)BDYX 通过亚麻交易虚增 2011 年度利润 1 600.58 万元。2011 年 11 月至 12 月,BDYX 向 QF 亚麻纺织公司(BDYX 参股公司,以下简称"QF 亚麻")销售 4 071.03 吨亚麻时,与 QF 亚麻公司串通,另签订虚假合同,每吨加价 4 600 元,虚增 2011 年度利润 1 600.58 万元。

(2)BDYX 通过水稻交易虚增 2011 年度利润 3 524 万元。BDYX 委托 ZW 粮库(以下简称"ZW 粮库")代理收购、保管及销售水稻。2011 年,ZW 粮库将代理 BD 公司鑫亚保管的 35 325.87 吨水稻烘干整理后剩余 33 600.51 吨,与 BDYX 的经办人赵某联系确定价格后,销售取得含税收入 7 421 万元,BDYX 此项业务为亏损。为了不暴露亏损并完成目标任务,BDYX 通过伪造合同等方式,使本项水稻销售共确认含税收入 11 403 万元,导致虚增 2011 年度利润 3 524 万元。

BDYX2011 年亚麻销售虚增利润 1 600.58 万元以及水稻销售虚增利润 3 524 万元,导致 BD 公司 2011 年年度报告存在虚假陈述。BD 公司的上述行为,违反了《证券法》第六十三条关于"上市公司依法披露的信息,必须真实、准确、完整,不得有虚假记载、误导性陈述或者重大遗漏"的规定,构成《证券法》第一百九十三条第一款所述信息披露违法行为。

王某某作为 BD 公司时任董事长,直接授意了 BDYX 相关虚增利润行为,并签字确认 BD 公司 2011 年年度报告;杨某某作为 BD 公司时任分管 BDYX 的副总经理、BDYX 董事长,知悉 BDYX 虚增利润的相关行为,并签字确认 BD 公司 2011 年年度报告;丁某某作为 BD 公司时任董事、总经理,于 2011 年底要求 BDYX 必须完成 1.3 亿元的利润指标,并签字确认 BD 公司 2011 年年度报告;白某作为 BDYX 时任总经理、刘某某作为 BDYX 时任运营总监、宋某某作为 BD 公司鑫亚时任财务总监、赵某某作为 BDYX 时任副总经理、赵某某作为 BDYX 时任扶余项目部高级主管,策划、组织、实施或者参与了 BDYX 虚增利润的相关行为;认定上述人员为 BD 公司涉案违法行为的直接负责的主管人员。

资料来源:搜狐财经 http://business.sohu.com/

思考题:

分析 BD 公司农业财务造假的手段。

案例十一：ZT公司IPO财务造假被顶格处罚

2015年6月，证监会IPO专项财务检查发现，ZT公司存在存货大量盘亏等异常情况，涉嫌虚假陈述，2015年7月，证监会对ZT公司信息披露违法违规案立案调查。2016年9月，证监会依法对拟上市公司辽宁ZT股份有限公司财务造假、虚假报送行为作出行政处罚，ZT公司被处以60万元"顶格"罚款，董事长黄某某等人分别被处以8～10年市场禁入。

经查，ZT公司存在以下违法事实。

2013年至2015年ZT公司向证监会报送过4次招股说明书，2014年4月23日将招股说明书申报稿在证监会网站预先披露。该4份招股说明书均存在虚假记载。

一、2012年至2014年虚增销售收入和利润

2012年至2014年，ZT公司以虚增合同销售单价的方式累计虚增出口销售收入8 268.51万元。其中，2012年、2013年、2014年分别虚增收入662.04万元、1 813.51万元、5 792.96万元，并相应虚增各年利润，虚增利润金额分别占ZT公司当年账面利润总额的8.61%、20.81%、67.33%。ZT公司在虚增收入的同时虚增应收账款，并通过第三方公司回款或用其他外销客户回款进行冲抵的方式调节应收账款的账龄。

二、2012年至2014年虚增存货少结转销售成本，虚增利润

2012年至2014年，ZT公司分别通过调节出成率、调低原材料采购单价方式少结转销售成本，以及未在账面确认已处理霉变存货损失的方式虚增利润，累计虚增利润7 616.18万元，虚增存货数量3 254.13吨，金额7 631.24万元。其中，2012年少结转销售成本1 962.43万元，虚增利润1 962.43万元，虚增存货数量568.57吨，金额1 962.43万元；2013年少结转销售成本2 863.19万元，虚增利润2 863.19万元，虚增存货数量1 328.96吨，金额2 979.23万元；2014年少结转销售成本2 790.56万元，虚增利润2 790.56万元，虚增存货数量1 356.6吨，金额2 689.58万元。

综上，ZT公司通过虚增合同销售单价、调节出成率、调低原材料采购单价、未在账面确认已处理霉变存货损失的方式虚增利润，虚增利润金额分别占2012年、2013年、2014年利润总额的34.13%、53.66%、99.76%。

三、虚假披露主营业务情况

ZT公司绝大部分成品松籽仁、南瓜籽仁是通过直接采购"仁"加工出来的，而在账面上却虚构了由采购的"籽"加工为"仁"的整个过程；大部分开心果未经加工直接销售，而在账面上却虚构了由原料开心果加工为成品开心果的整个过程，故招股说明书披露的与主营业务相关的工艺流程、采购原材料种类、生产模式和产品产量以及与产量相关的产能利用率等各项重要内容均存在虚假。

以上事实，有ZT公司2013年至2015年报送的招股说明书、自查报告、情况说明、补充说明、销售及生产统计表、相关合同、财务报表及相关凭证、相关人员询问笔录、执法笔录、存货盘点情况说明及相关的底稿、相关会议纪要等证据证明，足以认定。

资料来源:中国投资咨询网 http://www.ocn.con.cn/

思考题:

分析 ZT 公司财务造假动机、手段及识别方法。

案例十二:亏损路上越走越远"明星陨落"
——G 公司财务造假

G 公司虚增利润 3 100 万元,2016 年 11 月 11 日遭证监会处罚。作为世界五百强国机集团实际控制、农机院控股的新三板企业,G 公司拥有多位院士,代表了我国农业装备业的领先水平,如何走上造假之路?

一、G 公司 2013 年、2014 年上半年虚增利润

(1)G 公司在编制 2013 年半年度报告时,应收账款坏账准备计提不充分,导致其 2013 年上半年利润总额多计 17 163 320.85 元。

G 公司 2013 年半年度报告合并财务报表附注的应收账款部分显示,其应收账款的期末账面余额为 985 672 513.25 元,期初账面余额为 779 957 292.38 元,而坏账准备项目的期末余额和期初余额均为 60 665.594.42 元,即 G 公司在编制 2013 年半年度报告时,未根据其坏账准备计提政策对坏账准备期末余额进行调整,导致 2013 年半年度期末坏账准备计提不充分。经测算,G 公司 2013 年半年度报告应补提坏账准备 17 163 320.85 元,因此,其 2013 年半年度合并利润表的资产减值损失项目少计 17 163 320.85 元,导致其利润总额和净利润分别多计 17 163 320.85 元(占当期披露利润总额的 71%)和 12 347 165.91 元(占当期披露净利润的 78%)。

G 公司对外披露的 2013 年半年度报告显示,其 2013 年上半年实现利润总额 24 012 844.24 元、净利润 15 737 594.85 元,考虑上述应收账款坏账准备计提因素影响后,G 公司 2013 年上半年实现的利润总额和净利润应分别为 6 849 523.39 元和 3 390 428.94 元。

(2)G 公司在编制 2014 年半年度报告时,应收账款坏账准备计提不充分,导致其 2014 年上半年利润总额多计 26 448 072.98 元。

G 公司 2014 年半年度报告合并财务报表附注的应收账款部分显示,其应收账款的期末账面余额为 854 712 938.86 元,期初账面余额为 772 298 282.29 元,而坏账准备项目的期末余额和期初余额均为 85 371 462.29 元,即 G 公司在编制 2014 年半年度报告时,未根据其坏账准备计提政策对坏账准备期末余额进行调整,导致 2014 年半年度期末坏账准备计提不充分。经测算,G 公司 2014 年半年度报告应补提坏账准备 26 448 072.98 元,因此,其 2014 年半年度合并利润表的资产减值损失项目少计 26 448 072.98 元,导致其利润总额和净利润分别多计 26 448 072.98 元(占当期披露利润总额绝对值的 46%)和 21 039 552.02 元(占当期披露净利润绝对值的 35%)。

G 公司对外披露的 2014 年半年度报告显示,其 2014 年上半年实现利润总额 -58 030

486.51元、净利润-60 327 282.42元,考虑上述应收账款坏账准备计提因素影响后,G公司2014年上半年实现的利润总额和净利润应分别为-84 478 559.49元和-81 366 834.44元。

依据《企业会计准则——基本准则》第十八条,G公司对交易或者事项进行会计确认、计量和报告应当保持应有的谨慎,不应高估资产。依据《企业会计准则第22号——金融工具确认和计量》应用指南中的金融资产减值损失计量的规定,可以认定G公司在编制2013年、2014年半年度报告时,应收账款坏账准备计提不充分,导致2013年、2014年上半年利润总额分别多计17 163 320.85元、26 448 072.98元。

对2013年半年度报告未充分计提坏账准备行为直接负责的主管人员为董事长李某某、时任董事兼某总经理王某某、财务总监张某、副总经理兼董事会秘书王某某。

对G公司2014年半年度报告未充分计提坏账准备行为直接负责的主管人员为董事长李某某、财务总监张某、副总经理兼董事会秘书王某某,其他直接责任人员为副董事长王某某。

二、G公司2014年年报利润总额多计13 838 880.98元

2014年期末,G公司全资子公司洛阳ZS装备有限公司(以下简称"洛阳ZS")未按G公司2014年年度报告中披露的会计估计政策对其全部期末存货测算计提存货减值准备,存货减值准备计提不充分,导致G公司2014年利润总额多计13 838 880.98元(占当期披露利润总额绝对值的14%)。

(1)洛阳ZS未按G公司披露的会计估计政策对其全部期末存货测算计提减值准备。

2014年底,G公司中收期末库存产成品3 324台(期末存货成本合计281 355 042.23元),其中,存放在厂区仓库的产品1 081台(存货成本合计93 103 325.80元),存放在全国各地经销商仓库的产品2 243台(存货成本合计188 251 716.43元)。在2014年年度报告中,G公司披露其期末存货按成本与可变现净值孰低原则计价,并相应调整存货减值准备。经查,洛阳中收仅对其厂区仓库内的存货按库龄设定计提比例测算和调整存货减值准备,而对全国各地经销商仓库内的库存产品未测算计提存货减值准备。

(2)洛阳ZS公司对存在明显减值迹象的存货测算计提存货减值准备。

2014年11月,因产品质量等问题,洛阳ZS哈尔滨HH科技有限责任公司(以下简称"HH科技")等多个经销商处收回了以前年度销售的玉米收获机等产品450台。截至2014年期末,该批退回产品仍存放在各经销商仓库内。以下两个事实表明该批产品存在明显减值迹象:一是该批产品因质量问题或不符合当地农艺工程要求等原因导致退货,以目前状态难以销售,需要根据后续整修改造状况再决定是否销售;二是该批产品中有303台产品的生产年份为2012年及以前年度,洛阳ZS厂区仓库内同型号的产品按库龄计提了存货减值准备。对上述303台存在明显减值迹象的产品,洛阳ZS计提存货减值准备。经测算,洛阳ZS公司303台存在明显减值迹象的产品存货成本约45 006 343.31元,按照洛阳ZS实际执行的存货跌价准备计提政策(即按照产品库龄设定计提比例)应计提约13 838 880.98元的存货跌价准备。

依据《企业会计准则——基本准则》第十八条,G公司对交易或者事项进行会计确认、计量和报告应当保持应有的谨慎,不应高估资产。依据《企业会计准则第1号——存货》第十五条,G公司下属子公司洛阳ZS在资产负债表日,存货应当按照成本与可变现净值孰低计量,存货成本高于其可变现净值的,应当计提存货跌价准备。根据上述规定,可以认定2014年度,G公司下属子公司洛阳ZS存货跌价准备计提不充分,导致G公司2014年度报告利润总额多计13

838 880.98元。

对上述行为直接负责的主管人员为G公司董事长李某某、财务总监张某,其他直接责任人员为副总经理兼董事会议秘书王某、副董事长王某某。

三、G公司在相关年度报告中,未充分披露与其他公司之间发生的关联存、贷款业务的相关信息

G公司在2013年、2014年合并财务报表附注"关联方及关联交易"部分,仅披露了GJ公司有限责任公司(以下简称"GJ财务")之间的关联方关系及关联交易类型,但未披露G公司及其下属子公司与GJ财务之间的存、贷款业务的交易要素,亦未准确披露其支付的相关关联贷款利息费用。

(1)G公司在2013年、2014年财务报表附注关联交易部分未披露其从GJ财务取得关联贷款的情况。

G公司从GJ财务取得贷款的方式分两种,一是直接从GJ财务贷款(以下简称"直接贷款"),二是控股股东中国NJY(以下简称"NJY")委托GJ财务向G公司发放的贷款(以下简称"委托贷款")。

1)2013年、2014年,G公司及其下属子公司从GJ财务取得直接贷款的情况。2013年度G公司及部分下属子公司从GJ财务取得的直接贷款期初余额为210 000 000元,当期贷入金额为138 000 000元,当期归还金额为238 000 000元,期末余额为110 000 000元;2014年度从GJ财务取得的直接贷款期初余额为110 000 000元,当期贷入金额为338 000 000元,当期归还金额为378 000 000元,期末余额为70 000 000元。

2)2013年、2014年,G公司及其下属子公司从GJ财务取得委托贷款的情况。2013年度G公司及部分下属子公司取得的委托贷款期初余额为407 000 000元,当期贷入金额为711 000 000元,当期归还金额为446 000 000元,期末余额为672 000 000元;2014年度取得的委托贷款期初余额为672 000 000元,当期贷入金额为919 148 200元,当期归还金额为842 300 000元,期末余额为748 848 200元。

3)G公司对上述关联贷款业务的信息披露情况。G公司在2013年度财务报表附注短期借款科目部分,披露了其从NJY取得的委托贷款期初、期末余额,还披露了从GJ财务取得3 000万元抵押借款的情况;在2014年年度报告"第七节融资及分配情况"部分披露了其在GJ财务(包括直接贷款及委托贷款)取得的每笔贷款详细情况,另外,在财务报表附注短期借款科目部分也对其从GJ财务和NJY取得贷款的相关情况进行了披露。但在2013年度、2014年度财务报表附注关联方及关联交易部分,G公司仅披露了其与GJ财务之间的关联方关系及交易类型,未披露其与GJ财务之间发生的上述关联贷款的交易要素。

(2)G公司在2013年、2014年财务报表附注关联交易部分未披露其在GJ财务的存款情况。

1)2013年、2014年,G公司及其下属子公司在GJ财务关联存款业务的基本情况。G公司及其下属子公司将其部分资金存放在GJ财务开立的银行账户中。2013年、2014年度G公司及其下属子公司在GJ财务的关联存款具体情况如下:2013年度存款期初余额为269 939 903.51元,当期存入金额为4 376 055 098.55元,当期支取金额为4 549 328 721.16元,期末余额为96 666 280.90元;2014年度存款期初余额为96 666 280.90元,当期存入金额

为 5 409 460 494.08 元,当期支取金额为 5 473 726 201.87 元,期末余额为 32 400 573.11 元。

2) G 公司对上述关联存款业务的信息披露情况。G 公司在 2013 年度、2014 年度财务报告附注关联方及关联交易部分未披露其在 GJ 财务发生的关联存款情况。

3) G 公司在 2013 年、2014 年财务报表附注关联交易部分对上述关联贷款对应的利息支出金额披露不准确。

G 公司 2013 年度财务报告附注关联方及关联交易部分披露的关联贷款利息支出为 7 998 286.76 元,而实际发生的关联贷款利息支出为 40 253 102.72 元(其中:直接贷款利息支出 4 973 733.32 元,委托贷款利息支出 35 279 369.40 元),两者相差 32 254 815.96 元。

G 公司 2014 年度财务报告附注关联方及关联交易部分披露的关联贷款利息支出为 34 193 639.52 元(其中:直接贷款利息支出 3 456 683.89 元,委托贷款利息支出 30 736 955.63 元),而实际发生的关联贷款利息支出为 50 022 890.08 元(其中:直接贷款支出 3 769 606.66 元,委托贷款支出 46 253 283.42 元),两者相差 15 829 250.56 元。

此外,G 公司在 2014 年财务报表附注关联交易部分披露的关联利息上年支出数为 29 101 945.75(其中:直接贷款利息支出 8 908 017.98 元,委托贷款利息支出 20 193 927.77 元),该披露信息与 2013 年年度报告披露的发生额及 2013 年实际利息支出的发生额均不相符。

依据《企业会计准则第 36 号——关联方披露》第八条、第十条、第十一条,G 公司及其下属子公司与 GJ 财务之间的存、贷款业务,构成关联交易,应当在财务报表附注中披露该关联方关系的性质、交易类型及交易要素。根据上述规定,可以认定 G 公司未按规定充分披露与国机财务之间的关联交易的交易要素。

对 G 公司上述行为直接负责的主管人员为董事长李某某、财务总监张某、副总经理兼董事会秘书王某某,其他直接责任人员为副董事长王某某。

以上事实,有涉案人员询问笔录、2013 年和 2014 半年度报告及年度报告、公司提供的情况说明、记账凭证及其附件等证据证明,足以认定。

资料来源:金投股票网(http://stock.cngold.org/)

思考题:

分析 G 公司财务造假的手段及识别方式。

参 考 文 献

[1] 何青.财务报表分析[M].北京:中国人民大学出版社,2014.
[2] 岳红.财务报表分析[M].北京:中国人民大学出版社,2009.
[3] 杜晓光.企业财务分析[M].大连:东北财经大学出版社,2006.